Gebrauchsanweisung
für die USA

Adriano Sack

Gebrauchsanweisung für die USA

Piper München Zürich

Mehr über unsere Autoren und Bücher:
www.piper.de

ISBN 978-3-492-27573-6
© Piper Verlag GmbH, München 2008
Karte: cartomedia, Karlsruhe
Gesamtherstellung: CPI – Clausen & Bosse, Leck
Printed in Germany

Inhalt

Young Americans   **13**
  Wie ich ein Amerikaner wurde.
  Oder: Warum Sie sofort einen Flug buchen sollten.
  Und was Sie vor der Abreise wissen müssen.

Imagine Whirled Peace   **23**
  Warum hier Eiscremefabrikanten John Lennon
  zitieren.
  Oder: Wie man Amerikanisch lernt.

Once Upon A Time In America   **35**
  Wie ich John F. Kennedy verfiel.
  Oder: Warum die Amerikaner ihre kurze Geschichte
  meisterhaft erzählen können.

(Get Your Kicks On) Route 66 **44**
Wie der Tempomat zum Freund wurde.
Oder: Warum der amerikanische Traum
vier Räder hat (mindestens).

In The Future Everyone Will Be Famous
For Fifteen Minutes **53**
Wie ich im Chateau Marmont Robbie Williams
übersah.
Oder: Warum es hier viel mehr Stars gibt als im Rest
der Welt. Und wie man mit ihnen umgeht.

Have A Nice Day **63**
Warum ich mich hier permanent bedanke und
entschuldige.
Oder: Was Amerikaner mit ihrer Freundlichkeit
wirklich meinen.

Over 2 Billion Meals Served **70**
Wie ich lernte, die amerikanische Küche zu lieben.
Oder: Warum sich im Mutterland des Fast Food vor
Ökosupermärkten Schlangen bilden.

Catch Me If You Can **84**
Warum die Einreisebehörde meinen rechten
Zeigefinger besser kennt als ich selbst.
Oder: Warum in den USA Paranoia der
Normalzustand ist.

Into The Wild   **90**
Wovon ich auf meinem Bisonfell träume.
Oder: Warum der Lockruf der Wildnis in Amerika
besonders laut ist.

Be Sure To Wear Some Flowers In Your Hair   **99**
Wie der Anblick eines Busens mich mit dem
amerikanischen Militarismus versöhnte.
Oder: Warum die Alternativkultur in den USA
so schwer totzukriegen ist.

Let's Talk About Sex   **107**
Warum ich froh bin, dass mir das amerikanische
Dating-System erspart blieb.
Oder: Wie die Amerikaner Prüderie und
Sexbesessenheit paaren.

Let's Get Physical   **117**
Was ich von meinem Personal Trainer lernen musste.
Oder: Warum die Amerikaner entweder
doppelt so dick oder doppelt so stark wie wir
Deutschen sind.

My Own Private Idaho   **126**
Wie ich Amerika immer wieder neu entdecke.
Oder: Warum fünfzig Staaten nicht immer ein
Ganzes ergeben.

Everything Is Illuminated **136**
*Wie meine Seele fast von einer Taxifahrerin
gerettet wurde.*
Oder: Warum Gott ein Amerikaner ist.

Stay Tuned **147**
*Warum ich mich vor Fernsehserien in den USA
fürchte.*
*Oder: Über die völlig unterschätzte Qualität der
amerikanischen Medien.*

I Have A Dream **159**
*Wie mich Aretha Franklin ahnen ließ, was es heißt,
schwarz zu sein.*
*Oder: Warum die Rassentrennung in Amerika noch
lange nicht vorbei ist.*

Learning From Las Vegas **169**
*Wie ich auf dem »Markusplatz« den teuersten
Martini meines Lebens trank.*
*Oder: Warum die Zukunft der Städte in den USA
erfunden wurde.*

Money Makes The World Go Round **179**
*Wie mir eine Stretchlimousine die Schamesröte ins
Gesicht trieb.*
*Oder: Über den obszönen Reichtum mancher
Amerikaner.*

The Great Gatsby   **190**
*Wie ich lernte, meine Calvin-Klein-Unterhosen zu
lieben.*
*Oder: Warum Amerikaner einfach immer gut
gekleidet sind.*

Doctor Feelgood   **198**
*Wie ich vier Stunden in einem New Yorker
Krankenhaus überlebte.*
*Oder: Warum das amerikanische Gesundheitssystem
besser ist als sein Ruf.*

The Day After Tomorrow   **205**
Warum ich hier meinen Jutebeutel zu Hause lasse.
Oder: Wie Amerika grün wird. Oder auch nicht.

Living In America   **212**
Warum ich nie wieder hier wegwill.
*Oder: Wie die USA von der zweiten zur ersten
Heimat werden können.*

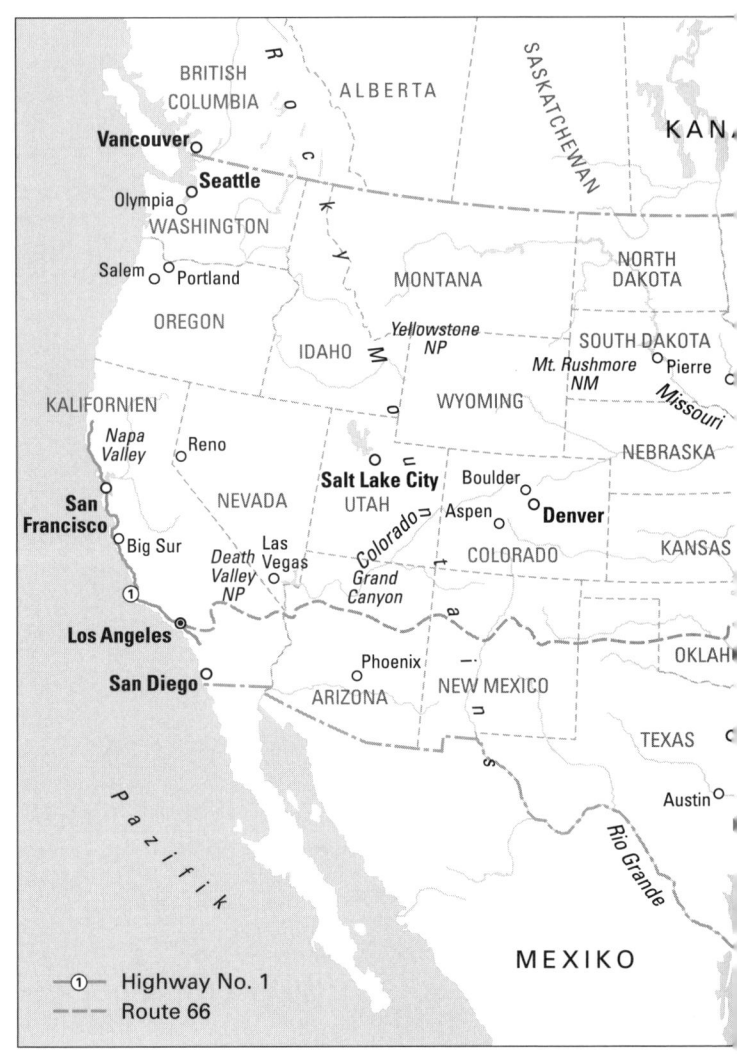

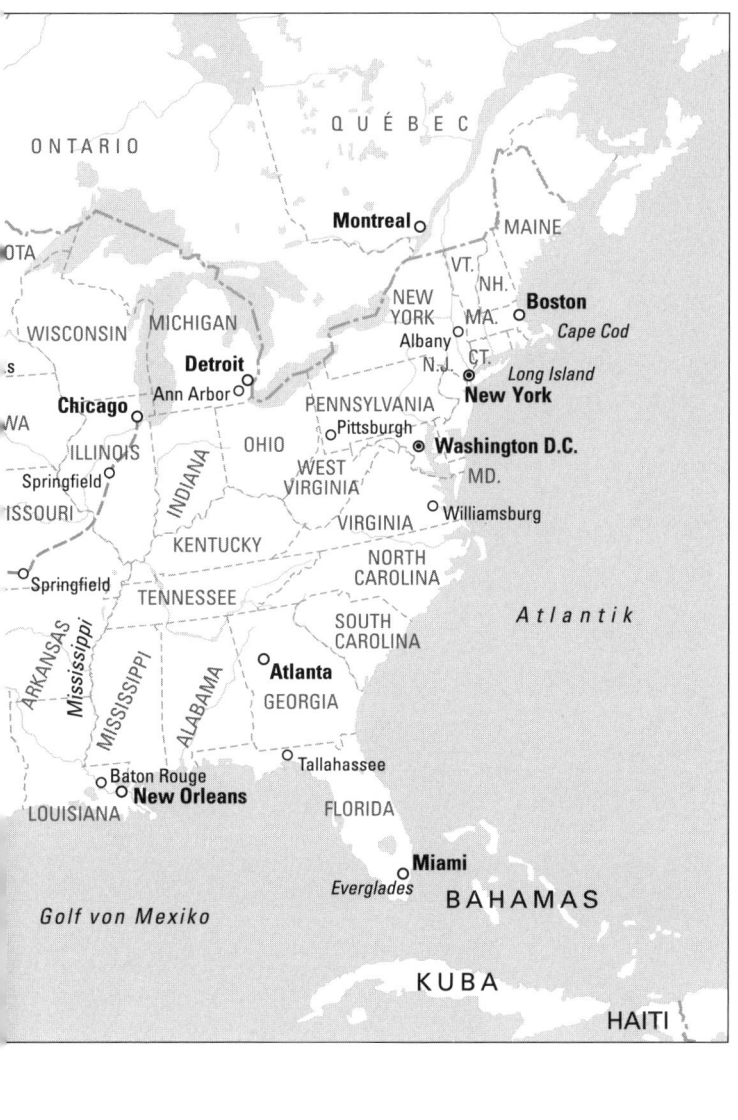

Young Americans *

Wie ich ein Amerikaner wurde.
Oder: Warum Sie sofort einen Flug buchen sollten.
Und was Sie vor der Abreise wissen müssen.

Als ich mir darüber klar wurde, dass ich mit 39 Jahren nach Amerika ziehen würde, kaufte ich mir bei iTunes das Lied »Young Americans« von David Bowie. »Ain't there one damn song that can make me break down and cry?«, singt Bowie. In meinem Fall ist es genau dieser *damn song*. Wenn ich von meinen Deutschlandbesuchen zurückkehre und die Stewardess nicht aufpasst, höre ich ihn beim Landeanflug, und nur meine Ohrstöpsel hindern die irritierten Sitznachbarn daran, sich nach dem Grund für meine Tränen zu erkundigen. Es ist die reine Freude, endlich wieder amerikanischen Boden betreten zu dürfen.

Wie jeder anständige Nachkriegsdeutsche bin ich mit einer ordentlichen Portion Antiamerikanismus aufgewachsen. Was für die Generation meiner Eltern der Vietnamkrieg, war für meine der Nato-Doppelbeschluss und die Wahl Ronald Reagans zum Präsidenten. Natürlich glaubte ich in den 80ern nicht mehr, dass ein Leben im »real existierenden Sozialismus« erstrebenswert sein könnte, das hatten mir die Grenzkontrollen auf dem Weg zu unseren Verwandten in der DDR deutlich gemacht. Aber die USA waren in den Augen progressiver

Teenager wie mir ein diffus bedrohliches Imperium, das den »Konsumwahn«, das »kommerzielle Hollywoodkino« und »Fast Food« hervorgebracht hatte und darüber hinaus das »Wettrüsten« betrieb, also mindestens den Atomkrieg, wenn nicht den Weltuntergang herbeiführen würde. Außerdem galten Amerikaner als ungebildet, denn Ronald Reagan war ja auch ein ehemaliger Schauspieler, und angeblich kein besonders guter. Natürlich hatte niemand, den ich kannte, je einen Film mit Ronald Reagan gesehen, aber diese Tatsache konnte das schroffe Urteil über sein Werk nicht mildern.

Schon damals deckten sich meine Vorurteile nicht ganz genau mit der Wirklichkeit, denn meine Familie hatte andere Erfahrungen gemacht. Anfang der 60er-Jahre – mein älterer Bruder war schon auf der Welt, ich noch nicht – zogen meine Eltern für ein Jahr in die USA. Ihren VW Käfer ließen sie aus Deutschland einschiffen, lebten erst in Columbus / Ohio, durchquerten dann das ganze Land und landeten schließlich in Berkeley, wo mein Vater an der UCB studierte. Ihr amerikanisches Jahr lieferte ein kulturelles Leitmotiv in unserem Familienleben. Meine Mutter erzählt heute noch stolz von der schon damals offenbar werdenden lebenspraktischen Begabung meines Bruders. In jedem Motel und jedem Restaurant schienen die Toilettenspülungen anders zu funktionieren. Der dreijährige Manuel jedoch war blitzschnell darin, mit ein paar Handgriffen rauszukriegen, wo er welchen Hebel in welche Richtung drehen oder drücken musste. Noch Jahrzehnte später bereitete mein Vater uns am Sonntagmorgen Spiegelei mit Speck und eine halbierte Grapefruit, die er mit einer Akribie filetierte, wie er sie in den amerikanischen Diners kennengelernt hatte. Und was meine Eltern auf ihrer Reise gesehen hatten, wurde immer wieder mit glänzenden Augen erzählt. Der Grand Canyon, die Muir Woods, das Death Valley, das waren schon früh mythische Orte in meinen Ohren. Es waren Orte, an denen meine Familie Abenteuer erlebt hatte und glücklich gewesen war.

Eine liebesblinde Hymne auf die USA wird dieses Buch trotzdem nicht. Dieses Land ist voller Widersprüche. Es ist kindisch und brutal, provinziell und weltoffen, obszön reich und schockierend arm, egoistisch und gottesfürchtig, rücksichtslos und überwältigend freundlich. Ich kenne durchaus intelligente Menschen, die sich weigern, nach Amerika zu fahren, und ich kann verstehen, warum. Aus der Distanz lebt es sich leichter mit den eigenen Vorurteilen, diesseits des Atlantiks (aus Sicht des Deutschen) kann man sich dem brachialen und zauberhaften Charme dieses Landes leichter entziehen.

Als ich das erste Mal nach Berkeley kam, fühlte ich mich meinen Eltern sehr nah. Sie hatten beide den Krieg noch erlebt und waren in einem Deutschland aufgewachsen, das ihnen eng und beschränkt vorkam. Amerika war für sie zwar nicht das Land der unbegrenzten Möglichkeiten. Schließlich hatten sie einen kleinen Sohn und wollten auch gar nicht reich und berühmt werden. Aber sie sahen hier nicht nur ein Land, das einen sinnlosen Krieg führte, sondern auch die Bürgerrechtsbewegung, die sich dagegen wehrte. Sie erlebten eine Kultur, in der ihnen das Atmen leichter fiel. Ich spazierte also über den Campus der University of California und blickte in die Februarsonne, die vom Pazifik aus die Hügel hinauf schien und sich vermutlich nicht sehr verändert hat, seitdem mein Bruder hier vom Campanile hinunterwackelte. Soweit ich das von Berkeley aus überschauen konnte, ist Amerika noch immer eines der grandiosesten Länder der Welt. Wer sich die USA ganz genau ansieht, der wird

a) von der Schönheit der Natur und mancher Städte überwältigt,

b) sich unweigerlich in die Menschen hier verlieben: ihren blitzschnellen Humor, ihre praktische Intelligenz, ihre unendliche Neugier.

Es gibt ein paar kleinere Hürden, die man bei der Einreise überwinden muss. Eine Sprachbarriere gibt es jedoch nicht. Zugegeben: Im Vergleich zu Holländern, Schweden oder

Deutschen sind die Amerikaner nicht besonders fremdsprachengewandt. Die meisten sprechen nur Englisch – und eventuell Russisch oder Mandarin, aber damit ist einem ja nicht unbedingt weitergeholfen. Wenn Sie sich nicht nur in New Yorker Galeristenkreisen aufhalten wollen, wo jeder mindestens noch zwei weitere Sprachen beherrscht, sondern das ganze Land erobern möchten, müssen sie sich in dem Idiom der Eingeborenen verständigen können. Aber Englisch ist bekanntlich kinderleicht. Glaubt man deutschen Sprachwächtern, ist unser Deutsch ohnehin schon bedenklich überfremdet und anglisiert. Und ein paar Brocken hat jeder durch Popmusik, Internet oder Schulunterricht aufgeschnappt.

Die Amerikaner mögen zwar keine anderen Sprachen beherrschen, aber sie machen es auch dem Anfänger leicht. Während ja die Franzosen den Besucher schon bei der falschen Betonung des Wortes Croissant am liebsten zur Guillotine (oder zumindest bis zur Landesgrenze) führen würden. Bringen Sie ruhig Ihren albernen britischen Akzent aus der Schule mit, hier hat jeder irgendwie einen Dialekt. Und wenn Sie zum Beispiel nach Texas fahren, sollten Sie sich darauf einstellen, dass Sie einen irre gemütlich klingenden und komplett unverständlichen Sprachbrei zu hören kriegen. Entweder Sie haben sich da vorher mithilfe von untertitelten Südstaatenfilmen reingehört, oder Sie müssen jetzt schnell von Begriff sein. Aber keine Angst. Die Amerikaner haben die Erkenntnis im Blut, dass jeder Mensch ein Zugereister ist, denn sie sind ja selbst erst ein paar Hundert Jahre hier. Zumindest die überwiegende Mehrheit. Fast jeder Amerikaner kennt seine Herkunft und weiß, dass er zu einem Achtel Ire ist, seine Großmutter mütterlicherseits aus Kampanien stammte oder sich seine Vorfahren aus einem Dorf am Mittelrhein auf die Reise machten.

Als die Eltern meines Freundes Frank uns in New York besuchten, sprachen sie kein Wort Englisch. Eine Woche später hatte sich mein Schwiegervater mit dem Hausmeister aus dem Kosovo angefreundet, und die chinesische Verkäuferin bei Gracefully hielt jeden Morgen schon sein Lieblingsbagel für ihn bereit. Auf die Frage, wie er das gemacht habe, grinste er nur. »Wenn wir nach Amerika kommen, werden wir Amerika«, schrieb Camilla Paglia. Was sind da schon ein paar fehlende Vokabeln?

Außerdem sind die Amerikaner beinahe erschreckend höflich. Natürlich sind die Kellner hier auf das Trinkgeld angewiesen, natürlich ist nicht jedes Kompliment ein Heiratsantrag. Aber die alte Debatte, ob Freundlichkeit das Gegenteil von Ehrlichkeit ist, kann man hier vergessen, für ein paar Tage, für ein paar Wochen oder besser noch für den Rest des Lebens. Die paar entscheidenden Floskeln sind schnell gelernt, noch entscheidender aber ist die richtige Einstellung. Im Grunde gelten für ein gutes Auskommen mit Amerikanern die gleichen Regeln wie überall auf der Welt, trotzdem ist ein Besuch in den USA, richtig genutzt, wie ein Grundkurs im *easy going*: Gehen Sie auf Menschen zu. Stellen Sie Fragen. Freuen Sie sich über den Erfolg des anderen. Bezahlen Sie die nächste Runde. Loben Sie die Handtasche / die Uhr / das Auto. Und bevor Sie Ihre selbstverständlich vollkommen berechtigte Kritik an Außenpolitik, Schlaglöchern oder Ernährungsgewohnheiten äußern, überlegen Sie noch einmal kurz, ob es wirklich das Interessanteste ist, was Sie zu sagen haben.

Schon kurz nachdem ich in die USA gezogen war, wurden die Telefonate mit Freunden und Kollegen in Deutschland immer seltsamer. Oder zumindest schien es mir so. Die Gespräche begannen stets mit einer Eloge von Sorgen und Nöten. Klassischerweise angefangen mit dem schlechten Wetter. Und manchmal wurde mir fast vorwurfsvoll mitgeteilt, dass es mir ja immer gut gehe. Diese Welle an Negativität – gar nicht böse gemeint, einfach nur verinnerlicht – wurde mir mit jedem Tag suspekter. Ich gebe zu, mir ist es in Amerika auch oft genug passiert, dass ich auf die Frage »How are you?« mit einer umständlichen Erläuterung meiner verschiedenen Deadlines, der anfliegenden Erkältung und dem Problem der überheizten Wohnung geantwortet habe. Warum erzählt er das nicht seinem Psychiater? Oder seinem Hausmeister?, meinte ich dann im Gesicht meines Gegenübers lesen zu können.

Die passende Antwort auf »How are you?« (oder auch »How you doin'«?« oder »What's up?«) ist für den Neuankömmling eine Wissenschaft für sich. Wenn sie mir von einem Nachbarn auf der Straße gestellt wurde, überlegte ich noch, wie es mir eigentlich ging, als der schon zwanzig Meter (sixty feet) weiter war. Entscheidend ist, zu begreifen, dass hier gar keine Frage gestellt wird. Im Regelfall kontert man schlicht »Good. How are you?«, erwartet ebenfalls keine Antwort und geht einfach zum Tagesgeschäft über: eine Packung Zigaretten verlangen, dem Taxifahrer die Adresse sagen, weitergehen. Wenn man sich differenzierter äußern will, muss man dem angeborenen amerikanischen Enthusiasmus Rechnung tragen. Folgende Varianten sollten entsprechend eingesetzt werden.

»Not bad« = Mein Psychiater kann mir auch nicht mehr helfen.

»Couldn't be better« = Eigentlich mies, aber was soll's.

»I'm good« = Mir geht es ganz normal.

»I'm great / very good« = Mir geht es gut.

Irgendwann habe ich beschlossen, mir die amerikanische Strategie anzueignen, dass man einfach nur behaupten muss, es gehe einem gut. Dann klappt es auch. Die deutsche Neigung zu Pessimismus und Grübelei ist ohnehin gut genug verankert, als dass sie mir abhandenkommen könnte.

Die bohrende Frage, ob aus der Unterhaltung mit Ihrem Gesprächspartner, also dem gefürchteten Small Talk, eine lebenslange Freundschaft wird, sollte man in Amerika ignorieren. Es sei denn, man hält es für Tiefsinn, bei einer Cocktailparty konzentriert aufs Bücherregal oder auf die Skyline zu starren. Es reicht ja, wenn man nach fünf Minuten oder Stunden auseinandergeht und sich während der gemeinsam verbrachten Zeit wohlgefühlt hat. Was dabei unbedingt hilft, ist die Fähigkeit, das Leben nicht zu schwer zu nehmen und im Zweifel darüber zu lachen.

Man wird die Amerikaner nie verstehen, und schon gar nicht ihre Politik, wenn man nicht ihr Grundbedürfnis nach dem akzeptiert, was sie »to have a good time« nennen. Die wahrscheinlich stärkste Waffe von Ronald Reagan oder auch George W. Bush war ihre Fähigkeit, eine Zufriedenheit zu vermitteln, die sich selbst nicht ganz ernst nimmt. Ein selbstironischer Spruch wiegt hier im Zweifel schwerer als ein mittelschwerer außenpolitischer Skandal. Nicht umsonst haben die Amerikaner die plattesten wie die raffiniertesten Comedys der Welt.

Beim Vorwahlkampfduell der Demokraten im Jahr 2008 fühlte sich Hillary Clinton von der Presse gegenüber ihrem Rivalen Barack Obama benachteiligt. Selbst die heftigsten Beschwerden ihrer Mitarbeiter und verbale Frontalangriffe ihres zornesroten Mannes Bill auf Journalisten änderten nichts an der Tatsache, dass Obama von den Journalisten eher »gehätschelt« als »gegrillt« wurde. Dann wurde in der Sendung »Saturday Night Live« ein Sketch gezeigt, der die typischen Fernsehduelle zwischen den beiden karikierte. Während die von der Komödiantin Amy Poehler gespielte »Hillary« mit brutalstmöglichen Fragen gequält wurde, waren die Moderatoren bei ihrem Gegenspieler »Obama« vor allem besorgt, ob dieser auch wirklich bequem genug sitze. Der Sketch war fast so gut wie die Reaktionen darauf. Die echte Hillary Clinton, breit grinsend, wie nur sie es kann, wurde in eine der nächsten Sendungen von »Saturday Night Live« zugeschaltet und bedankte sich für die tolle Persiflage. Dann gesellte sich ihre Imitatorin Amy Poehler in die Szene, natürlich im gleichen kastanienbraunen Kostüm wie die Politikerin. Beide machten sich Komplimente für ihre gelungenen Outfits, und Poehler imitierte Clintons enthemmtes Kampflachen. »Lache ich wirklich so schlimm?«, lachte die Politikerin, beteuerte »Keine Politik heute« und wandte sich im selben Atemzug präpräsidial um Wählergunst heischend ans Publikum. Poehler schnitt dazu salbungsvolle Grimassen. Es war schamlos, es war albern, und es war großartig.

Während deutsche Politiker es gerade mal hinkriegen, in Kuscheltalkshows ihre Vorliebe für Hausmannskost zu gestehen, stürzte sich Hillary Clinton, die von Sabine Christiansen vor ein paar Jahren nur mit einem unterwürfigen »Senneder« tituliert wurde, in die Härten des Comedy-Business. Und sie profitierte davon. Mit Obama wurde in den nächsten Wochen deutlich härter umgesprungen. Was ihr Mann, der ehemalige Präsident, nicht erreicht hatte, gelang einer Unterhaltungssendung in fünf Minuten. Man kann den Amerikanern eine Vorreiterrolle bei der Verquickung von Politik und Showbusiness vorwerfen, aber man muss ihnen zugestehen, dass sie eine gute Pointe zu schätzen wissen.

Ebenso hilfreich ist Humor jedoch auch für das eigene Seelenleben, wenn man sich diesem Land nähert. Was soll man auch von einer Nation halten, die ihre Übergewichtigen mit Hamburgern als Schulspeisung quasi heranzüchtet und gleichzeitig das fanatischste Körperbewusstsein außerhalb von Brasilien hervorgebracht hat? Die ohne jede Hemmungen genmanipulierte Pflanzen und Rinder züchtet und in der gleichzeitig umweltschonende Hybridautos das allerneueste und allerunverzichtbarste Statussymbol sind? In der eine Million Embryos eingefroren darauf warten, von Leihmüttern ausgetragen zu werden und in der gleichzeitig an manchen Schulen Evolution und biblische Schöpfungsgeschichte gleichberechtigt gelehrt werden? In der die Meisterwerke europäischer Architektur in wüsten Themenhotels nachgeäfft werden und gleichzeitig die wichtigste Kunst, Literatur und Musik der letzten siebzig Jahre produziert wurde? In der der Konkurrenzkampf am Arbeitsmarkt härter tobt als irgendwo sonst im westlichen Kapitalismus und gleichzeitig in Jobbewerbungen weder das Alter angegeben noch ein Foto beigelegt werden darf, damit niemand diskriminiert werden kann? In *god's own country* ist XXL kein Superlativ, sondern das Standardformat, sind die Frauen lauter, die Männer schwerer, die Autos größer, die Fernsehsendungen schriller, die Zeitungen dicker, die Steaks blutiger, die Waffengesetze lockerer, die Wanderwege einsamer, die Reichen reicher und die Armen ärmer. Dieses Land kann man nur lachend lieben. Und mit Bewunderung für den Idealismus, die Naivität, die Zukunftsliebe seiner Bewohner.

Als Randolph William Hearst noch ein kleiner Junge war, so um 1870 herum, segelten seine Eltern in den Sommermonaten von San Francisco aus die Pazifikküste hinunter nach Süden und ankerten vor San Simeon, wo ihnen die Pedras Blancas Ranch gehörte (die heute berühmte Küstenstraße Highway 1 gab es noch nicht). Die Familie verbrachte ihre Sommerurlaube auf einem Hügel – mit grandioser Aussicht, aber in Zelten. Nachdem Hearst mit dem Erbe seines Vaters ein Medienimperium aufgebaut hatte, errichtete er sich hier ein Ensemble aus mehreren Häusern, gekrönt von einem Schloss, dessen Hauptfassade an eine spanische Kathedrale erinnern sollte. Alle Gebäude waren vollgestopft mit kostbarsten Antiquitäten und europäischer Kunst, der Swimmingpool war vergoldet, auf dem riesigen Anwesen tummelten sich exotische Tiere. Wenn man Glück hat, erspäht man heute noch ein paar Zebras, während sich der Besucherbus auf diesen Märchenberg schraubt. Wie Neuschwanstein hat sich hier ein Herrscher eine aus historischen Versatzstücken montierte Fantasiewelt errichtet. Aber während das Schloss von Ludwig II. von Bayern von neurotischer Weltflucht durchströmt ist, atmet das Hearst Castle den ganzen Größenwahnsinn und Optimismus Amerikas.

Ein schmales Buch wie dieses kann ein Land, das eigentlich ein Kontinent oder eine ganze Welt ist, natürlich nicht vollständig erfassen. Wozu auch? Egal, ob Sie in Pennsylvania Kanu fahren, wo die Flüsse noch immer indianische Namen tragen, ob Sie auf der Snowcat durch die verschneiten Berge Colorados heizen, ob Sie mit dem Airboat in den Everglades von Florida an Alligatorenfamilien vorbeirasen, ob Sie im Napa Valley dem kalifornischen Rotwein verfallen oder im New Yorker Galerienviertel Chelsea die Dekadenz des Kunstmarktes bestaunen, Sie werden merken, wie Amerika Sie erobert.

Und umgekehrt natürlich. Früher oder später werden Sie sich auf Ihrer Reise wie ein Entdecker fühlen. Getrieben von dem unerschütterlichen Glauben, dass das Beste noch vor Ihnen liegt.

Willkommen in der Neuen Welt.

---

* »Young Americans« ist ein nicht einmal besonders optimistischer Song über das Land meiner Träume: Es geht um Paranoia, Rassismus, Richard Nixon. Die Rolle des Saxophons ist allerdings bemerkenswert.

Imagine Whirled Peace *

Warum hier Eiscremefabrikanten John Lennon zitieren.
Oder: Wie man Amerikanisch lernt.

Erst gestand sie in der Sendung »The Moment Of Truth« vor 8,5 Millionen Zuschauern, dass sie ihren Mann Frank betrogen hatte. Später erklärte sie, es habe sich nur um »mentale Untreue« gehandelt. Dann sagte sie dem Magazin »People«, dass ihre Showbeichten ihr dabei geholfen hätten, herauszufinden, was sie wirklich wolle. Die einzige Frage, die Lauri Cleri offen ließ: was denn jetzt mit dem »D-Wort« sei.

D-Wort stand in diesem Fall für Scheidung (divorce). Und es ist eins der unzähligen Beispiele für die liebenswerte Angewohnheit der Amerikaner, Dinge abzukürzen und abzumildern. Über Deutsche und Österreicher sagt man, was die beiden Völker trenne, sei die gemeinsame Sprache. Das gilt mindestens in gleichem Maße für die ehemalige Kolonialmacht England und ihre abtrünnigen Untertanen in Übersee. Wenn man Englisch und Amerikanisch überhaupt noch als eine Sprache zählen mag. Die Amerikaner haben ihre erste Amtssprache zwar von den Briten übernommen, aber schnell nach ihren Bedürfnissen und Instinkten umgeformt. Schon die Aussprache könnte nicht gegensätzlicher sein. Das britische Englisch klingt artikuliert und maniriert, als habe man beim

Sprechen wirklich jeden Gesichtsmuskel unter Kontrolle und im linken unteren Wangenbereich einen kleinen Krampf. Das amerikanische Englisch klingt vulgär und lässig, als habe man den Mund nicht ganz leer und lasse die Zunge trotzdem schlapp hängen. Für hoch qualifizierte Wissenschaftler und Manager aus dem Ausland gibt es in den USA spezielle Akzentschulungen. Eine ganz entscheidende Rolle spielt dabei das Training der Kieferstellung: Man muss den Unterkiefer nach vorne schieben und gleichzeitig entspannen.

Natürlich sind die regionalen Unterschiede, was Vokabular und Melodie betrifft, auch im Amerikanischen erheblich. Wie sich etwa eine schwarze Frau aus Mississippi und ein Universitätsprofessor aus New Hampshire verständigen, ist mir ein Rätsel. Aber das mag auch an meinen noch relativ ungeübten Ohren liegen. Insgesamt hört man der Sprache an, dass sie niemals an irgendeinem Hofe gesprochen wurde. Das britische »I beg your pardon« wird hier schlankerhand durch ein gebelltes »What's that?« ersetzt. Wer Volksnähe demonstrieren will, lässt beim Gerundium konsequent das »g« weg. »I'm doin' fine« klingt sofort viel authentischer.

Die erste Eigentümlichkeit – Reihenfolge ist hier keine Rangfolge – im Amerikanischen ist die fast grenzenlose Liebe zu Abkürzungen. Die Welt in Kürzeln und Formeln zu beschreiben ist die Poesie des Maschinenzeitalters; ein Kontinent, der praktisch zeitgleich mit dem Buchdruck entdeckt wurde, muss also geradezu ein libidinöses Verhältnis zu Mechanik und Rationalisierung haben. Eine andere Ursache für den Hang, Begriffe mit Chiffren zu tarnen, liegt in der überraschend ausgeprägten Prüderie der Amerikaner. Popmusik, Kinofilme und Fernsehauftritte werden auf »explicit language« untersucht (außerdem auf »Nacktheit«, »Gewalt«, »Drogenmissbrauch«, »Flüche«). Anders als bei den fäkalorientierten Deutschen sind die meisten Kraftausdrücke sexueller Natur, dazu meist kurz und knackig und können deswegen unter dem Begriff »four letter words« subsumiert werden. Sie sind in der Alltagssprache je nach Milieu stark bis sehr stark verbreitet, fristen aber in der Öffentlichkeit ein trauriges Dasein. Seit Jahren werden sie im Fernsehen und Radio elektronisch weggepiept. Bei manchem Talkshowgast oder in Realityshows hört man mehr Störgeräusche als Stimmen. Der Auftritt von Madonna bei David Letterman 1994 ist in dieser Hinsicht legendär. Aber damals wollte sie ja auch ihr sexuell recht forsches Album »Erotica« verkaufen. Zehn Jahre später zensierte sich die Sängerin in dem Lied »I love New York« bereits selbst: »If you don't like my attitude, than you can ›f‹ off«. Außerdem verbot die zweifache Mutter das Fluchen im Backstagebereich ihrer Tour.

Das Prinzip »Kinderschutz durch Abkürzung« ist ausbaubar: Ein *motherfucker* ist ein mf, *lesbian* ist das l-word (übrigens gibt es eine gleichnamige sehr populäre Fernsehserie mit Jennifer Beals, die zuletzt in »Flashdance« wirklich erfolgreich war). Das ist zwar etwas sinnlos, wenn jedes Kind über die Bedeutung von Abkürzungen Bescheid weiß, aber Kinderschutz soll bekanntlich ohnehin nur die Eltern gut schlafen lassen. Deswegen wird diese Form von semantischer Prüderie meist zweckentfremdet und ironisch verwendet. Wenn Amerikaner über eine Beziehung sprechen, klopfen sie diese darauf ab, ob das c-word (*committed* = treu), das l-word (*love*) und das m-word (*marriage*) schon gefallen sind. Ebenso lässt sich die Illusionslosigkeit des Single-Daseins ironisch abmildern. Ein FWB (*friend with benefit*) ist das Gleiche wie eine Beziehung mit NSA (*no strings attached*): eine Freundschaft mit Sex, aber ohne Verpflichtungen. In diesem Jargon kommunizieren selbst Amerikaner nur, wenn sie sich über ihre eigenen Gewohnheiten lustig machen wollen. Denn sie wissen selbst am besten: Was ihre Sprache betrifft, sind sie große Kinder. Um den linguistischen Status quo in diesem Land nachverfolgen zu können, empfiehlt sich der regelmäßige Blick auf die Website urbandictionary.com. Es ist eine exzellente Sprachschule, und die Wörter des Tages verraten, was die Amerikaner gerade bewegt. Die nur für die Dauer einer Realityshow oder einer PR-Kampagne währende Romanze tauften die Nutzer des Urban Dictionary kurz und treffend eine »showmance«. Und ein »consumerican« ist ein besonders amerikanischer Amerikaner.

Neben ethischen und pädagogischen Erwägungen ist es eben ein ausgeprägter Spieltrieb, der das Amerikanische ausmacht. Ein populäres Verkehrsschild besteht aus zwei in spitzem Winkel übereinandergelegten Metallbalken, unter denen »ing« steht. Dass man aus einem Blechkreuz (cross) und einem ing den Hinweis auf eine Kreuzung (crossing) konstruiert, hat den Charme eines Wortbildrätsels. Deutsche werden von Kind auf darin geschult, sich abstrakt und kompliziert auszudrücken, Amerikaner dagegen lieben das Konkrete und Unverschnörkelte. Ein »aha moment« ist ein Augenblick spirituellen Erwachens, ein »frenemy« ist der beste Freund, der einem den Job oder die Freundin auszuspannen versucht, »me time« bezeichnet ablenkungsfrei, möglicherweise sogar kontemplativ verbrachte Zeit. »Us time« dagegen empfehlen wohlmeinende Freunde von Kindern, Karriere oder Sozialleben gestressten Paaren: Das kann ein romantisches Abendessen bei Kerzenlicht bedeuten oder ein intensives Gespräch, meistens ist es ein Euphemismus für ungestörten Sex.

Der gleiche unbekümmerte Zugriff führt dazu, dass aus Abkürzungen schlankerhand Verben konstruiert werden. »Have you r.s.v.p.ed?« (Hast Du zu- oder abgesagt?), »I xed it« (Ich habe es angekreuzt / durchgestrichen) oder, wenn man es auf die Spitze treibt: »After DUI through LA in her SUV she ›od‹ed and checked herself into rehab.« Dieser Satz beschreibt den Alltag von jungen Schauspielerinnen / Millionenerbinnen / Sängerinnen. Wörtlich übersetzt heißt er: Nachdem sie betrunken oder auf Drogen (Driving Under the Influence) mit ihrem Geländewagen durch Los Angeles gefahren war, nahm sie eine Überdosis (overdosis = od) und wies sich selbst in eine Entzugsklinik ein.

Dieser verspielte Umgang mit der Sprache hat durch Internet und Mobiltelefone noch einmal einen Schub erfahren. Die Möglichkeit, quasi in Echtzeit mit einem oder mehreren anderen Menschen kommunizieren zu können, ist eine Herausforderung, der man nur begegnen kann, wenn man die Anzahl der pro Nachricht verwendeten Schriftzeichen auf ein jeweiliges Minimum reduziert. TTY heißt »Wir sprechen uns« (Talk to you), asap heißt »so bald wie möglich« (as soon as possible), CU heißt »Bis bald« (See you), dk / dc heißt »weiß ich nicht und interessiert mich auch nicht« (don't know / don't care).

»OMFG« hieß es auf Postern, die für die neue Staffel der Serie »Gossip Girl« warben. Es ist das Kürzel für den Ausruf »Oh my fucking god!« und beschreibt damit einen Mix aus Verwunderung, Entsetzen, Begeisterungsschauer. Zumindest in der Welt der finanziell abgesicherten, moralisch entgrenzten *trust fund kids*, in der »die großartigste Teenagerserie aller Zeiten« spielt. Diese Einschätzung des »New York Magazine« ist nicht so abwegig, wie es scheint. Denn nichts hat in den letzten Jahren die Sprache und Alltagskultur in den USA so stark geprägt wie die Machtergreifung der kalifornischen Blondinen. Ihr Siegeszug manifestiert sich auch darin, dass selbst die Mädchen in New York inzwischen so klingen, als seien sie in einer Shoppingmall an der Westküste aufgewachsen. Bereits Anfang der 80er-Jahre hatte Frank Zappa seinen in den USA einzigen großen Hit, mit einem Lied, dessen Text seine Tochter Moon geschrieben hatte. Sein in Europa erfolgreicher Song »Bobby Brown« wurde in den USA wegen des obszönen Textes nicht im Radio gespielt, was hier einem kommerziellen Todesurteil entspricht. Das besagte Lied hieß »Valley Girls« und karikierte den oberflächlichen, inhaltsarmen, stark codierten Slang der Mädchen aus dem San Fernando Valley. Manche Ausdrücke sind heute nur noch nostalgische Folklore, aber der Sound der *Valley Girls*, der sogenannte *valspeak*, ist heute bei jungen Amerikanerinnen die Norm.

Valspeak funktioniert sehr einfach: Vor jedes Adjektiv muss ein »like« eingefügt werden: »He is like totally awsome« (Er ist total süß). Und jede zwischenmenschliche Begegnung muss dialogisch wiedergegeben werden, allerdings wird das Verb »to say« durch die Konstruktion »to be like« ersetzt: »She was like: ›Why didn't you call?‹ I was like ›Hello‹? She was like ›Whatever!‹. I was like ›Totally!‹«, heißt in etwa: »Sie fragte, warum ich sie nicht angerufen habe. Ich antwortete: Warum hätte ich ausgerechnet dich anrufen sollen, nachdem du dich bei mir tagelang nicht gemeldet hast? Daraufhin sagte sie: Wir müssen das jetzt nicht überdramatisieren. Und ich sagte: Da hast du auch wieder recht.« Es handelt sich hier zweifellos nicht um ein Englisch auf der Höhe seiner Subtilität und Ausdruckskraft. Aber wenn man nicht aufpasst, ist man ganz schnell dabei, diese Phrasen in seine eigenen Sätze einzustreuen. Und wenn man dann merkt, wie flüssig und leichtfüßig alles zu werden scheint, ist man schon auf dem besten Weg, ein *valley girl* zu werden. Zumindest like ein bisschen.

In überraschenden Zusammenhängen greifen die Amerikaner dann zur Lyrik. Dass sie ihre Überlandbusse noch immer Greyhound nennen, ist nur ein Beispiel. Andere Zeugnisse von Alltagspoesie finden sich in jedem Supermarkt. »Better than Boullion« nennt sich ein Gemüsebrühenkonzentrat, »I can't believe it's not butter« heißt eine Margarine, »Imagine whirled Peace« schlagen Ben & Jerry's mit einer Eiscremesorte vor, in die sie Schokoladentoffee und kleine Peace-Symbole aus Fudge untergemischt haben. Für den Namen quirlten sie die Songtitel »Give Peace A Chance« und »Imagine« von John Lennon zusammen. Eigentlich erstaunlich, dass seine Witwe Yoko Ono nicht dagegen geklagt hat, aber er selbst hätte vermutlich seine Freude an solcher Sprachakrobatik gehabt. Er und Paul McCartney haben schließlich »Lucy In the Sky with Diamonds« nur geschrieben, um in dem Songtitel das Kürzel ihrer damaligen Lieblingsdroge LSD verstecken zu können.

Auf der anderen Seite ist die amerikanische Sprache ein Buch, an dem ständig weitergeschrieben wird, und zwar in allen möglichen Sprachen. Die rasant zunehmende Bedeutung von Spanisch ist durch die sich verschiebende Bevölkerungsstruktur zu erklären. Hinweisschilder und U-Bahn-Werbung sind deswegen oft zweisprachig. Darüber hinaus gibt es auch eine intellektuelle Neugier und einen Drang, mit Fremdwörtern anzugeben. In Amerika geht es dabei weniger um Abgrenzung durch Wissenschaftsjargon, sondern darum, sein Gegenüber oder seinen Leser zu verblüffen, indem man das vermeintlich treffendste Wort wählt, das man im Fundus der Weltsprachen finden konnte. Und was nicht treffend genug ist, wird treffend gemacht. Neulich etwa stieß ich auf den Begriff »Googlegänger«, eine wunderschöne Abfolge von Gutturallauten, die eine sehr zeitgemäße Form der Schizophrenie beschreibt. Da immer mehr Menschen im Internet vertreten oder erwähnt sind, ergeben sich häufiger Doppelungen, wenn man den eigenen Namen bei der weltgrößten Suchmaschine eingibt: Man findet seine / n »Googlegänger«.

Überhaupt scheint Deutsch eine heimliche Leidenschaft sprachverliebter Amerikaner zu sein. Das liegt zum Teil natürlich an den vielen Juden, die ihre Sprache hierher»schlepped« haben. Ein krisengeschüttelter Manager ist »kaput«, das energische Suchen von Nähe nennt man »schmoozing«, und Kulturkritiker lieben den Unterschied zwischen »Mensch« (deutsch) und »mensch« (amerikanisch). Ein »Mensch« ist einfach ein human being, beim »mensch« dagegen schwingen die Leiden der Juden im 20. Jahrhundert, der wehmütige Witz der Vertriebenen, der Humanismus des alten Europas mit. In seinem Buch »The Joys of Jiddish« schreibt Leo Rosten: »A mensch is someone to admire and emulate, someone of a noble character.« Eine warmherzige, großzügige Person kann man also getrost *menschy* nennen, denn eine weitere Spielerei der Amerikaner ist es, dass man jedes Substantiv durch Anhängen eines y in ein Adjektiv verwandeln kann: »This breakfast is too lunchy for me« zum Beispiel heißt: »Dieses Frühstück ist mir ein wenig zu schwer, es ist ja fast schon ein Mittagessen.« Eng verwandt und fast noch praktischer ist das Anhängsel »-ish«, mit dem sich alles jederzeit relativieren lässt. »Let's meet around twelve-ish« heißt, man trifft sich zwischen zwölf und ein Uhr. Vielleicht in einem Club, der very Berlin-ish ist, was dann heißt, dass die Musik elektronisch ist und die Drogen illegal sind.

Der andere Reiz an der deutschen Sprache ist, dass sie den größtmöglichen Gegensatz zum Amerikanischen darstellt. Deutsch klingt wie gemeißelt, Amerikanisch wie gekaut. Mein Freund Patrick hat eine für mich fast nicht nachvollziehbare Leidenschaft: Er ist Wagnerianer. Obwohl Amerikaner im Schnitt nur zwei Wochen Urlaub im Jahr haben, reist er zu jeder Aufführung des »Ring«, die er erreichen kann, egal, ob in Dresden oder in Toronto. Seit Jahren versucht er, Karten für die Festspiele in Bayreuth zu kriegen, was für ihn vermutlich wirklich wie der Besuch auf dem »heiligen Hügel« wäre. Und nicht nur, wie für deutsche Prominente, eine Gelegenheit, ihr prächtigstes Outfit aus dem Fundus zu kramen. Patrick wollte den Werken seines Idols noch näher sein und beschloss, Deutsch zu lernen.

Schon bald schickte er sehr eloquente E-Mails, z. B. »betrifft: drei fragen. 1. Sagst du ›Orange‹ oder ›Apfelsine‹? 2. Welche ist richtig: ›Lass uns deutsch lernan?‹ Oder ›Lass uns Deutsch lernan‹? 3. Wie konntest Du ein Bier auf deutsch verlangen? ›Ich möchte ein großes Bier, bitte‹?«. Wenn Patrick allerdings Deutsch sprach, verstand man kein Wort. »Sprich alles immer sehr hart aus. Wenn es dir total übertrieben vorkommt, dann bist du auf dem richtigen Weg«, sagte ich ihm. Es hat ein bisschen geholfen.

Stärker noch als die Aussprache verdeutlicht die Gebrauchspsychologie den Unterschied zwischen dem Amerikanischen und dem Deutschen. In den USA wird Sprache als eine Art soziales Schmiermittel benutzt. Man entschuldigt sich, lobt einander, rückversichert sich, federt Gemeinheiten durch Witz ab. Die deutsche Sprache dagegen ist präzise, komplex und von einer gewissen Unerbittlichkeit. Man nutzt sie schließlich nicht zum Spaß, sondern um eine Situation, einen Gedanken oder einen anderen Menschen festzunageln. Gleichzeitig ist Deutsch die Sprache der Romantik und zu fast unerreichter Lyrik imstande. Die Liebe der Amerikaner zu unserer Sprache spiegelt beides. In seinem Buch »Speak German!« hat Wolf Schneider, ein angenehm polemischer Sprachwächter, eine Liste von im Amerikanischen häufig benutzten deutschen Wörtern aufgeführt. Angst, Kitsch, verboten, Zeitgeist. Aber eben auch: Kaffeeklatsch, Poltergeist, Wanderlust und Weltschmerz. Im Grunde bedienen sich die Amerikaner überall, wo sie Originalität und Treffsicherheit vermuten, denn sie denken in Überschriften und *oneliners*. Für sie verbirgt sich hinter biiemdabbleju eben nicht nur das neueste Modell von BMW, sondern ganze Jahrhunderte von Mentalitätsgeschichte: Ingenieurstechnik, Geschwindigkeitsrausch, Futurismus. Man könnte auch sagen: *the German soul*.

Um die amerikanische Seele in ihrer Sprache erkennen zu können, muss man sich durch jede Art von Filmen und Fernsehsendungen, jede Art von Zeitschrift (vom »New Yorker« bis zum »National Enquirer«) und jede Art von Gespräch kämpfen. Und wenn es geht, natürlich Bücher lesen. Wie jede große Kulturnation wäre Amerika kaum verständlich ohne ihre Romanhelden. Auch Captain Ahab würde heute den »Krieg gegen Terror« erklären. Jay Gatsby würde seine Milliarden der Aidshilfe in Afrika überlassen. Und Huckleberry Finn hätte in drei Disney-Filmen einen Piraten gespielt und müsste deswegen nie wieder arbeiten. Bei einem Schnitzelessen am Ostersonntag in dem New Yorker Restaurant Blaue Gans fragte ich den NYU-Dozenten Tom Grattan, der Creative Writing lehrt, dessen erster Roman in Düsseldorf spielt und der zufällig neben mir saß, nach einem literarischen Minikanon, um die USA zu verstehen. Vielleicht hatte ich ein Glas

Grünen Veltliner zu viel gehabt, denn einem New Yorker, den man kaum kennt, halst man keine unbezahlte Arbeit auf. Da Tom aber ein vorbildlicher Amerikaner ist, kam zwei Tage später seine Mail. »Ich liebe Listen« war sein Kommentar.

Sieben Romane und ein Sachbuch, um das Amerika von heute (und seine Literatur) zu verstehen:

1. »American Pastoral« von Philip Roth
   Ein großer und wichtiger Roman. Die Handlung erstreckt sich von den 40ern bis in die 70er. Es ist die Chronik einer perfekten Mittelklassenfamilie, die von den politischen und sozialen Unruhen zerstört wird. Das Buch ist eine Anklage und Analyse der apolitischen Haltung dieser Familien.

2. »White Noise« von Don DeLillo
   Manche würden vielleicht eher »Underworld« wählen, aber dies ist DeLillos stärkster Roman. Er karikiert den manischen Konsumdrang der Amerikaner, ihre Quizshow-Bildung und die selbstsüchtige Paranoia, die in den 80ern entstand. Außerdem ist dieses Buch wahnsinnig witzig.

3. »Drown« von Junot Diaz
   Diaz beschreibt, wie sich das Leben der Emigranten in den letzten zwanzig Jahren verändert hat. Diese Kurzgeschichtensammlung mit immer wieder auftauchenden Personen und Themen spielt unter den Einwanderern aus der Dominikanischen Republik, die in den USA meist in urbanen Gettos leben. Meine Lieblingsstory: »How To Date A Browngirl, Blackgirl, Whitegirl, or Halfie«.

4. »Jesus' Son« von Denis Johnson
   Ein unglaubliches Buch über Junkies, Ausreißer und Streuner. Johnson beschreibt sehr genau die Trostlosigkeit und Verzweiflung des amerikanischen Westens.

5. »Housekeeping« von Marilynne Robinson
   In den 80ern erschienen und eine Million Mal kopiert, meistens schlecht. Das Buch wird oft zu Unrecht als Frauenliteratur abgetan. Dabei lotet es aus, wie Frauen in der

amerikanischen Gesellschaft an den Rand gedrängt und benachteiligt werden. Selbst die nonlineare Erzählweise scheint der maskulinen Struktur des traditionellen amerikanischen Romans zu widersprechen.

6. »Because They Wanted To« von Mary Gaitskill
   Nur wenige können so sicher über Sex schreiben, mit all seinen perversen, masochistischen, obsessiven Aspekten. Düster, ironisch, lustig umreißt Gaitskill die »sexual politics« in Amerika.

7. »The White Album« von Joan Didion
   Ihre Essays erfassen das Lebensgefühl der Verunsicherung in den 60ern und 70ern. Und es sind formale Experimente. Der entscheidende Punkt bei Didion ist, dass es keinen gibt, denn in den 60ern wurde jede Regel infrage gestellt.

8. »The Mezzanine« von Nicholson Baker
   Der ganze Roman spielt während einer dreißigsekündigen Fahrt im Aufzug. Ein Musterbeispiel für die Literatur der hyperintellektuellen, männlichen Jungstarautoren, die die letzten zehn Jahre prägte (siehe auch David Foster Wallace, Jonathan Franzen).

Bekanntlich nutzt es für den Alltag nur bedingt, wenn man eine Sprache in der Schule und aus Büchern lernt. Praktische Verständnisübungen sind in Amerika besonders leicht, denn im Restaurant kann man im Prinzip jedes beliebige Gespräch an Nachbartischen mitverfolgen, weil jeder den anderen zu überschreien versucht. Auch wenn das jetzt unfreundlich klingen mag: Vor allem junge und ältere Mädchen kommunizieren in einer Tonlage, die in anderen Ländern nur für Hilferufe benutzt würde. Einer Studie zufolge senkten amerikanische Frauen von 1945 bis 1993 ihre Stimmen im Schnitt um 23 Hertz, weil immer mehr von ihnen in verantwortlichen Jobs arbeiteten und tiefere Stimmen mehr Autorität bringen. Wenn ich mit tauben Ohren aus einem Lokal wanke, mag ich das kaum glauben.

Und wenn den Amerikanern selbst ihre abgespeckte und hochgepitchte Version von Sprache noch zu viel ist, benutzen sie ihre zwei Hände. Mit den Zeige- und Mittelfingern wird links unten und rechts oben zweimal in die Luft gekratzt, als würde man an eine imaginäre Tafel ein Anführungszeichen schreiben. Mit dieser Pantomime verkehren sie jede Aussage in ihr Gegenteil. Aber das haben Sie vermutlich, kratzkratz, »schon« längst kapiert.

---

* Der kalifornische Eisproduzent Ben & Jerry's hat eine Vorliebe für ausgefallene Sortennamen wie »Everything but the . . .«, »Dave Matthews Band Magic Brownies Encore Edition«, »Karamel Sutra«, »Willie Nelson's Country Peach Cobbler«. Nach dem Tod des Grateful-Dead-Gründers Jerry Garcia wurden für die Geschmacksrichtung »Cherry Garcia« eine Zeit lang schwarze Kirschen verwendet.

Once Upon A Time in America*

**Wie ich John F. Kennedy verfiel.
Oder: Warum die Amerikaner ihre kurze Geschichte
meisterhaft erzählen können.**

Als Ronald Reagan am 5. Juni 2004 starb, war er einer der beliebtesten Expräsidenten in der amerikanischen Geschichte. Und in den Augen der Konservativen war er ohnehin bereits in den Rang eines Nationalheiligen aufgestiegen. Vergessen war sein Plan, im Weltraum ein neues Wettrüsten anzuzetteln. Vergessen die Besessenheit seiner Frau Nancy, seine Staatsgeschäfte mithilfe ihrer Wahrsagerin zu terminieren. Vergessen sein Augenzwinkern, als der CIA durch Waffenhandel mit dem Erzfeind Iran den Krieg gegen den eigentlich nicht so wirklich bedrohlichen Nicaraguaner Manuel Ortega finanzierte. Was allein zählte: Reagan galt als der Mann, der den Kommunismus besiegt und den Amerikanern den Glauben ans eigene Land zurückgegeben hatte. Und sein Abgleiten in den Nebel der Alzheimerkrankheit – sowie Nancys unerschütterliche Hingabe – hatte seine letzten Jahren mit nobler Tragik umrankt.

Bei dem Trauermarsch durch Washington schritt ein Pferd mit. In den Steigbügeln steckten Reagans alte Cowboystiefel, deren Spitzen nach hinten zeigten – ein altes Symbol dafür, dass ein Mann nun in den ewigen Jagdgründen reitet. Hoffentlich stellt ihn dort jemand dafür zur Rede, dass er die Immunschwächekrankheit AIDS, so lange es nur ging, ignorierte, weil kranke Schwule in seinem frommen Weltbild offenbar kein Mitleid und keine Hilfe verdienten. Aber die Stiefel und das herrenlose Pferd, in ihrem unschlagbar schlichten Pathos, passten perfekt zu Reagans Grabinschrift:»Ich weiß in meinem Herzen, dass der Mensch gut ist, dass am Ende das Gute siegt und dass jedes Leben einen Sinn und einen Wert hat.«

In Gesprächen mit Amerikanern über Geschichte und Politik muss man manchmal Geduld haben. Man darf nicht müde werden, den Unterschied zwischen Schweden und der Schweiz zu erläutern, oder dass man nicht unter dem kommunistischen Regime gelitten hat, wenn man in Westberlin groß geworden ist. Derartige Details scheinen sich bei der Atlantiküberquerung zu verwischen. Was die Geschichte ihres eigenen Landes betrifft, sind die Amerikaner allerdings äußerst beflissen, und sie haben ein großes Talent, diese Geschichte zu erzählen.

Als ich mit meinem Freund Oscar zum Ferienhaus seiner Familie auf der Halbinsel Cape Cod bei Boston fuhr, wusste ich nicht genau, was ich zu erwarten hatte. Seine Eltern waren mir als äußerst beherzte Trinker angekündigt worden, ebenso seine Schwester und ihr als »schwierig« geltender Verlobter. Wie meistens in Amerika war dann alles ganz einfach. Selbst bei deutlich formelleren Anlässen als diesem haben die Menschen den Drang, sofort zum Vornamen überzugehen. »We don't Mr and Mrs«, sagte mir eine Dame bei der Verleihung des John McCloy Award, der zu Ehren des ehemaligen »High Commissioner« im Nachkriegsdeutschland für besondere Verdienste um die transatlantischen Beziehungen vergeben wird. Auch im Smoking kann man sich hier locker machen. In Flipflops sowieso. Nach fünf Minuten saß ich mit Oscars Vater auf dem Dach des Hauses. Wir hatten beide eine Dose Bud light in der Hand, blickten in die Abendsonne, und mit rotem Gesicht und dröhnender Stimme erklärte er mir, wie John F. Kennedy seiner Generation einen Sinn gegeben hatte.

Wie für jeden amerikanischen Präsidenten im 20. Jahrhundert wurde auch zu Kennedys Ehren eine Bibliothek errichtet. Genau genommen ist der Titel »Library« dabei irreführend, zumindest für Tagesbesucher, denn eigentlich handelt es sich vor allem um dem Personenkult verschriebene Museen. Da jeder Staatschef der USA von dem unwiderstehlichen Gedanken besessen ist, Geschichte zu schreiben, ist die Frage, wo und wie der Nachruhm verwaltet wird, von allerhöchster Bedeutung. Besonders in den letzten Amtsmonaten, wenn aus dem Kriegsadler eine *lame duck* geworden ist. George W. Bush etwa ließ sich, nach heftigem Wettbewerb verschiedener Hochschulen, schon ein knappes Jahr vor der Amtsabgabe über Details seiner Library aus. Sie werde in der Southern Methodist University in Dallas errichtet, private Spendengelder für das 200 bis 500 Millionen Dollar teure Projekt wolle er vielleicht annehmen ...

Die John F. Kennedy Library in Boston wurde von I. M. Pei gebaut, ein pathetisch-abstrakter Bau, der die Aura eines modernen Mausoleums hat und malerisch an einer Bucht gelegen ist, allerdings auf dem Gelände einer ehemaligen Schutthalde. Einer der Gründe, warum sich der Architekt nur ungern an das Projekt erinnert: »Wegen ihrer Heirat mit Onassis war Jackie bei den Amerikanern in Ungnade gefallen, Auf einmal war in ganz Boston kein Platz zu finden. Wir stießen auf dem Grundstück auf alte Kühlschränke ...« Das erste Exponat, das ich bei meinem Besuch sah, war ein dunkelblauer Wollpullover mit einem großen, weinroten H, der zur Harvard-Sportausrüstung von Joe Kennedy gehört hatte. Ich halte es für einen groben Fehler, dass es kein Replikat dieses Kleidungsstücks im Museumsshop zu kaufen gibt, denn man konnte daran genau ablesen, wie die Kennedys gestrickt waren. Der Pullover erzählte von Männlichkeitskult, von

Ostküstenstolz, von dem sicheren Bewusstsein, zur herrschenden Klasse zu gehören.

Eine der grundlegenden Eigenschaften der Amerikaner ist ihre Bequemlichkeit. Ihr Vorstellungsvermögen, aus Exponaten und Artefakten die Geschichte zusammenzusetzen, lassen sie sich gern von Filmen anheizen. Als ich das Meisterwerk des Architekten Frank Lloyd Wright besuchte, jenes auf einem Felsen in einem Wildbach geschachtelte Sommerhaus des kunstbeflissenen Kaufhausbesitzers Edgar J. Kaufmann sr., quetschte sich meine Reisegruppe erst durch die erstaunlich niedrig und eng konzipierten Räume, während uns die Finessen des wrightschen Weltbildes erläutert wurden (»Mr. Wright glaubte nicht an Fliegengitter«). Nach Beendigung unseres Rundganges wurden wir in die ehemaligen Garagen geführt, wo ein Film noch einmal die Geschichte von »Falling Waters« erzählte.

Sich darüber zu mokieren lohnt besonders, wenn man davon überzeugt ist, dass der Erwerb von Wissen ein mühsamer Prozess sein muss und sich der Wert von Informationen in der Menge des eingeatmeten Bibliothekstaubs messen lässt. Der Glaube an meinen vermeintlichen Bildungsvorsprung gegenüber den Amerikanern (fünf Absätze zuvor wurden Sie Zeuge davon) wackelte jedes Mal, wenn ich die Lückenhaftigkeit meines eigenen Wissens über die USA feststellen musste. Auf einer langen Autofahrt durch das bis auf gigantische Hühnerfarmen sensationsarme Maryland übte ich mit Freunden das Spiel »Welcher Staat hat welche Hauptstadt?«. Wegen Chancenlosigkeit zog ich mich schnell in eine Beobachterrolle zurück.

Zehn US-Bundesstaaten und ihre eher unerwarteten Hauptstädte:

1. Kalifornien – Sacramento (nicht San Francisco)
2. Illinois – Springfield (nicht Chicago)
3. Florida – Talahassee (nicht Miami)

4. Louisiana – Baton Rouge (nicht New Orleans)
5. Nevada – Carson City (nicht Reno oder Las Vegas)
6. Washington – Olympia (nicht Seattle)
7. New York – Albany (nicht New York City)
8. Oregon – Salem (nicht Portland)
9. Texas – Austin (nicht Dallas)
10. South Dakota – Pierre (nicht Sioux Falls)

Ohne den Bewohnern von South Dakota auf die stolzen Füße treten zu wollen: Die Frage nach ihrer Hauptstadt ist vielleicht tatsächlich nicht von globalem Interesse. John F. Kennedy dagegen ist bis heute Synonym für den Politiker als Aufbruchstimmung erzeugenden Charismatiker, für die Hoffnung, dass Politik vielleicht doch ein etwas weniger dreckiges Spiel sein könnte, und für die Liebe der Amerikaner zu jungen Helden. Nicht umsonst wurde das Weiße Haus in der Kennedy-Zeit inoffiziell in Camelot umbenannt, nach dem Amtssitz des strahlenden Königs Artus. »Ich habe vor fünfzig Jahren das erste Mal gewählt und versuche, mich nicht allzu oft in Männer zu verlieben«, knurrte ein Veteran der Demokratischen Partei bei einer Strategiesitzung zum Obama-Wahlkampf. Das letzte Mal sei ihm das mit John F. Kennedy passiert. Erst die in seiner Library gezeigten Filme machten mir deutlich, warum das so ist. Sie zeigen »Jack« als hübschen Jüngling auf dem Segelboot, als Soldaten im Zweiten Weltkrieg, bei einem seiner vielen Krankenhausaufenthalte, bei dem er seine mit dem Pulitzerpreis ausgezeichnete Sammlung von Politikerporträts »Profiles In Courage« schrieb. Sie zeigen den mitreißenden Redner, dessen Ansprache vor dem Rathaus Schöneberg geduldig auf die Schlusspointe zusteuert, die eben kein launiger Spruch, sondern ein rhetorisch von langer Hand vorbereitetes Bekenntnis war. Was in seiner Library nur sehr klein gezeigt wird, sind die Bilder vom 22. November 1963 in Dallas und von den Tagen danach. Es ist, als wollte man den vom Nachglanz des Herrschers von »Camelot« erhobenen Besucher nicht unnötig verstören mit dem Schock des Attentats, mit Jackies beflecktem Kleid und dem Abschiedssalut des kleinen John-John am Grab seines Vaters.

So ein Personenkult-Museum funktioniert wie ein vollgerümpelter Dachboden: Man muss sich durch Vertrautes wühlen, um auf Erhellendes zu stoßen. Dass der von dem Modedesigner Halston entworfene Pillbox Hat, den Jackie Kennedy bei der Vereidigung ihres Mannes trug, hier ausgestellt ist, verwundert nicht. Schließlich hat er Stilgeschichte geschrieben und wurde weltweit kopiert. Mitreißend dagegen ist auch heute noch der in Briefen und Fotos erkennbare Elan und der Hochmut, mit denen die First Lady das kulturelle Niveau im Weißen Haus, und damit stellvertretend im ganzen Land, heben wollte. Sie ließ ihre Köche mit exotischen Rezepten experimentieren, sie empfing den französischen Kulturminister und Dichter André Malraux wie einen Staatschef, und sie überredete den weltberühmten Cellisten Pablo Casals zu einem Gastkonzert, obwohl dieser geschworen hatte, nie wieder amerikanischen Boden zu betreten, weil die USA das Regime des spanischen Diktators Franco anerkannt hatten. Zum Vergleich: Bei der Entscheidung für einen Kampagnensong entschied sich Hillary Clinton mithilfe einer Internetabstimmung für ein Lied der kanadischen Schlagersängerin Celine Dion (»You and I were meant to fly higher than the clouds...«). Man kann dies als Verfallserscheinung der westlichen Zivilisation lesen. Oder als konsequente Haltung einer Politikerin, die als ihren Lieblingsfilm »Schneewittchen« angibt.

Einen ganz anderen Zugang zur Zeitgeschichte liefern Touristenattraktionen wie Colonial Williamsburg in Virginia. Die Stadt Williamsburg war von 1699 bis 1780 die Hauptstadt der ältesten, größten und wichtigsten Kolonie des Britischen Empire und spielte auch eine gewisse Rolle, als sich Amerika von England trennte. Mit den Nachbarstädten Yorkstown und Jamestown bildet sie das sogenannte Historic Triangle, das über vier Millionen Besucher im Jahr anzieht. Für amerikanische Verhältnisse bemerkenswert gut ausgeschildert, erreicht man einen großzügig bemessenen Parkplatz beim Visitor Center, wo man Tickets, Fast Food und auch abseitigere Bücher zur Zeitgeschichte erstehen kann, etwa das sehr empfehlenswerte »A Treasury of Great American Scandals« von Michael Farqhar. Dieser Experte für die kleinen Macken in den Lebensläufen großer Männer beschreibt, wie Benjamin Franklin seinen Sohn William drei Jahre ins Zuchthaus stecken ließ, weil dieser sich nicht von den englischen Kolonialherren lossagen wollte: »Er verlor seine Haare, seine Zähne und seine Frau.« Oder wie ein Mann im Vollrausch auf seinem Pferd durch Washington galoppierte und eine Passantin zu Sturz brachte. Es war der damalige Präsident Franklin Pierce, der sich aufs Trinken verlegt hatte, weil seine Frau eine Frömmlerin war, die ihre Tage damit verbrachte, Briefe an ihren gestorbenen Sohn zu schreiben.

In Williamsburg selbst geht es nicht ganz so schillernd zu. Das Örtchen ist stilecht rekonstruiert, man kann das Waffenlager und die überraschend bescheidene Rockefeller Mansion besichtigen und beobachten, wie Schmied und Drucker vor 300 Jahren gearbeitet haben. So weit, so sachkundeunterrichtlich. Vor allem aber wird man hier Zuschauer von sogenannten *re-enactments*, einer Art Laiendarstellung historischer Ereignisse. Unter der schmissigen Überschrift »Revolutionary City. Discover what it took to earn our freedom« werden verschiedene Phasen des Unabhängigkeitskriegs nachgespielt. Da ich mich nur äußerst ungern zum Mitmachen animieren lasse, quetschte ich mich an eine Hauswand und hoffte, dass die keifenden Marktfrauen und dröhnenden Würdenträger andere Zuschauer in ihr Bauerntheater einbeziehen würden. Zu den berühmten Mehrfachbesuchern von Colonial Williamsburg zählt übrigens Helmut Kohl. Es wäre nicht ohne Reiz, die dramatischen Momente seiner Karriere als »Living History« zu inszenieren: der Händchenhalter auf Soldatengräbern, der

Einheitskanzler vor der jubelnden Menge, der Wahlkämpfer im Handgemenge, der Weltpolitiker mit Boris Jelzin in der Sauna.

Was Helmut Kohl mit den Amerikanern gemeinsam hat: ein unverstelltes Interesse an Geschichte. Und einen unverschämten Stolz auf die Größe der eigenen Nation. Wenn in den USA die politische Auseinandersetzung ein bisschen deftiger wird, muss sich ein Präsidentschaftskandidat schon mal dafür rechtfertigen, dass er die amerikanische Flagge nicht als Anstecker am Revers seines Jacketts trägt, und wem die Floskel »greatest country on earth« nicht oft genug über die Lippen kommt, der gilt als Kommunist oder Islamist. Der Riese Amerika hat eine zarte Seele, die sich nach viel Zuspruch sehnt, und er braucht ständige Rückversicherung, dass er auch wirklich der Größte ist. In die Buchläden werden monatlich neue Historienschinken gespült, über John Adams, die Jugend George Washingtons und den Untergang Roms. Nicht umsonst heißen die großen Institutionen in Washington D. C. Capitol und Senat, ist das amerikanische Wappentier ein Wiedergänger des römischen Adlers. Die USA sehen sich als Imperium, das die Welt von der Barbarei befreit hat bzw. sie davor beschützt. In kritischen Zeiten lieben es Historiker, Parallelen zwischen dem römischen und dem amerikanischen Zeitalter zu ziehen. Werden auch wir irgendwann untergehen? Was sind die Anzeichen für Dekadenz: die Machtlosigkeit gegen den Islamismus oder doch eher die Obsession der Gesellschaft mit Gewalt und Sex, die sich vor 2000 Jahren im Circus Maximus manifestierte und heute im Fernsehen und vor dem Computer ausgetobt wird?

Der Hang zum monumentalen Klassizismus zeigt sich auch in der Art, wie die Amerikaner ihre Helden verehren. Die vier in Stein gemeißelten, achtzehn Meter hohen Präsidentenköpfe bei Mount Rushmore in South Dakota zeugen von einem Größenwahn, der selbst dem exzessivsten römischen Imperator gut angestanden hätte. Und wer mit der U-Bahn von Washington nach Arlington fährt, findet einen Heldenfriedhof, dessen unendliche Gräberreihen nur mit einer Bustour zu bewältigen sind. Vor den schlichten schwarzen Grabplatten von John F. Kennedy und seiner Frau lässt sich jeder zweite Besucher fotografieren. Nicht weit davon entfernt sieht man Trauerfeiern an frischen Gräbern der in Irak gestorbenen Soldaten.

Der Hang zur Selbstbespiegelung und die Sehnsucht dieses jungen Landes, auf Bedeutsames zurückblicken zu können, nimmt gelegentlich rührende Züge an. Auch eine gewöhnliche Steinbrücke über einen Bach wird einem als »historical monument« verkauft.

Generell aber gilt: Die amerikanische Geschichte ist kurz und damit überschaubar. Und sie wird glänzend aufbereitet, denn die Amerikaner haben das angelsächsische Talent, mit einem Detail eine langatmige Analyse zu ersetzen. Um die Rückwärtsgewandtheit und Warmherzigkeit, die Naivität und Raubeinigkeit von Ronald Reagan zu begreifen, reichen ein Paar umgedrehte Cowboystiefel und ein Pferd ohne Reiter.

* Kaum eine Phase der amerikanischen Geschichte wurde vom Kino hingebungsvoller aufbereitet als die großen Gangsterkriege im 20. Jahrhundert. In »Es war einmal in Amerika« erzählt der Spaghetti-Epiker Sergio Leone seine Version.

(Get Your Kicks On) Route 66*

Wie der Tempomat zum Freund wurde.
Oder: Warum der amerikanische Traum vier Räder hat (mindestens).

Die gute Nachricht zuerst: Es ist sehr leicht, in diesem Land Auto zu fahren. Die für einige vielleicht weniger gute Nachricht: Es ist beinahe unmöglich, in diesem Land aufs Auto zu verzichten. Dafür ist es zu groß. Dafür sind die öffentlichen Verkehrsmittel zu nervig. Und dafür ist das Land beziehungsweise die besiedelten Teile davon auch nicht entworfen worden. Als Mies van der Rohe in die USA emigrierte, perfektionierte er seinen in Europa erfundenen minimalistischen Stil und passte ihn den Erfordernissen des Landes an. Eine Reihe seiner Projekte organisierte er so, dass sie sich nicht dem »Flaneur«, diesem europäischen Idealtypus des Stadtbewohners, erschließen konnten, sondern nur dem Fahrer. Der Architekt hatte eine der Kernideen Amerikas sofort erfasst: Es ist ein Autoland.

Für ein Leben in den USA bin ich daher vollkommen ungeeignet, weil mein Verhältnis zu Autos eher leidenschaftslos ist und hier auch nicht gerade besser wurde. Über den Niedergang der amerikanischen Autoindustrie kann man sich gar nicht genug freuen. Nichts illustriert die weniger angenehmen Seiten dieses Landes (die es tatsächlich auch gibt) besser als die Fahrzeuge, die seine Bewohner bevorzugen. Sie sind zu groß, technisch veraltet, hässlich und verbrauchen Unmengen Benzin. Stellt man einen Porsche Cayenne neben einen typischen amerikanischen SUV, dann wirkt er wie ein Araberhengst neben einem Elefantenbullen – von der Antriebstechnik her weit überlegen, aber ständig in der Gefahr, durch schiere Masse zerquetscht zu werden. Vielleicht verbirgt sich in der Hingabe, mit der die Amerikaner Autos in ihren Filmen verbrennen, in die Luft sprengen, zu Schrott fahren, auch die heimliche Erkenntnis, dass dies das Beste ist, was man damit machen kann.

Das ist insofern erstaunlich, als dass Autos auch in den USA eine Art Persönlichkeitserweiterung sind. Sie dienen als Ausweis, wer man ist oder sein will. Der Pick-up mit Ladefläche ist das Transportmittel der arbeitenden Bevölkerung oder des jungen Machos, der Surfbrett, Motorrad etc. immer dabeihaben will; im Mustang GT convertible sitzt *daddy's little girl* mit blonder Mähne, einen Volvo oder Saab fahren Bushgegner mit Kreativberufen. Und im Hybrid sitzen alle, die es sich leisten können, die Erde vor der globalen Erwärmung retten zu wollen. Die Masse der Amerikaner, erklärte mir ein Autohändler in Detroit, kennt allerdings nur ein Argument: den Preis. Das sei der Grund, warum Daimler Benz den Markt in den USA nie verstanden habe. Sogenannte Imagewerbung, etwa ein Wagen vor Sonnenuntergang am Meer? Das interessiere hier keinen. Deswegen wirkt die Autowerbung in den USA oft wie in Deutschland die Anzeigen von Möbelhäusern und Mediamärkten: Die monatliche Rate und das Preis-Leistungs-Verhältnis entscheiden. Die einzige Frage ist: Wie viel Auto kriege ich für mein Geld?

Die globalen Entwicklungen auf dem Automarkt waren anders. Wagen wurden kleiner, technisch raffinierter und sparsamer. Weil sie international nicht mehr konkurrenzfähig waren, und wegen des steigenden Ölpreises bemühen sich die großen amerikanischen Autofirmen seit einiger Zeit recht erfolgreich um Anschluss. Aber es sind immer noch viele mittelmäßige Wagen übrig, die bei den Mietfirmen nur auf ihre Opfer warten. Sie heißen Impala, Taurus oder, wenn man besonders viel Pech hat, PT Cruiser und fühlen sich immer gleich an. Weiche, cremefarbene Sitze, allgegenwärtige *cupholder* und unverständliche Knöpfe. Auf dem Weg von den Catskills, einem malerischen Mittelgebirge in der Nähe von Woodstock, zurück nach New York wollte ich eigentlich nur zwischen den Sendern des Satellitenradios herumschalten und zupfte spielerisch an einem am Rückspiegel angebrachten Hebel. Es ertönte ein Klingeln wie bei einem auf Freisprechen geschalteten Telefon, und der Notruf meldete sich. Im Geiste sah ich schon einen Rettungshubschrauber über mir rattern und eine heftige Rechnung ins Haus flattern. Dann konnte ich über die Freisprechanlage doch noch signalisieren, dass es sich um einen Irrtum handelte. Theoretisch könnte man es ja begrüßen, wenn ein Notfalltelefon eingebaut ist. Aber man fühlt sich in diesen Autos wie in einer Einrichtung für betreutes Wohnen. Das Satellitenradio selbst ist dagegen ein Segen. Unter einer schier endlosen Menge an Sendern kann man zielgenau den eigenen Musikgeschmack bedienen, oder aber man lauscht bei langen Fahrten durch die Wüste den Predigten der Megapastoren und den Hasstiraden von Rush Limbaugh, einem konservativen Eiferer, der die Oscarverleihung im vermeintlich linksliberalen Hollywood nur die »Epidemic Awards« nennt.

Für Unterhaltung ist also gesorgt. Für alles andere eher nicht. In meiner Heimatstadt New York ist der Besitz eines eigenen Autos ein Luxus, der entweder Geld oder Leidensfähigkeit erfordert. Ein Stellplatz kostet ungefähr so viel wie eine Zweizimmerwohnung in Berlin, ein Parkplatz im Businessviertel ab sechzig Dollar am Tag. Und wer ausnahmsweise das Auto vor der eigenen Tür abstellen konnte, der muss morgens der Straßenreinigung Platz machen. Nach ein bis zwei Stunden kann er wieder zurückparken. So käme er endlich mal dazu, in Ruhe die »New York Times« zu lesen, sagt mein Freund Christian. Wenn man jedoch ehrlich ist, lebt es sich hier leichter ohne Auto.

In fast jedem anderen Ort in den USA dagegen ist es praktisch unvermeidbar. Als ich das erste Mal nach Atlanta kam, um das Hip-Hop-Duo Outkast zu interviewen, beschloss ich, wegen des schönen Wetters von meinem Hotel zum vereinbarten Treffpunkt zu Fuß zu gehen. Dabei stellte ich zweierlei fest: Der Blick aus einem klimatisierten Hotelzimmer durch fest verschlossene Scheiben kann sehr trügerisch sein. Und: Als Fußgänger fühlt man sich in vielen Regionen dieses Landes fast wie ein Soziopath. Durch die glühende Hitze eines Junitages in Georgia schleppte ich mich über die ausladenden Parkplätze von JC Penny oder Duane Reade und wurde das Gefühl nicht los, dass die vorbeifahrende Polizeistreife kurz das Tempo drosselte, um mich routinemäßig zu mustern. Die Amerikaner haben sich daran gewöhnt. Und gehen deswegen konsequenterweise nie zu Fuß, selbst wenn sie nur ein paar Meter zurückzulegen haben.

Dafür ist das Autofahren in den USA wie gesagt kinderleicht. Wenn Sie die Versuche der Mietwagenfirmen abgewehrt haben, Ihnen mit Zusatzversicherungen und Upgrades mehr Geld abzuschwätzen, erhalten Sie auf Nachfrage eine von dem Routenplaner Mapquest ermittelte Wegbeschreibung zu Ihrem Ziel, auf der die jeweiligen Entfernungen bis zur nächsten für Sie relevanten Kreuzung in Meilen und in Fahrminuten angegeben werden. Es kann also praktisch nichts schiefgehen. Wie dankbar Sie dafür tatsächlich sein müssen, stellen Sie allerdings fest, wenn Sie versuchen, sich auf Straßenschilder zu verlassen. Vermutlich bildet sich jedes Kulturvolk ein, dass im eigenen Land die Beschilderung vorbildlich verständlich und sinnvoll ist, und wundert sich lediglich, dass es die ganzen anderen Länder nicht genauso machen. Aber in den USA ist es besonders schlimm. Schnellstraßen wechseln die Nummer, ohne dass man sie verlassen hätte. Es gibt kompliziierte Verwandtschaftsverhältnisse: wie die Highways 76, 276 und 476 zusammenhängen, sollte man noch nicht einmal zu ergründen versuchen. Die nächstgrößere Stadt, die einem über die grundsätzliche Fahrtrichtung Auskunft geben würde, wird konsequent verschwiegen, stattdessen nur die nächste Ausfahrt genannt. Und die Tankstelle, an der man Ihnen helfen könnte, hat entweder auf Selbstbedienung umgeschaltet oder bereits geschlossen.

Als ich vor Jahren Ende Dezember vom John F. Kennedy Airport mit dem Taxi nach Sag Harbour fuhr, einem malerischen Ort auf Long Island, begann es schon zu dämmern, als sich der Fahrer ein relativ entscheidendes Geständnis entlocken ließ. Er hatte weder Landkarte noch Funkverbindung, noch kannte er den Weg. Die Häuser waren saisonal bedingt mit leuchtenden Rentierherden und am Dach herumturnenden Weihnachtsmännern geschmückt, aber etliche Meilen lang gab es keinen Hinweis, wo wir waren oder hinfahren müssten. Heute, wo jeder Fahrer praktisch ununterbrochen in sein Mobiltelefon spricht, wäre eine solche Odyssee natürlich undenkbar.

Allerdings immer noch möglich: Erst kürzlich fuhr ich mit dem sogenannten Chinatown Bus von Boston nach New York. Es handelt sich dabei um von Asiaten betriebene Busunternehmen, die mit Dumpingpreisen die klassischen Greyhound-Überlandbusse in den Ruin treiben. Der Trip kostet nur fünfzehn Dollar. Die Nachteile: Die Fahrzeuge zeichnen sich durch beherzten Verzicht auf Komfort aus. Und die Fahrer sind Glückssache. Die besagte Fahrt verlief bis fast zum Schluss störungsfrei. Der Bus war nicht auf der Autobahn umgekippt oder in Flammen aufgegangen (passiert gelegentlich), und man konnte die Skyline von Manhattan schon in der Ferne sehen. Plötzlich brachte die Fahrerin – um die fünfzig Jahre alt, wirres Haar, emsig Kaugummi kauend – den Bus zwischen ein paar Brücken an einer Großbaustelle zum Stehen. Aus dem Fenster heraus schrie sie auf Chinesisch einige Bauarbeiter an, dann schrie sie in ihr Handy. Die Fahrgäste stöhnten verhalten, ich sagte meine Termine für den Nachmittag ab. Sie fuhr ein Stück, sie setzte ein bisschen zurück, dann ging es plötzlich, wie durch ein Wunder, weiter und direkt zum Ziel.

Aber das sind natürlich nur kleine Unwuchten in einer auf Mobilität gedrillten Gesellschaft. Ebenso wie der Zustand der Straßen. Denn die USA hat die Infrastruktur seit Jahrzehnten total vernachlässigt. Die großen Brücken und Highways sind uralt, sie stammen oft noch aus der Zeit des New Deal, Franklin D. Roosevelts großem Modernisierungsprogramm in den 30ern. Und seitdem hat sich nicht mehr viel getan. Außer der rührenden Autobahnverschönerungsinitiative der Präsidentengattin Lady Bird Johnson, die Werbetafeln am Straßenrand durch Wildblumen ersetzen wollte. Besonders unter den republikanischen Präsidenten waren Investitionen in den Straßenbau als sozialistische Staatseingriffe verpönt, sogenanntes *big government* galt als Angriff auf die Freiheit der Amerikaner. Das führt zu einem nicht unsympathischen Laisser-faire und hat den Vorteil, dass einem Dauerbaustellen erspart bleiben. Der Nachteil: Manchmal stürzt eine Brücke ein, oder eine Dampfleitung explodiert mitten in der Stadt, und Schlaglöcher können bis zu vierzig Zentimeter tief sein. Insbesondere für Fahrradfahrer gilt der Rat: Niemals in eine Pfütze in der Straße fahren, man weiß nie, ob man wieder rauskommt. Und als Autofahrer ist man mit den Geschwindigkeitsbeschränkungen in diesem Land augenblicklich sehr viel mehr einverstanden, wenn man durch eins dieser Löcher geschaukelt und ohne Achsenbruch wieder aufgetaucht ist.

Mit der Langsamkeit muss man sich ohnehin anfreunden. Das Wort »Autobahn« hat in Amerika einen magischen Klang. Die Tatsache, dass viele der deutschen »Highways« von den Nazis gebaut wurden, verblasst vor dem Vorteil, dass sie zu den ganz wenigen Verkehrsadern auf der Welt gehören, auf denen man so schnell fahren kann, wie man will. Ob das nun ein zivilisatorischer Vorteil oder Nachteil ist, ist Ansichtssache.

Tatsache ist, dass Autofahrer auf der ganzen Welt davon träumen, in Deutschland einmal Gas geben zu können.

In den USA wird davon naturgemäß besonders heftig geträumt. Das Land fühlt sich der Hast der Moderne verpflichtet, hat sich jedoch selbst dem Schleichverkehr verschrieben. Die Geschwindigkeitsbeschränkungen reichen von 25 mph (40 Stundenkilometer) in Ortschaften bis zu maximal 80 mph (129 Stundenkilometer) auf großen Highways, weitaus häufiger sind allerdings 65 mph (105 Stundenkilometer). Kein Wunder, dass in Amerika die Autos nicht nur zum Fahren da sind.

Als vor einigen Jahren die Firma Volkswagen ein paar Dutzend Mitarbeiter in die USA schickte, um den hiesigen Markt besser verstehen und den flauen Umsatz beflügeln zu können, war eine wichtige Erkenntnis der Wolfsburger: Amerikaner benutzen ihren Wagen nicht, um von A nach B zu kommen. Sie nutzen ihren Wagen wie einen Wohnraum. Sie essen, trinken, telefonieren und füttern ihre Kinder darin. Die Amerikaner haben aus der Notwendigkeit, täglich durchschnittlich 1,5 Stunden im Auto zu sitzen, das Beste gemacht und vertreiben sich, so gut es geht, die Zeit.

Das führt insgesamt zu einem recht entspannten Fahrstil. Zwar würde ich neben den großen Trucks grundsätzlich zu Vorsicht raten, aber was man hier deutlich seltener findet als in Deutschland: Verkehrsteilnehmer, die extra Gas geben, um einem bei Rot über die Straße laufenden Fußgänger eine Lektion zu erteilen. Oder Autobahnfahrer, die auf der linken Spur dem Rest der Menschheit das eigene Tempo aufzwingen wollen. Amerikaner wollen ihr eigenes Ziel erreichen und nicht ihre Umwelt erziehen. Selbst wenn man nachts auf dem streckenweise zwölfspurigen Highway 5 von Los Angeles nach San Diego fährt, läuft der Verkehr wie auf Schienen.

Der Grund dafür ist banal. Die meisten halten sich an die Geschwindigkeitsbeschränkungen. Auf den viel befahrenen Highways ist das vergleichsweise leicht, da fährt man eben einfach so schnell wie die anderen. Schwieriger wird es auf den unendlichen Landstraßen, etwa durch die Wüste von Nevada. Weit und breit ist kein Auto zu sehen, käme man vom Weg ab, würde man maximal einer Klapperschlange über den Schwanz fahren, die grandiose Natur verführt zum überschwänglichen Tritt aufs Gas.

Mein Rat: Tun Sie es nicht. Der winzige Punkt am Horizont könnte der Sheriff aus dem nächstgelegenen Ort sein, der mit einer von vorn auf Ihren Wagen gerichteten Kamera Ihr Tempo misst. Vielleicht fährt er an Ihnen vorbei und macht direkt einen U-Turn, vielleicht wiegt er Sie erst in Sicherheit und lässt Sie noch ein paar Meilen weiterfahren. Aber wenn Sie nur lange genug in den USA unterwegs sind, werden Sie unweigerlich irgendwann im Rückspiegel das schwarz-weiße Auto mit der Sirene und dem »Pull Over«-Schild sehen.

Wir kennen Amerika, noch bevor wir einen Schritt in dieses Land getan haben, weil wir mit amerikanischen Filmen und Fernsehserien aufgewachsen sind. Der sich jetzt unserem Wagen nähernde Polizist löst deshalb eine Vielzahl an ungemütlichen Assoziationen aus. Der letzte Angstmacher in dieser Reihe war der Oscargewinner »No Country For Old Men«, in dem ein Serienkiller sich als Cop verkleidet hatte und dann einem arglosen Verkehrsteilnehmer ein Bolzenschussgerät an die Stirn setzte. Das Blöde daran ist: Der Beamte, der Sie gerade angehalten hat, kennt die gleichen Filme. Er lebt in dem Gefühl, dass in jedem Wagen ein Gangster auf der Flucht lauern könnte, der mit der einen Hand bereits am Abzug fingert.

Tun Sie also am besten erst mal gar nichts. Steigen Sie nicht aus, lassen Sie Ihre Hände am Steuer, wühlen Sie also nicht im Handschuhfach nach einer Zigarette oder den Fahrzeugpapieren. Und befolgen Sie dann sehr genau, was man Ihnen sagt oder entgegenbellt: »Sir! Sir! Get out of the vehicle! Open the trunk!« Bemühen Sie sich auf keinen Fall, Ihren deutschen Akzent zu verstecken. Seien Sie ruhig ein bisschen devot (»yes, officer«), dann lässt er Sie in aller Regel einfach weiterfahren. Wohldosierter Untertanengeist ist hier sinnvoll eingesetzt, denn eine Fahrt durch die legendäre Einsamkeit der USA ist einer Nacht im Gefängnis deutlich vorzuziehen. Deswegen lohnt es auch, sich ans strikte Alkoholverbot in Privatwagen zu halten. Auch wenn es widersinnig erscheinen mag: Selbst das Entspannungsbier eines Mitfahrers auf dem Rücksitz kann Ihnen sehr viel Ärger bereiten.

Zumindest was das Tempo angeht, muss man sich nicht auf die eigene Disziplin verlassen, wenn man einfach die in den allermeisten Wagen eingebaute Geschwindigkeitsbeschränkung aktiviert, den Tempomaten, der hier *cruise control* heißt. Vor allem ein deutscher Mann fühlt sich ja bereits in seiner Ehre gekränkt, wenn er einen Automatikwagen steuern muss. Eine *cruise control* grenzt so gesehen tatsächlich an Freiheitsberaubung. Ich habe mir angewöhnt, beim Autofahren in den USA einfach in eine andere mentale Antriebsart zu schalten. Auf der A 7 von Hannover nach Hamburg setze ich natürlich auch die Lichthupe ein. In Amerika lasse ich mich einfach treiben. Es gibt hier andere Sensationen als die am Limit zitternde Tachonadel.

Von Maryland kommend, gelangt man an den 37 Kilometer langen Chesapeake Bay Bridge Tunnel, der die Delmarvarji Halbinsel mit Virginia Beach verbindet. Diese Brücke wird für zwei Teilstücke unter den Seeboden geführt, damit der Marinestandort Norfolk nicht gefährdet wird. Selbst wenn sie bombardiert würde, könnten die Kampfboote und Flugzeugträger noch immer über die Tunnelstücke ins offene Meer gelangen. Von solchen Überlegungen abgesehen, düst man über die zweispurige Straße Richtung Süden, als würde man auf einem dünnen Seil übers Meer balancieren.

---

* Die Route 66, die von Chicago nach Los Angeles führt, galt einmal als Hauptstraße der USA. Sie wurde 1985 offiziell durch andere Autobahnen ersetzt. Der Komponist Bobby Troupe schrieb 1946 dieses Lied, in dem die Stationen der Reiseroute besungen werden: ein Klassiker des amerikanischen Lebensgefühls »on the road«.

In The Future Everyone Will Be Famous For Fifteen Minutes*

Wie ich im Chateau Marmont Robbie Williams übersah.
Oder: Warum es hier viel mehr Stars gibt als im Rest der Welt. Und wie man mit ihnen umgeht.

Es war eine frische kalifornische Nacht, in der man den Heizpilz ganz gern auf den Kopf strahlen spürt. Wir saßen im Chateau Marmont, einem 1927 erbauten Hotel auf dem Sunset Boulevard in Los Angeles, das der Unternehmer Andre Balasz 1990 gekauft und wieder zu dem gemacht hat, was es ursprünglich war: Refugium, Spielplatz, Treffpunkt für Stars.

»Wenn ihr in Schwierigkeiten kommen müsst, dann tut dies im Chateau Marmont«, hatte der Studioboss Harry Cohn seinen Zöglingen, den Schauspielern William Holden und Glenn Ford, in der ersten Glanzzeit des Hotels empfohlen. Aber selbst dieses Haus, eine Mischung aus Paradies und Spukschloss, schützt seine Gäste nicht vor sich selbst. Der Fotograf Helmut Newton starb, als er hier ausparkte. Und in einem der Gartenhäuser gab das Groupie Cathy Smith dem Schauspieler John Belushi am 5. März 1982 den »Speedball« genannten Cocktail aus Heroin und Kokain. Sein Tod erschütterte die Stadt, denn bis dahin galt Kokain als Spaßdroge ohne größere Nebenwirkungen. Heute muss sich jede Jungschauspielerin, die mit Drogen oder auch nur mit Tabletten und ein paar Glas Champagner zu viel erwischt wurde, pflichtschuldig öffentlich in einer Klinik anmelden. »Substance abuse« nennen die Amerikaner diesen Volkssport dann etwas verschämt.

Das Chateau Marmont aber hat fünf größere Erdbeben ebenso unbeschadet überstanden wie die Eskapaden seiner Bewohner. Als ich bei anderer Gelegenheit auf einer der Panoramaterrassen bei Sonnenuntergang das erste Mal das frische Album »FutureSexLoveSound« von Justin Timberlake hörte, nachdem mir der Künstler mit gut gespielter Kennenlernfreude die Hand geschüttelt hatte, spürte selbst ich einen gewissen Größenwahn. Ein geschichtsträchtiger Ort mit tollem Blick, schnellen Kellnern und starken Drinks verfehlt selten seine Wirkung.

Für den deutschen Schauspieler Thomas Kretschmann, mit dem ich hier an diesem kühlen Abend saß, ist das Chateau Marmont der Startpunkt seines Lebens in Los Angeles gewesen. Er kam anfangs regelmäßig zum Frühstück hierher. Heute ist es für ihn in gewisser Weise die Kneipe um die Ecke: Er wohnt nur fünf Gehminuten entfernt. Und das in einer Stadt, in der man selbst die elementarsten Besorgungen nur mit dem Auto erledigen kann. Ich sollte Kretschmann interviewen, weil er in »Der Pianist« und »King Kong« mitgespielt hatte und damit als einer gilt, der es in Hollywood geschafft hat. Aber was heißt das schon? In dieser Stadt ist immer jemand anders reicher und jünger, hat gerade die bessere Rolle oder die schönere Frau. Darüber kann man verrückt werden, oder man entzieht sich diesem Rennen, so wie Kretschmann.

Zwei Tische weiter saß Mary-Kate Olsen. Oder Ashley Olsen. Die Karriere der Zwillingsschwestern begann, als sie neun Monate alt waren und in der Fernsehserie »Full House« »spielten«. Das war für die Produzenten ein Glücksfall, denn Zwillinge können doppelt so viele Stunden drehen. Die beiden Mädchen machten später Realityshows und Mode, sie gelten heute als sehr reich, aber auch ein bisschen nutzlos und haben Münder, die immer lächeln. Gleich nebenan, so unauffällig, dass ich darauf hingewiesen werden musste, saß Robbie

Williams mit drei Männern, die aussahen wie Steuerberater oder Labelbosse. Der Sänger trug einen hellgrauen Zweireiher und die Haare nach oben gebürstet. In Europa wurde er ein Jahrzehnt lang als begnadeter Entertainer gefeiert, in den USA kam er, trotz Villa in Los Angeles, nie richtig an. Seine Distanz zur eigenen Rolle wirke auf die echtheitsversessenen Amerikaner eher abschreckend, sagte mir dazu Justin Timberlake. Und der muss es ja eigentlich wissen. Robbie Williams war sehr ruhig an diesem Abend und erstaunlicherweise kein bisschen betrunken. Stattdessen wirkte er bedrückt, dass ihn hier keiner erkannte. Außer natürlich den Deutschen, mit denen ich am Tisch saß. »Der hat mich mal auf einer Party fünfmal auf mein Jackett angesprochen. Ich mag den Kerl«, sagte Kretschmann und ließ es darauf beruhen. Wenn er über jeden Prominenten, den man im Chateau Marmont sieht, aus der Fassung geriete, käme er schließlich nicht dazu, seinen Wodka Ananas zu trinken und vom Bungee-Jumping in den King-Kong-Drehpausen zu berichten.

Natürlich kann man Stunden, Tage und Jahre in den USA leben und keinem einzigen Menschen begegnen, den man aus den Medien kennt. Nähert man sich aber den Epizentren New York und Los Angeles – je nach Interessenlage und Jahreszeit auch Miami Beach, Aspen, den Hamptons, Washington D.C. –, dann scheint es eher schwer, nicht über irgendeine Berühmtheit zu stolpern. Mal liegt man neben Calvin Klein am Strand von East Hampton – der ist für sein Alter erstaunlich gut in Form. Mal schnappen einem Gwyneth Paltrow und Christy Turlington im New Yorker Freemans den letzten freien Tisch weg – sie tun dies übrigens mit bewundernswerter Selbstverständlichkeit. Mal beobachtet man Michael Bloomberg, den Bürgermeister von New York, wie er im von Philipp Johnson eingerichteten Four Seasons erst Leonard Lauder, dann vier weitere Milliardäre beim Rausgehen begrüßt. Mal steht Tobey Maguire mit seinem Blackberry in der Raucherecke vor dem Restaurant – und telefoniert mit einer Stimme, die genauso quäkt wie in »Spiderman«. Und mal unterhält sich die Freundin aus Berlin eine halbe Stunde lang mit dem nicht mehr ganz jungen Schönling und merkt erst hinterher, dass es Matt Dillon war.

Dies ist natürlich ein Nischenthema. Die meisten erwachsenen Menschen werden mit fester Stimme behaupten, ihnen bedeute es nichts, einen Star zu treffen oder auch nur auf der Straße zu sichten. Im Gegenteil: Derartiges Interesse gilt als oberflächlich und frivol. Für diejenigen aber, die mit ihrer eigenen Schwäche für Klatsch ihren Frieden gemacht haben, sind die USA ein reizvolles Terrain. Celebrities gibt es, seit die Menschheit ihre eigene Geschichte in Wort und Bild festhält. Aber in Amerika wurde die Verehrung und Vereinnahmung von Berühmtheiten perfektioniert, weil hier der Mensch in das Zeitalter seiner technischen Reproduzierbarkeit überführt wurde. Zwar wurden weder Fotografie noch Filmkunst hier erfunden, wohl aber deren Nutzung als Massenmedien, die aus Schauspielern erst Weltstars, Ikonen, globale Projektionsflächen machten.

Diese Medien haben sich in den letzten Jahren stark verändert, und nirgends ist dies offensichtlicher als in Amerika. Schon in den 60er-Jahren brach das sogenannte Hollywoodsystem zusammen, die Traumfabrik hatte ausgedient, die erst Göttinnen wie Greta Garbo oder Gloria Swanson geschaffen hatte und später scheinbar lebensnähere, aber genauso fiktionale Persönlichkeiten wie zum Beispiel Doris Day oder, ganz anders, aber gleiches Prinzip: Audrey Hepburn. Junge Regisseure wie Francis Ford Coppola, Roman Polanski oder John Cassavetes mussten ihre subjektiven, brutalen, wahrhaftigen Geschichten dem Establishment erst abtrotzen. Der junge Al Pacino, nuschelnd und ungewaschen, wurde von Coppola für »Der Pate« mit Erpressung durchgesetzt. Dabei machte erst das Aufeinandertreffen von Marlon Brandos patriarchalischer Altershitze und Pacinos kalter Wut den Film zu einem Meisterwerk.

Was den Filmen des New Hollywood zu ihrer Kraft verhalf, veränderte auch das Berufsbild des Schauspielers. Die Göttinnen und Götter stiegen vom Olymp und wurden Menschen aus Fleisch und Blut. Jane Fonda, Jack Nicholson, Diane Keaton, Steve McQueen und Mia Farrow etwa führten ein größeres, wilderes Leben als ihre Fans, aber ihr Image schien mit ihren Persönlichkeiten übereinzustimmen.

In den letzten Jahren hat sich der von den Göttinnen und Göttern begonnene Abstieg vollendet. Schon die Abstürze und Liebschaften von Marilyn Monroe wurden heiß diskutiert. Aber die Besessenheit der Amerikaner und ihrer Massenmedien mit Celebrities hat sich seitdem ins Groteske gesteigert. Heute sind es nicht mehr die Affären der Stars, die durchgehechelt werden. Sondern Menschen werden durch ihre Affären zu Stars. Ob es die Prostituierte ist, die dem britischen Schauspieler einen geblasen hat, der Mann, dem seine Ehefrau den Penis abgeschnitten hat, die Millionenerbin, deren Sexvideo im Internet kursiert. Sie alle geraten für kurze Zeit ins Scheinwerferlicht. Die Zeiten haben sich verändert, aber zum Glück nicht vollständig: Die Karriere von Paris Hilton hob durch den angeblich gegen ihren Willen veröffentlichten Porno »One Night in Paris« erst richtig ab. Als kürzlich aber ein Video von Marilyn Monroe aus dem Nachlass eines FBI-Agenten auf den Markt kam, das sie bei der Fellatio zeigt, kaufte es ein Fan für 1,5 Millionen Dollar. Er wolle es aus Respekt vor der Schauspielerin nicht veröffentlichen, ließ er erklären. Offenbar ein Gentleman alter Schule.

Wie lang die jeweiligen »fifteen minutes of fame« dann sind, liegt am Geschick der Betroffenen. Manche werden von der nächsten Sensation wieder in die Anonymität zurückgespült, andere konstruieren sich selbst als »Marke« und verkaufen dann Mode, Sekt, Parfum oder andere Luxusprodukte für den Massenmarkt, vor allem natürlich sich selbst.

Die Prophezeiung des praktizierenden Katholiken Andy Warhol ist wahrer geworden, als vielleicht sogar er selbst das sich vorstellen konnte. Durch Castingshows, Realityfernsehen, die Selbstdarstellungsbühne Internet und insgesamt erhöhten Bedarf ist es tatsächlich sehr vielen Menschen möglich, kurz mal berühmt zu werden. Und Amerikaner werden schließlich dazu erzogen, auf der Bühne zu stehen. In seiner höchst erfolgreichen Sendung »The Apprentice« hetzte der Unternehmer Donald Trump seine Kandidaten durch eine Serie von Aufgaben, in denen sie ihre Tüchtigkeit als Geschäftsleute und ihre Skrupellosigkeit bei der Beseitigung ihrer Mitspieler beweisen mussten. Natürlich wurde das Format im deutschen Fernsehen kopiert. Vielleicht war der viel zu gemütliche ehemalige Fußballmanager Rainer Calmund als Einpeitscher und Zeremonienmeister die falsche Wahl, aber vor allem zeigte sich beim Vergleich der Sendungen die Überlegenheit der Amerikaner, wenn es darum geht, eine Performance abzuliefern. Jeder Einzelne hatte in der Schule, auf dem Schulhof, auf der Straße gelernt, klipp und klar zu machen, warum er und nur er der Gewinner sein müsste.

Die Frage ist allerdings, wie attraktiv das noch ist. Durch die Allgegenwart von neugierigen Fotohandys und die Unkontrollierbarkeit des Internets sind Prominente in den USA zum Fast Food der Öffentlichkeit geworden. Sie sind jederzeit und überall verfügbar, werden verschlungen und hinterlassen den Hunger nach mehr. Der Ton der Berichterstattung reicht von gnadenlos (tmz.com) über hämisch (perezhilton.com) bis neugierig (gawker.com / stalker). Und es wird einfach alles registriert, veröffentlicht und kommentiert: das verrutschte Dekolleté, der verstohlene Abgang aus dem Restaurant mit einem neuen Partner, der verräterisch gewölbte Bauch (Schwangerschaft) oder die verräterisch dünnen Oberarme (Magersucht). Der Schauspieler George Clooney erklärte in einem Interview mit dem »New Yorker«, dass bei jedem Restaurantbesuch die umsitzenden Gäste so tun, als würden sie ihre Freunde fotografieren, aber in Wirklichkeit ihn ins Visier nehmen. Er habe sich daran gewöhnt. Wenn es ihm zu viel wird, zieht er sich mit seinen Freunden in seinen Palast am Comer See zurück. Hier hat er sogar eigens das Nachbarhaus erworben, damit sie unter sich sein können.

Bei einigen seiner Kollegen beobachtet man dagegen ein Verhalten, das einigermaßen gespenstisch ist: autodestruktiven Exhibitionismus. Das krasseste Beispiel der letzten Jahre dafür ist Britney Spears. Sie hat eigentlich eine klassische amerikanische Karriere hinter sich. Vorpubertäre Karriere im »Mickey Mouse Club«, dann Weltruhm im Schulmädchenlook mit lasziven Texten (»Oops, I did it again«) und Jungfrauenimage. Wann es genau bergab ging, lässt sich schwer sagen. Verschwörungstheoretiker vermuten, es war der gemeinsame Auftritt mit Madonna, die ihrer viel jüngeren und damals den Verkaufszahlen nach überlegenen Konkurrentin einen Kuss auf den Mund drückte und damit – so die krude, aber amüsante These – Britney Spears die Selbsterhaltungskraft raubte. Ihr Abstieg zog sich quälend lange hin, Scheidung, Scheren des Haupthaars, Verzicht auf Unterwäsche, Entzug des Sorgerechts, Entmündigung durch die Eltern. In einer Stadt, in der sich eine Multimillionärin wie Spears Drogen, Männer, Essen oder Freunde problemlos nach Hause liefern lassen könnte, suchte sie wie eine Süchtige die Öffentlichkeit, fuhr in ihrem Auto einem Paparazzo über den Fuß oder feierte mit beim Videodreh aufgelesenen Fremden in einem Hotelpool. Kritische Naturen halten Skandale für karrierefördernd. Das aber ist von der Natur des Skandals abhängig. Und von dem Star, der ihn verantwortet. Die Verkaufszahlen von Spears' Album »Blackout«, das sie in der vorläufigen Talsohle ihres Lebens veröffentlichte, scheinen durch ihren Daueraufenthalt in den Schlagzeilen nicht sonderlich gefördert worden zu sein. Trotzdem war das Publikum Bestandteil ihrer Selbstdemontage. Sie war ein verzweifeltes, krankes Mädchen, aber sie zog es vor, lieber Millionen gieriger Augen auf sich gerichtet zu spüren, als mit ihren Ängsten allein zu sein.

Dies mag jetzt klingen wie eine Anklage gegen die amerikanische Menschenverwertungsmaschine, die sich Entertainmentindustrie nennt. Tatsächlich aber ist diese Branche in Europa genauso unerbittlich. Und das Straucheln eines Stars hat schließlich großen Unterhaltungswert. Was ja nicht ausschließt, dass die Person Mitleid und Beschützerinstinkte auslöst, wie die Sängerin Amy Winehouse, deren größter Hit »Rehab« stark autobiografische Züge trägt. Für ihr Album »Back To Black« war sie für ein paar Emmys nominiert, durfte aber im Februar 2008 wegen ihrer Drogeneskapaden nicht in die USA einreisen.

Die Hassliebe und gegenseitige Abhängigkeit zwischen Stars und gemeinem Volk in den USA ist zwar nicht von ihren Perversionen und Exzessen befreit. Was sie im Alltag aber erträglich macht, ist die ungeschriebene Verabredung, das Ganze als Geschäft zu betrachten. Ruhm ist in Amerika kein Gottesgeschenk, sondern in aller Regel das Ergebnis harter Arbeit. Und das Publikum wird nicht als Feind betrachtet, der im Glücksfall das Genie des Künstlers erkennt und im Zweifelsfall zu dumm dazu ist, sondern als eine schwierige Geliebte, die es zu erobern und bei Laune zu halten gilt. Die in Europa übliche Skepsis gegenüber Filmen, Büchern oder Musik, die zu erfolgreich sind, ist hier nicht unbekannt, aber deutlich schwächer ausgeprägt. Zwar werden die Medien hier noch viel stärker als in Europa erpresst und kontrolliert, wenn ein Star erst einmal groß genug ist, sich das erlauben zu können. Aber im Direktkontakt sind Berühmtheiten hier genauso höflich und offen, wie es Durchschnittsamerikaner eben sind.

Das Problem sei nicht, dass ihn Menschen in der Öffentlichkeit ansprechen und um ein Autogramm bitten, sagte George Clooney. Das Problem sei der Moment danach. Wie könne der Fan sich dann ohne Peinlichkeit oder Gesichtsverlust wieder zurückziehen? Er, Clooney, sähe seine Aufgabe darin, diesen Moment für alle Beteiligten so geschmeidig wie möglich zu gestalten. Darin zeigt sich die Eleganz eines Menschen, der seine Privilegien genießt, aber auch weiß, dass es welche sind. Und darin zeigt sich eine gesunde Dienstleistermentalität. Die Fans wiederum sind meist leicht zufriedenzustellen. Nur selten kommt es zu Exzessen wie in dem New Yorker Kindergarten, in den Brad Pitt und Angelina Jolie ihren Sohn Maddox schickten. Jeden Morgen versammelten sich die Eltern der anderen Kinder vor dem Gebäude, um einen Blick zu erhaschen, wenn einer der »Brangelinas« ihn hinbrachte, bis die Direktion einen Mahnbrief verschickte, doch bitte die Privatsphäre der etwas prominenteren Miteltern zu respektieren.

In dem Film »Sunset Boulevard«, benannt nach einer Straße in Los Angeles, erzählt der Regisseur Billy Wilder die Geschichte einer Schauspielerin, die in der Fantasiewelt ihres längst verblühten Ruhmes lebt. Auch im Amerika von heute kann Ruhm noch süchtig machen. Vielleicht sogar noch stärker denn je, denn an dessen Vergänglichkeit – durch Alter, sinkenden Marktwert, eigene Verfehlungen, die grausam kurze Aufmerksamkeitsspanne des Publikums – werden seine Darsteller permanent öffentlich erinnert. Teil des Handels mit der Öffentlichkeit ist immer auch die Ruppigkeit gewesen, mit der diese mit ihren Stars und den eigenen Träumen umspringt. Im Frühjahr 2008 bot die Firma Fox River Financial Resources ein Stück Land in den Hollywood Hills für 22 Millionen Dollar zum Verkauf an. Es handelte sich um ein Grundstück, das früher Howard Hughes gehört hatte und direkt hinter dem berühmten Hollywood-Schild liegt. Die Lokalpolitiker waren entsetzt über die Vorstellung, dass Investoren hier bauen und damit die Aussicht auf die fünfzehn Meter hohen Buchstaben stören würden, die diese Stadt prägen und mythisch überhöhen. Zwar hat es in Amerika Tradition, dass Geld über Geschichte triumphiert, aber die vulgäre Erhabenheit dieses Schildes durch Luxusapartments zu beflecken ist in etwa so, als würde Faye Dunaway ungeschminkt zur Oscarverleihung gehen. Die Stadt Los Angeles konnte sich das Grundstück jedenfalls nicht leisten, denn die sogenannte öffentliche Hand ist hier ohnehin meist lahm und leer. Aber irgendein Bewohner der Traumfabrik wird die läppische Summe ja wohl aufbringen können.

---

* Der meistzitierte Aphorismus des Künstlers Andy Warhol, der von sich sagte: »Ich möchte eine Maschine sein.«

Have A Nice Day *

**Warum ich mich hier permanent bedanke und entschuldige.
Oder: Was Amerikaner mit ihrer Freundlichkeit wirklich meinen.**

Über die großen Massensportarten wie Football in den USA oder Fußball im Rest der Welt sagt man, sie seien moderne Gladiatorenkämpfe. Als Surrogate für nicht ausgelebte Aggressionen erfüllen diese Spektakel angeblich eine wichtige Rolle für die Seelenhygiene des modernen Menschen.

Mag sein, aber genauso gut kann man einen *domestic flight* nehmen. Da die USA ein riesiges Land sind, kann man die meisten Entfernungen sinnvollerweise nicht per Auto, Zug oder Bus erledigen. Es gilt die Faustregel: Die Entfernung zwischen zwei Städten, deren Namen man als Europäer schon einmal gehört hat, ist weit genug für einen Flug. Ausnahmen sind gerade noch New York – Philadelphia oder Los Angeles – San Diego. Was sich auf den Binnenflügen abspielt, kann man nicht anders bezeichnen als einen darwinistischen Kampf der drastischeren Sorte.

Das Problem heißt Handgepäck. Da niemand Lust hat, nach der Ankunft vierzig Minuten zu warten, bis der eigene Koffer endlich auf dem Laufband des *baggage claim* landet, reizen die Reisenden das Maximum des an Bord gestatteten Gepäcks aus, soweit sie nur können. Ein mittelgroßer Rollkoffer mit darübergeschnalltem, als Aktentasche getarntem Zweitkoffer, dazu selbstverständlich noch Jackett, Mantel, eine Tüte mit Zeitschriften und vielleicht noch ein umgehängtes Laptop. Natürlich sind die Handgepäckfächer über den Sitzen nicht groß genug, um pro Person einen halben Hausstand aufzunehmen. Und wer seinen Kram nicht unterbringt, dem drohen zwei gleichermaßen üble Alternativen: Er muss alles unter den Vordersitz schieben, was den ohnehin nicht vorhandenen Fußraum noch einmal reduziert. Oder sein Gepäck wird in der Maschine nachaufgegeben, was eine Demütigung bedeutet und zudem die bereits beschriebene nagende Wartezeit.

Der Kampf um den *overhead bin* wird mit schmutzigsten Tricks ausgetragen. Manche stopfen ihr Gepäck gleich in das erste verfügbare Fach, auch wenn ihr eigener Platz viel weiter hinten in der Maschine ist. Andere blockieren endlos den Gang, weil sie ein offensichtlich zu voluminöses Gepäckstück mit aller Gewalt in das Fach wuchten wollen. Auf die Konkurrenz wird keine Rücksicht genommen. Oft habe ich förmlich schon mein Laptop knacken, meine Daunenjacke reißen gehört, wenn ich mit ansehen musste, wie ein Nachzügler sein Sperrgepäck zu meinen selbstverständlich stets knapp bemessenen Sachen stopfte. Dass die Amerikaner ein Volk sind, das einen halben Kontinent mit wenig zimperlichen Methoden erobert hat, meint man in diesem Moment zu spüren.

Alltagsdarwinismus gibt es auch in anderen Ländern. In den USA fällt er deswegen besonders ins Auge, weil er im Gegensatz zu der sonst allgegenwärtigen Rücksichtnahme und Höflichkeit steht. Auch wenn das ein bisschen platt klingt: Die Amerikaner sind ein ungeheuer nettes Volk. Der normale Umgangston ist freundlich, offen und offensiv. Sie stellen sich vor, sie stellen andere vor, sie stellen Fragen. Und sie verabschieden sich mit einem »Nice meeting you«, auch wenn man nicht wesentlich übers Händeschütteln hinausgekommen ist. Ihre unverbindliche Neugier ist allgegenwärtig, und sie pflegen die charmanteste Art, einen Small Talk zu beginnen: mit einem Kompliment. Die Kassiererin im Supermarkt lobt mein gebatiktes Polohemd, der Radfahrer neben mir das Orange meines Mountainbikes, die Maklerin meinen Vornamen. Man muss schon sehr hartherzig sein, wenn einem das nicht die Laune ein wenig hebt. Und nach einer Weile entwickelt man selbst ein Talent, an anderen Menschen erst einmal und grundsätzlich irgendetwas großartig zu finden. Und das auch zu sagen. Wie auch über das eigene Befinden (siehe das erste Kapitel) sollte man nur in Ausnahmefällen zu der gewohnten deutschen Direktheit greifen, wenn man über Bücher, Essen, Filme oder Politiker urteilt. Schon das fein abgestufte Lob ist für Amerikaner deutlich genug. Folgendermaßen lässt sich die eigene Zustimmung steigern, wobei die ersten beiden Ausdrücke nur knapp über dem Gefrierpunkt liegen: not bad / okay, I guess / great / fantastic / awesome / amazing / I love it. Mein Lieblingslob, gefunden auf der Leserbriefseite der »New York Times«: *My hands are tired from applauding.* Ich habe es bis heute nicht geschafft, das ohne ironisches Grinsen zu sagen. Aber ich bin ja auch erst noch dabei, ein Amerikaner zu werden.

Wenn ich hier aus beruflichen Gründen E-Mails schreibe, zwinge ich mich vorher regelrecht, den angemessen enthusiastischen Tonfall anzuschlagen. Wenn es irgendetwas zu loben gibt (und sei es nur, dass man mit der Person kurz vorher telefoniert hat), wird das natürlich getan und die Aussicht auf weitere Korrespondenz mit freundlichen Worten begrüßt. Wenn die E-Mail nach meinem Empfinden fast absurd übertrieben klingt, dann bin ich mir sicher, den einigermaßen richtigen Sound gefunden zu haben.

Nur in Ausnahmefällen lassen sich Amerikaner auf eine direkte Konfrontation ein, und selbst dann tarnen sie ihre Angriffe. »He's a great guy«, beginnt ein Politiker einen Monolog, in dem er einen vernichtenden Seitenhieb auf einen Widersacher unterbringt, »I totally appreciate that but …« ist oft ein ebenso unheilvoller Auftakt. Für mich war der Umzug in die USA auch ein interessanter Selbstversuch im Hinblick auf mein eigenes Diskussions- und Konfliktverhalten. Ich halte wenig von Vorschriften, dass man über bestimmte Themen (Politik, Religion, Sex) nicht sprechen darf. Wie man allerdings darüber spricht, ist nicht ganz unwichtig. Mit meiner lieb gewonnenen deutschen Vehemenz prallt man hier an einer weichen Wand aus Freundlichkeit ab. Als mir mein amerikanischer Verlag ein Cover für mein erstes Buch vorschlug, war ich einigermaßen entsetzt. Nach meinen sanft vorgebrachten Einwänden versprach meine Lektorin Alternativvorschläge. Zwei Wochen später kamen diese – und sahen genauso aus wie das Originalcover. Die Botschaft war eigentlich klar: Ich sollte mich nicht in Dinge einmischen, die mich nichts angehen. Der Deutsche in mir wollte zum Telefon greifen und sich beschweren. Der Amerikaner in mir arbeitete ein ganzes Wochenende an Alternativentwürfen, die ich am Montag zum Verlag mailte, mit dem Hinweis, dass es selbstverständlich nur Vorschläge seien und ich jede Entscheidung akzeptieren würde. Im Nachhinein bin ich sehr froh, dass ich mir auf die Zunge gebissen habe: Ich habe meinen Willen bekommen, weil alle ihr Gesicht wahren konnten.

Genau darum geht es auch in alltäglicheren Situationen. Die USA sind eine Gesellschaft, die ein hohes Maß an Überlebensgeschick erfordert. Die Amerikaner können es sich oft gar nicht leisten, selbstlos und rücksichtsvoll zu sein. Aber das ganz normale zwischenmenschliche Gerempel kleiden sie in freundlichere Worte, was den Alltag etwas geschmeidiger macht. Außerdem ist bei vielen Ausdrücken ohnehin allen Beteiligten klar, wie sie wirklich gemeint sind.

Elf Alltagsphrasen und was sie wirklich bedeuten:
1. »Sorry«: Ich möchte durch! Oder: Ich bin Ihnen auf den Fuß getreten, aber das ist mir eigentlich egal.

2. »Excuse me«: Machen Sie gefälligst Platz!
3. »Take your time«: Beeilen Sie sich!
4. »Whenever you are ready«: Bezahlen Sie umgehend diese Rechnung, und machen Sie den Tisch frei!
5. »Can't wait to see you«: Man sieht sich.
6. »Nice meeting you«: Tschüss.
7. »Let's have lunch soon«: Wenn wir uns das nächste Mal sehen, werde ich Sie vermutlich nicht wiedererkennen.
8. »Call me«: Rufen Sie mich nicht an.
9. »No offense«: Ich habe Sie gerade beleidigt, möchte das aber nicht als Beleidigung verstanden wissen.
10. »... and I respect that«: Ich bin total anderer Meinung als mein Gegenüber / Vorredner.
11. »I'm not judging«: Man soll über andere Menschen kein Urteil fällen, aber genau das werde ich jetzt tun.

Auch die scheinbar großzügige Haltung der Amerikaner, Fremde nach Hause einzuladen, gilt es im Einzelfall genau zu prüfen. Bei einem Abendessen erzählte mir die Leiterin einer Schönheitsklinik in New York, wie sie ein deutlich jüngeres Architektenpaar aus Köln bei Bekannten getroffen und zum Skifahren in Sun Valley eingeladen hatte. »Die sind tatsächlich gekommen«, lachte sie noch im Nachhinein verwundert. In diesem Fall wurde daraus eine Freundschaft, aber es war deutlich herauszuhören, dass man so etwas in den USA eher nicht wörtlich nehmen sollte. »Ihr müsst uns unbedingt in unserem Haus in den Hamptons besuchen«, heißt eigentlich nur: »Wir haben ein Haus in den Hamptons, und wir finden euch ganz nett.« Auf keinen Fall heißt es, dass man am nächsten Wochenende spontan nach Long Island fährt und sich von unterwegs aus kurz vorher ankündigt. Nur wenn die Einladung wiederholt und mit konkreter Terminfindung kombiniert wird, sollte man sich auf den Weg machen.

Als ich das erste Mal dorthin eingeladen wurde, dachte ich mir nichts Böses, auch wenn die Gastgeber nur flüchtige

Bekannte waren, die bei unseren Treffen in New York einen sehr lockeren Lebenswandel ausstrahlten. Aber ihr wahres Gesicht zeigen Menschen eben vor allem dann, wenn man bei ihnen zu Hause ist. Schon die SMS am ersten Morgen hätte mich eigentlich warnen müssen. Ich hatte das Anwesen gerade mal zehn Minuten verlassen, als mir per Kurznachricht mitgeteilt wurde, dass die Coladose, die ich kurz zuvor in den Mülleimer geworfen hatte, eigentlich ausgewaschen und in einen Spezialkarton deponiert gehörte. Als Deutscher bin ich jeder Art von Mülltrennung gegenüber devot und aufgeschlossen, aber der barsche Ton überraschte mich doch. Das Wochenende war geprägt von Warnsignalen, die genau so dosiert waren, dass man nicht aufbegehren mochte, aber sich permanent beobachtet und gegängelt fühlte. Am Ende wusste ich nicht mehr, ob ich neben meiner Liege die Sonnencreme stehen lassen durfte oder nicht. Von Freunden hörte ich, dass Neuankömmlinge inzwischen die Hausordnung auf einem kleinen Zettel in die Hand gedrückt bekommen. Die Schlafzimmertüren haben tagsüber offen zu stehen. Jeder Gast hat nur ein Buch auf seinem Nachttisch liegen zu haben. Handtücher dürfen auch im Poolbereich nicht liegen bleiben. Die genauen Anweisungen zur Mülltrennung sind mir leider schon wieder entfallen. Denn auch in den USA gilt: Nicht alles, was man umsonst kriegt, will man unbedingt haben.

Das aber war die Ausnahme von der Regel, dass man als Deutscher in Amerika einen Grundkurs in sozialer Geschmeidigkeit macht. Natürlich nur, wenn man will. In dem Haus im New Yorker East Village, in dem wir seit drei Jahren wohnen, ballt sich eine Vielzahl an Lebensentwürfen: ein uraltes Paar direkt nebenan, ein italienischer Künstler schräg über uns, eine deutsche Galeristin im vierten Stock, eine japanische Familie mit zwei Kleinkindern, die an Regentagen in der Eingangshalle mit ihren Laserschwertern kämpfen. Jeder zweite Mieter hat mindestens einen Hund, und uns sind nur ein einziges Mal im Waschraum die Bettlaken aus dem Trockner geklaut worden. Wir kommen also bestens miteinander aus. Bis eines Tages an der Pinnwand gegenüber den Briefkästen ein offener Brief hing. Ein Mieter aus dem Erdgeschoss beschwerte sich, dass die Tür zum Garten immer so laut ins Schloss falle. Er würde in seiner Wohnung arbeiten, und mit ein bisschen Rücksichtnahme gehe das ja wohl auch leiser. »Noch ein Deutscher im Haus«, war mein erster Gedanke. Denn nicht die Beschwerde an sich, wohl aber der Tonfall weckten sofort Heimatgefühle der unangenehmeren Art: die Vermischung von persönlichem Anliegen (durchaus verständlich) mit selbstgerechtem Moralisieren. Ich war gespannt, wie die anderen Mieter darauf reagieren würden. Die Antwort war sehr amerikanisch. Niemand ließ sich auf einen öffentlichen Streit ein, aber nach meiner Beobachtung knallt die Gartentür seit diesem Aushang noch ein wenig lauter zu.

* Noch so eine dieser Floskeln. Ich habe mir angewöhnt, sie einfach wörtlich zu nehmen.

Over 2 Billion Meals Served*

Wie ich lernte, die amerikanische Küche zu lieben. Oder: Warum sich im Mutterland des Fast Food vor Ökosupermärkten Schlangen bilden.

Ich freue mich jedes Mal auf das Würzritual. Auch in nur durchschnittlich ehrgeizigen Restaurants habe ich meist bereits den ersten Bissen im Mund, wenn der Kellner mit einer feierlich in beiden Händen präsentierten Pfeffermühle an den Tisch kommt. »Would you care for some fresh pepper?«, fragt er und mahlt dann mit zwei, drei Drehbewegungen den grauen Grobstaub auf mein Gericht. Er tut das so zaghaft, als handele es sich bei schwarzem Pfeffer auch im 21. Jahrhundert noch um ein höchst kostbares Gewürz oder als könnte eine Spur zu viel davon das Essen vergiften. Während die Amerikaner ein unverkrampftes, um nicht zu sagen maßloses Verhältnis zu Knoblauch haben, führen sie bei Pfeffer eine Show der Vorsicht und Sparsamkeit auf. Das ist eines der kleineren und harmloseren Rätsel bei den gefürchteten Essgewohnheiten dieses Landes.

»Das Schönste an Tokio ist McDonald's. Das Schönste an Stockholm ist McDonald's. In Peking und Moskau gibt es noch nichts Schönes«, soll Andy Warhol gesagt haben. Was ein weiterer Beleg ist, dass er überzeugter Amerikaner war. Hier wurde Fast Food erfunden, und hier hat es sich auch am flächendeckendsten durchgesetzt. Als Kind hätte ich Warhol bedenkenlos zugestimmt. Als meine Eltern mich das erste Mal in ein McDonald's-Restaurant führten, es befand sich beim Kölner Hauptbahnhof und war eines der ersten seiner Art in Deutschland, fand ich den Laden perfekt. Eine überschaubare Auswahl an Gerichten, die alle weich, irgendwie süßlich und schön verpackt waren. Und das Beste, wie ich bald herausfand: Bei jedem Besuch und in egal welcher Filiale schmeckte es genau gleich.

Auch bei Fast Food jedoch gilt: Man kann nicht genau genug hinsehen. Schon bei den Hamburgerketten lässt sich in den USA eine präzise Qualitätsrangfolge aufstellen, wobei es ab Platz 5 echt problematisch wird: 1. In and Out Burger, 2. Burger King, 3. Fat Burger, 4. Carl's junior, 5. Hardy's, 6. McDonald's, 7. Wendy's, 8. White Castle. Wichtige Landesküchen sind jeweils mit mindestens einer Kette vertreten: italienisch (Domino Pizza, Pizza Hut), chinesisch (Panda Express), japanisch (Yoshinoya), mexikanisch (Taco Bell, Del Taco). Und dann gibt es noch die allgegenwärtige Sandwichkette Subway und natürlich Dunkin' Donuts. Ob man will oder nicht, man ist auf diese Lokale angewiesen. Insbesondere außerhalb großer Küstenstädte darf man oft nicht zimperlich sein. Der Ernährungsguide »Eat this, not that« erklärt dem gesundheitsbewussten Fast-Food-Kunden, wie er die schlimmsten Kalorienbomben vermeidet. Bei Kentucky Fried Chicken etwa sind »Crispy Strips« mit grünen Bohnen und Maiskolben dem »KFC Famous Bowl« vorzuziehen, in dem Stampfkartoffeln mit Gravy (dicker brauner Sauce) gemischt werden. Mit gesundem Menschenverstand ließen sich viele der Empfehlungen auch ohne Hilfe ermitteln, aber im Dschungel der amerikanischen Fast-Food-Restaurants kann man ein paar tröstende Worte zuweilen gut gebrauchen.

Aber es gibt ja auch Festtage. Der kulinarische Gipfel ist traditionell der Thanksgiving Turkey. Die Dimensionen dieses

Vogels haben dazu geführt, dass die amerikanischen Öfen deutlich größer sind (wie übrigens auch die Kühlschränke). Allein dafür bin ich dem *turkey* dankbar. Wenn ich gelegentlich darüber nachdenke, wie lange ich in Amerika bleiben will, ist mein erster Gedanke, dass ich nie wieder mit einem dieser winzigen deutschen Kühlschränke leben könnte, die in den meisten Küchen vorgesehen sind. Die amerikanischen Züchter haben vor allem auf die Fleischmenge geachtet, und viel Geschmack ist im Fleisch dieser Vögel nicht übrig geblieben (es sei denn, man bestellt einen naturbelassenen *heritage turkey*). Deswegen empfiehlt es sich, das Thanksgiving Dinner vor allem als Spektakel zu betrachten. Es ist in gewisser Weise das Broadway-Musical unter den Festessen: Neben dem gefallsüchtigen Vogel in der Hauptrolle gibt es eine kaum überschaubare Zahl von ambitionierten Nebendarstellern. Denn das Beste am Thanksgiving Dinner, das wird einem jeder Amerikaner sagen, sind ohnehin die Beilagen: Wurzelgemüse, Mashed Potatoes, Rosenkohl, Kürbisgratin, das *stuffing*, das nur dem Namen nach die Füllung ist und aus praktisch allem hergestellt werden kann, was besonders satt macht: Eier, Maronen, Brot, Leber. Um im Bild zu bleiben: Wenn das Thanksgiving Dinner ein Musical ist, dann eines, in dem alle Darsteller gleichzeitig sehr laut singen. Mein persönlicher Höhepunkt, im Theater würde man es einen *show stopper* nennen: Gestampfte Süßkartoffeln mit Marshmallows überbacken.

Das »Prinzip Überwältigung« zieht sich durch die amerikanische Esskultur. Selbst vermeintliche Qualitätsprodukte wie Eiscreme von Hägen Dazs oder Ben & Jerrys funktionieren nach dem Rezept »Mehr ist mehr«: Unter das Vanilleeis werden einfach noch Schokoflocken, Kekse, Trockenfrüchte gemischt, weil Amerikaner nicht in der Nuance, sondern in der Sensation ihr kulinarisches Glück suchen. Das drückt sich auch in den Portionsgrößen aus. Vertrauen Sie in Amerika nie Ihrem Kellner, wenn es um Mengenangaben geht. Er wird

Ihnen immer zu viel aufschwatzen. Und verzichten Sie auf den oft angebotenen Cocktail als Aperitif, es sei denn, Sie suchen die Teilnahmslosigkeit gegenüber der anschließenden Mahlzeit, denn die Drinks sind selbst für einigermaßen geübte Trinker zu stark.

Um es zusammenzufassen: Alles Negative, was Sie jemals über das Essen in Amerika gehört haben, ist absolut wahr. Andererseits aber bietet dieses Land eine überwältigende Vielzahl an Delikatessen und Genüssen, an Gesundem und Nahrhaftem. Wobei sich diese andere Seite in drei Phänomene gliedern lässt: die gut gepflegten Traditionen, der Gesundheitswahn und die *foodies*.

Es ist zum Verzweifeln, wenn man mitten in den von Wildbächen durchzogenen Bergen Pennsylvanias eine Forelle serviert bekommt, die von einem Gastrogroßhandel eingeflogen wurde. Aber diese Perversionen des globalisierten Foodmarktes sind kein ausschließlich amerikanisches Phänomen. Und auch in den USA gilt zum Glück oft genug die Regel: Was traditionell in einer Region angebaut, gezüchtet, geangelt, gejagt wurde, damit können die Köche auch umgehen. Es ist in Massachusetts nicht besonders schwer, exzellente Hummer und Austern zu finden, in windschiefen Hähnchenbratereien in den Südstaaten gibt es sehr gutes Cajun-Chicken, ein texanisches Barbecue ist ziemlich unschlagbar.

Der Gesundheitswahn wiederum ist in den USA, natürlich auch als Antwort auf das Durchschnittsniveau der Ernährung, besonders ausgeprägt und schillernd. Seine Vertreter sind die Cholesterol-Wächter, die No-Fat-Fans, die Tofu-Burger-Griller. Während der deutsche »Ernährungsapostel« bis heute die Aura des Ungebleichten und Selbstgestrickten mit sich trägt, sind es in Amerika die gleichen Menschen, die um sieben Uhr morgens mit ihrem Personal Trainer schattenboxen oder selbst bei Minusgraden joggen gehen. Es sind Controller und Optimierer in eigener Sache. Sie befinden sich auf einem unermüdlichen Kreuzzug durch ihr eigenes Leben, haben stets verschiedene Spielarten von Sprossen in ihrem Kühl-schrank, könnten ohne Hülsenfrüchte nicht leben und pfle-gen ein symbiotisches Verhältnis zu Tofu. In vegetarischen Restaurants gibt es jede Art von Fleisch (Ente, Rind, Schwein), das aus Sojabohnen nachgebaut wurde. Und zu Thanksgiving natürlich einen *tofurkey*, der allerdings aussieht wie ein Sexspielzeug. Die Gesundheitswächter füttern ihren eigenen Organismus mit sanftem, medizinisch scheinbar abgesichertem Doping. Weißer Tee mit Guarana, täglich eine Handvoll Vitamine und Mineraltabletten, natürlich Sushisus-hisushi, wenn nicht gerade mal wieder vor Thunfisch gewarnt wird wegen der Schwermetalle. Und natürlich ganz viel Wasser.

Kein Grundnahrungsmittel wird von gesundheitsbewuss-ten Amerikanern derartig verehrt wie Trinkwasser. Der Schwatz am *watercooler* im Büro ist geradezu sprichwörtlich, in Fitnessclubs und Flughäfen sind flächendeckend Trinkbrun-nen installiert, und eine kleine Wasserflasche ist das vermutlich am weitesten verbreitete Accessoire. Experten im Microtar-geting, der Wissenschaft zum detaillierten Aufspüren von Lebensgewohnheiten, haben sogar ermittelt, dass Republika-ner eine Vorliebe für das blumig verpackte Fidjiwater haben, während Demokraten Evian aus – natürlich! – Frankreich bevorzugen.

Wer sich einmal gegen den »American way of Eating« ent-schieden hat, verfolgt seinen Weg mit religiöser Inbrunst. Das führt spätestens dann zu spannenden Konstellationen, wenn es um den gemeinsamen Restaurantbesuch oder eine Dinner Party geht. Ein Abendessen zu geben sei in New York fast unmöglich, wurde ich vor dem Umzug gewarnt. Erstens seien die Wohnungen zu klein, zweitens sei jeder gerade auf irgend-einer Diät oder folgt einem dezidierten Ernährungsplan, aus weltanschaulichen oder konfessionellen Gründen. Der eine meidet Kohlehydrate (»carbs«), der Nächste isst nur Rohkost, die jüdischen Freunde dürfen keine Schalentiere essen, und irgendjemand hat immer eine brandneue Lebensmittelallergie. Zum Glück tritt hier in der Regel der amerikanische Pragmatismus in Kraft. Es gehört zur beiderseitigen Höflichkeit zwischen Gastgeber und Gast, dass der Speiseplan vorher in groben Zügen diskutiert wird. Und zum Grillen bringt der Vegetarier ganz selbstverständlich seinen eigenen Tofu-Burger mit. Kurz gesagt: die Essgewohnheiten der Amerikaner sind manchmal aufreizend diversifiziert, aber sie haben gelernt, damit umzugehen.

Und immer mehr Menschen essen sowieso alles. Hauptsache, es schmeckt hervorragend. In den USA nennen sie sich *foodies*. Sie sind über das ganze Land verstreut, haben aber die »New York Times« allein schon wegen deren Restaurantkritiken abonniert. Ihr Held ist der Literaturkritiker Bill Buford, der seinen Job aufgab, um sich vom Starkoch Mario Batali schinden und ausbilden zu lassen, dann in einem Dorf in den Apenninen die Geheimnisse der Pasta-Zubereitung erkundete und im Chianti in die Kunst der Fleischerei eingeweiht wurde. Buford hat darüber ein gewitztes Buch geschrieben, das natürlich zum Bestseller wurde. Der eigenen Leidenschaft folgen und damit seine eigene Heldenstory erfinden, das ist der amerikanische Traum. Und für immer mehr Amerikaner ist Kochen und Essen ihre große Leidenschaft. Sie kaufen auf den Farmer's Markets deformierte Tomaten in schillernden Farben (heirloom tomatoes) und eine überwältigende Vielzahl von Rübenarten und fahren meilenweit für eine gut gewürzte italienische Wurst. Die Begeisterung für feines Essen und gute Nahrungsmittel steht für einen gesellschaftlichen Stimmungsumschwung. Da Sex und Drogen, traditionelles Triebmittel in den amerikanischen Großstädten, aus der Mode geraten sind, urbanes Leben aber eine Bühne braucht, ist Essengehen zur Obsession geworden. Die Stadtmagazine veröffentlichen ihre »Best Eats«-Listen alle paar Monate, die *reservation offices* der neuen In-Restaurants schnauben verächtlich, wenn man einen Tisch in der gleichen

Woche verlangt, Köche werden in den Himmel gelobt oder in den Boden gestampft. Kurz: Restaurants sind die neuen Nachtclubs.

Die Heimat der *foodies* ist die Ökosupermarktkette Wholefoods, von den Microtargeting-Experten natürlich als »sehr demokratisch« eingestuft. Hier treffen die beiden Welten der amerikanischen Ernährung ungebremst aufeinander. In der Gemüseabteilung plärren die Kunden in ihre iPhones, weil sie vergessen haben, ob sie für das Gericht von Jamie Oliver (ein weiterer Halbgott der *foodies*) Sellerie oder Rote Bete mitbringen müssen. Die Kassiererin blickt verständnislos auf das Gemüse, sucht nach dem erklärenden Preisschild und fragt: »Was ist das?«. Wie überall ist gute Ernährung in den USA nicht nur eine Frage der Leidenschaft, sondern vor allem der finanziellen Mittel.

Die *foodies* wissen genau, dass die Tartine Bakery in San Francisco die vielleicht besten sticky buns des Landes bäckt (eine besonders üppige Zimtschnecke). Dass in dem Nobelskiort Aspen in Colorado einige exzellente Sushiköche tätig sind. Dass man East Hampton nicht verlassen darf, ohne bei Dreesen's Famous Donuts eine große Tüte noch warmer Kringel mitzunehmen. Dass der Gründer von Doumar's Cones and Barbecue in Norfolk / Virginia die erste essbare Eistüte auf der Expo in St. Louis 1904 vorgestellt hat und die Waffeln hier noch heute mit der Hand hergestellt werden. Dass einige der besten, mittlerweile auch international konkurrenzfähigen Rohmilchkäsesorten in Vermont hergestellt werden. Wann es die gelben Himbeeren beim Straßenmarkt in Monterey gibt (bereits im März). Und dass man bei Point Reyes, einer majestätischen Landzunge in Nordkalifornien, im Marin Sun Farms Butcher Shop das Fleisch der auf den Salzwiesen grasenden Rinder und Ziegen kaufen kann. Vor allem die Ziegennieren sind ausgezeichnet.

Ein geradezu prototypischer *foodie* ist mein Freund Patrick, hauptberuflich in einem großen Buchverlag tätig. Bei seinem ersten Besuch in der French Laundry, dem besten Restaurant der USA, aß der ehemalige Vegetarier vor lauter Begeisterung und Ehrfurcht zum ersten Mal seit sechs Jahren wieder Fisch. Die Restkonvertierung erledigte dann das Steakhouse Peter Luger in Brooklyn. Um Sie auf den Ton und die Begeisterungsfähigkeit amerikanischer Gourmets einzustimmen, bat ich Patrick, eine kleine Liste von amerikanischen Spezialitäten zu erstellen.

15 American classics you should definitely try (and where to have them):

1. Soft tacos at La Super-Rica Taqueria, 622 N. Milpas, Santa Barbara CA. It was satisfying to have stumbled onto this amazing taqueria while on a road trip from SF to LA only to find out later that Julia Child, among many, had put it on the map as the spot for Mexican in America.

2. Pulled pork at Georgia Pig, Route 17 and I-95 (exit 29), Brunswick, GA. Whether you find yourself on the highway that runs along the entire Easter seaboard or if you are shacked up on the nearby resort islands of St. Simons or Jekyll you must make this barbeque pit stop. If you do inside the very unassuming cabin you will have the perfect Georgia barbeque and »tea« (meaning sweetened and on ice made with the local well water that has a strange but pleasant tinge of sulphur in it).

3. Lobster Roll at Sir Cricket, Orleans, Cape Cod, Massachusetts. While the super deluxe versions served up in New York's Pearl Oyster Bar and Mary's Fish Camp are satisfying, I'm always longing for my childhood summers and the perfectly buttered hotdog buns filled with locally caught lobster salad at Sir Crickets (on the road out to Nauset Beach).

4. My first New York bagel experience turned out to be the best one: Columbia Bagels. Sadly, the original store was closed as a result of the fast-paced development on the

Upper West Side but the bagels live on in a new location: Times Square Bagels, 200 W. 44th (8th Ave).

5. There are so many foodie reasons to go the Farmer's Market at the Ferry Building in San Francisco – – one of the best ones is to stock up on Frog Hollow jams and marmalades.

6. Salt Lake City might not seem like an obvious destination for Tex–Mex but there in the outskirts of town by the train tracks you will find some of the best at the Red Iguana, 736 West North Temple. It's always a tough choice between Mole-anything and the chili-verde burrito.

7. Zingerman's is a speciality shop in Ann Arbor, Michigan (422 Detroit St) that makes even a jaded New Yorker excited – – a definitive collection of vinegars and olive oils, some of the best baked breads and a full deli counter make it a destination. The best thing is while you load up on olive oil you can order the best Rueben sandwich ever – – so good that even the Slow Food New Yorkers voted it best corned beef in America.

8. I'm very lucky to have the best hamburger in the entire country within walking distance of my house: Dumont Burger, Bedford Avenue, Brooklyn. Fight for a spot at the bar, order up a pint of Lagunitas IPA and get the burger with fries.

9. Best pizza by the slice: Haymarket Pizza, a stall that is found amidst the pushcarts and vendors that crowd Boston's open-air market, Haymarket Pizza is where I had my first slice of pizza with my dad and thirty some odd years later it still is the best slice around. No place to sit and a little sketchy when the market is not in full swing – – it's the best.

10. Best breakfast: The »Cowgirl Breakfast« at Just For You Cafe, 732 22nd St (at 3rd) San Francisco, CA. When I lived in San Francisco no weekend was complete without this filling breakfast of pancakes, eggs, and bacon (grits as a

substitute when I was vegetarian). It's the first place I hit when I'm back in SF to feel like I'm back home.

11. Cuban Toast and Cafe con Leche at The Lincoln Road Cafe, Miami Beach. Ordered at the counter or at the take away window, this is the perfect start to a day with not much more than the beach on the agenda.

12. Ube (purple yam) or Avocado Ice Cream: Mitchell's Ice Cream, San Francisco. On the border of Noe Valley and the Mission is the best ice cream on the west coast – they serve all the conventional flavors but the tropical exotics are what make it special.

13. Copper River Salmon (in season Mid May – Mid June). The best experience can be had by flying into the source, Cordova, Alaska (and it's only accessible by plane). Once there you can sample the local catch just about anywhere – – grilled simply in the backyards of the bars is what I like best. But if Cordova is a bit too challenging you can't beat the seasonal preparation offered at Higgins in Portland, Oregon.

14. Best pizza as a meal: Franny's, Brooklyn, NY. Artisanal wood-oven pizza, house cured meats, local produce, and a killer wine list make this the best pizza-as-fine-dining ex-perience by far.

15. Canellés at La Brea Bakery, Los Angeles. Swing open the screened wooden door at La Brea and step into a very un-LA environment of beautifully baked pastries and bre-ads.

Der Mitteilungsdrang der Amerikaner und die Verfügbar-keit moderner Kommunikationstechnik machen das Ex-pertenwissen der *foodies* für jeden zugänglich. Die Website Chowhound.com zum Beispiel ist eine Schlemmerdaten-bank, die naturgemäß aktueller ist als jeder Gastroführer. Und innerhalb von Sekunden wissen Sie, wie viele Menschen auf yelp.com den Sapphire Grill in Savannah bewerten, sowie deren Kriterien: »Mein Mann bestellt Kalb, nur um mich zu ärgern«, »die spielen echt gute Musik (Aimee Mann, Zazie)«, »Probiert die Mojitos!«. Aber Foodkritiker sind bekanntlich auch nur Vielfraße mit persönlichen Abneigungen und Vorlieben, befreundeten Köchen und alten Feinden, also auch nicht verlässlicher als Tausende von begeisterten Laien. Sollten Sie also zum Beispiel ein langes Wochenende in Florida planen, können Sie Daten und Reiseroute bekannt geben, und mit ein bisschen Glück verraten Ihnen andere User die besten Restaurants und die *signature dishes*, die Sie unbedingt essen müssen.

Denn eines lernt man schnell in Amerika: Auf Speisekarten ist nichts, wie es scheint. Meist ist man froh, wenn man sie überhaupt lesen kann, denn gute Restaurants sind in der Regel stockdunkel. Aus dem gleichen Grund, aus dem die im Kern ja völlig überflüssigen *romantic Comedys* und auf Jane-Austen-Büchern basierende Filme gedreht werden, wird auch das Licht in Lokalen heruntergedimmt: Beim Pärchenabend, dem *date*, muss vor allem die Frau sich wohlfühlen. Vor allem soll sie glauben, dass ihre Haut im Dämmerlicht jugendlich makellos aussieht. Da sich heute auch zunehmend amerikanische Männer das ganze Jahr über Sonnenschutzcreme ins Gesicht schmieren, um den Alterungsprozess zu verzögern, wirkt diese Lichtpolitik umso sinnvoller. Dass sich die Gäste deswegen unvorteilhaft nah über die Karte beugen müssen, scheint dabei nicht ins Gewicht zu fallen. Ist aber auch eigentlich nicht nötig. Denn schon bald erscheint der Kellner und rattert eine lange Liste von *today's specials* herunter. Gerade das nicht trainierte Ohr schaltet schnell auf Stand-by, wenn bei jedem dieser *specials* jedes einzelne Gewürz gepriesen wird, aber man kann sich das Ganze ja einfach noch einmal vortragen lassen. Wenn man dann immer noch nichts verstanden oder wegen der schieren Menge der *specials* wieder alles vergessen hat, gibt es zwei Möglichkeiten: Fragen Sie nach dem persönlichen Lieblingsgericht des Kellners. Oder nach dem sogenannten *signature dish*.

Bei dem *signature dish* handelt es sich um ein Gericht, auf das das Lokal besonders stolz ist, quasi die Quintessenz dieses Restaurants. Manchmal sind die Gründe für diesen Stolz eher nebulös. Im Caileigh's in Uniontown / Pennsylvania, von Kritikern als Oase in der kulinarischen Einöde gepriesen, wartet die Speisekarte mit der »weltberühmten Version« einer französischen Zwiebelsuppe auf. Sie erwies sich als fast undurchdringliche Käseschicht, unter der dunkelbrauner Zwiebelbrei lauerte. Wenn ich ein Restaurant wäre, würde ich mit einem solchen *dish* nicht unbedingt protzen, aber auch eine verzerrte Selbstwahrnehmung kann ja erhellend sein.

Den Kellner nach seinem Lieblingsgericht zu fragen hat wiederum einen anderen Reiz. Ihre natürliche Hilfsbereitschaft sowie ihr Angewiesensein auf ein gutes Trinkgeld zwingen amerikanische Kellner förmlich, diese Frage mit ansteckender Begeisterung zu beantworten. Die meisten schaffen es, für einen kurzen Moment das Gefühl zu vermitteln, dass sie wirklich nichts lieber tun würden, als sich dazuzusetzen und die *sea bass* oder die Ente zu bestellen. Der Deutsche in mir stellt sich die kritischen Gegenfragen: Ist die *sea bass* schon halb vergammelt und muss weg? Will sie nur, dass ich das Teuerste nehme, was auf der Karte steht? Aber wenn mir jemand entgegenschnurrt »I really love the pork belly«, dann kann ich einfach nicht widerstehen.

Passen Sie allerdings auf, wen Sie fragen. Es gibt in vielen Restaurants ein fein abgestuftes Kellnersystem: den Platzanweisungskellner (dazu gleich mehr), den Hauptkellner, der sich nicht selten am Anfang mit Vornamen vorstellt, den Leitungswassereingießer, natürlich den Weinkellner, den Abräumkellner (meist aus Lateinamerika). Und jeder ist wirklich nur für das zuständig, was er tut. Wenn man den Abräumkellner etwa um einen »double espresso« bittet, kann man froh sein, wenn er die Frage versteht und weiterleitet an den

Hauptkellner, der dann allerdings in jedem Fall an den Tisch kommt und scheinbar ahnungslos fragt, ob es noch etwas sein dürfe. Normalerweise sind amerikanische Restaurants auf an Brutalität grenzende Effizienz ausgerichtet, manchmal muss man sich förmlich an seinen Tellern festklammern, damit sie einem nicht vorzeitig aus der Hand gerissen werden. Da wirkt die Umständlichkeit, mit der Zuständigkeiten verteilt werden, angenehm bremsend.

Das Schlimmste hat man dann ohnehin schon überwunden, nämlich den Weg von der Restauranttür zum Tisch. Selbst in einem halb leeren Lokal in der tiefsten Provinz sollte man niemals auf die Idee kommen, sich einfach seinen Platz zu suchen. Der häufig auf Schildern vermerkte Warnhinweis »Please wait to be seated« heißt tatsächlich, dass man auf seinen Platzanweiser zu warten hat. In ihrem kindlichen Glauben an Regeln sind die Amerikaner da wirklich stur. In hart umkämpften Märkten wie New York sind die Schikanen noch ausgefeilter. Wenn man einen Tisch für vier Leute reserviert hat und sich auch nur eine Person verspätet, werden die anderen drei gezwungen, doch bitte an der Bar einen Drink zu nehmen, bis die *party complete* ist. Und sollte das zu lange dauern, wird der Tisch eben anderweitig vergeben. Das Ideal, stets *fashionably late* zu sein, gewöhnt man sich schnell ab, wenn man an einem Freitagabend immer wieder vertröstet wird, in dritter Reihe an der Bar steht und den Hunger mit Martinis bekämpft. Das Einzige, was einen am Gehen hindert, ist das sichere Wissen, dass es in jedem anderen akzeptablen Lokal der Stadt mindestens genauso schlimm wäre.

Immer wieder trifft man in Amerika auf Deutsche, die aus ihrem Heimweh ein Ritual machen. Der eine lässt sich von Besuchern Pumpernickel mitbringen, ein anderer lässt sich von seiner Mutter eingelegten und eingeschweißten Sauerbraten per FedEx schicken und freut sich diebisch, wenn das Paket durch den Zoll kommt. Grundsätzlich begrüße ich jede Bemühung, das eigene Leben kulinarisch zu perfektionieren.

Aber das scheint mir doch übertrieben. Essen in Amerika, um den Filmhelden Forrest Gump zu paraphrasieren, ist wie eine Pralinenschachtel: Außer bei McDonald's weiß man nie genau, was man kriegt. Aber man wird häufig selbst an unerwarteten Plätzen angenehm überrascht.

Als ich den ehemaligen Wrestler Mick Foley, der nach fünf gebrochenen Rippen, vier ausgeschlagenen Schneidezähnen und einem abgerissenen Ohr Schriftsteller wurde, zum Interview treffen wollte, bestellte er mich nach Hauppauge in das Pace Steakhouse, das jeden Anlass zu Misstrauen gab. Die Einrichtung war einem Country Club nachempfunden (dunkles Holz, auf alt gemachte Stiche), die Klimaanlage hatte die Räume so heruntergekühlt, dass Amerikaner sich richtig wohlfühlen und Europäer dezent mit den Zähnen klappern. Unser Gespräch wurde ständig unterbrochen, weil Gäste und Kellner dem ehemaligen Star von »Wrestlemania« ihre Verehrung gestehen wollten. Es war kein Ort, an dem man gutes Essen erwartet hätte. Aber das Porterhouse-Steak war tadellos. Auch wenn es mir vor dem bärenhaften Foley ein wenig peinlich war, dass ich nach der Hälfte aufgeben musste.

---

* Mit diesem Slogan wirbt McDonald's auf einigen vermutlich bereits jahrzehntealten Straßenschildern. Man kann das als Qualitätsbeweis lesen. Oder als Drohung.

Catch Me If You Can*

Warum die Einreisebehörde meinen rechten Zeigefinger besser kennt als ich selbst. Oder: Warum in den USA Paranoia der Normalzustand ist.

Als ich mit einer Gruppe deutscher DJs Mitte der 90er-Jahre auf Einladung eines Tabakkonzerns nach New York flog, standen wir im Flughafen JFK in der Einreiseschlange. »Wo kriegt man hier was zu rüsseln?«, erkundigte sich ein Hamburger DJ, während ein Kölner Kollege von seinem Brustbeutel ein wenig weißes Pulver in die Nase zog. Im Nachhinein wirkt diese Szenerie unbekümmert und idyllisch, denn die Zeiten sind, wie man weiß, ein wenig ernster geworden.

Irgendwann über dem Atlantik, meist eine gute Stunde nach der obligatorischen »Chicken or Pasta?«-Frage, verteilen die Flugbegleiter jene Zettel, die man bei der Einreise korrekt ausgefüllt vorweisen muss. Wenn Sie ein Tourist sind, der nach weniger als drei Monaten das Land wieder verlassen wird, sind das ein grünes Formular für den Mann an der Immigration und ein blaues für den Zoll. Auf den Monitoren der Flugzeuge laufen kleine Schulungsfilme, damit man auch ja keinen Fehler macht, in der Regel hat man die Nummer des eigenen Reisepasses nicht im Kopf und muss erst mal im Gepäckfach nach ihm suchen. Und immer schleichen sich bei der Beantwortung Bedenken ein: Notiere ich beim Datum erst den Monat oder erst den Tag? Habe ich in den letzten Wochen einen Bauernhof betreten? Befinden sich in meinem Gepäck nicht doch zufällig Bakterienkulturen? Trage ich Bargeld im Wert von über 10 000 Dollar bei mir? Mache ich aus Versehen irgendeinen fatalen Fehler? Die Amerikaner sind geniale Entertainer und Dramaturgen, ihnen ist im Grunde alles zuzutrauen. Vielleicht dienen die peniblen Fragebögen ja nur dazu, den Besucher auf ein Grundmotiv der amerikanischen Gemütslage einzustimmen: die Paranoia.

Am 11. September 2001 erfuhren die Bewohner der USA zum ersten Mal seit fast sechzig Jahren wieder, dass auch sie selbst im eigenen Land nicht vor Feinden von außen sicher sind. Durch die Anschläge auf das World Trade Center ist ihr ohnehin ausgeprägtes Bedürfnis nach Obrigkeit und Kontrolle quasi noch einmal durch die Zeitgeschichte bestätigt worden. Die wenige Monate später neu ins Leben gerufene Behörde Homeland Security widmet sich nun, neben der Konkurrenz von FBI und CIA, der Gefahrenabwehr und vor allem der Terrorbekämpfung. Und die fängt in der Lesart der Amerikaner an der Landesgrenze an.

Erfahrene Stewardessen behaupten, die Einwanderungsbehörden seien nirgends entspannter als in New York. Aber schon hier ist die Inszenierung ausreichend imposant. Man reiht sich in die langen Schlangen übernächtigter Reisender, am Rand sitzen oft noch afrikanische Familien, von denen man nicht weiß, auf welche Prozedur sie gerade zu warten haben. Ordnungskräfte geben herrische Anweisungen, vor welcher Kabine man zu warten hat, wo man schließlich mit unergründlichem Blick empfangen wird. Auf ein freundliches »Hey. How are you?« antwortet der *immigration officer* meist gar nicht erst. Und ich frage mich unweigerlich, ob er nun glaubt, ich wolle mich durch Jovialität heranschmeißen und mich damit quasi ins Land schmuggeln. Derart verunsichert gelingt es mir fast nie, die Zeigefinger fest genug auf das Lesegerät zu drücken. Bei jeder Einreise werden beide Fingerabdrücke genommen, allein von mir müsste die Homeland Security mittlerweile eine beträchtliche Sammlung haben. Derzeit werden neue Geräte installiert, um in Zukunft alle zehn Finger erfassen zu können. Vielleicht werden damit mikroskopische Veränderungen gemessen, die auf meine Ernährungsgewohnheiten oder mein Freizeitverhalten schließen lassen, denke ich. Und soll ich bei dem obligatorischen Porträtfoto lächeln oder lieber nicht?

Ob diese im Kern ja doch recht primitiven Kontrollen auch nur einen einzigen Terroristen aus dem Land halten, darüber können sich die Experten streiten. Was mich immer verblüfft: Warum ein Land, das sich selbst als Inbegriff von Freiheit und Sehnsuchtsziel entrechteter Völker versteht, jeden Besucher erst einmal einschüchtert. Wie soll man hier vom Tellerwäscher zum Millionär werden, wenn einem von der Einreiseprozedur noch die Hand zittert? Dabei bin ich wirklich der solideste Reisende der Welt: Stets mit einem tadellosen Visum ausgestattet, noch nicht einmal ein Wurstbrot im Handgepäck, ganz zu schweigen von anderen Genussmitteln, und mit dem festen Willen, in den USA viel Geld auszugeben und mit schwärmerischen Artikeln Werbung für dieses Land zu machen. Trotzdem habe ich jedes Mal, wenn ich am Einreisetresen vorbei bin, das Gefühl, gerade noch einmal davongekommen zu sein.

Aber auch auf die Gefahr hin, mir bei meinen Lesern einige Sympathien zu verscherzen: Man hat in den USA eigentlich keine andere Wahl, als sich als braver Untertan zu geben, denn die Amerikaner sind in zweierlei Hinsicht deutlich deutscher als die Deutschen: Alles hat genauso zu passieren wie vorgesehen. Und Autoritätspersonen (Zöllner, Polizisten, Ausflugsdampferkapitäne) verlangen unbedingten Gehorsam.

Wer lange genug in den USA gelebt hat, kann jeweils seine eigenen, natürlich individuell als besonders absurd empfundenen Geschichten erzählen von der Ordnungswut der Amerikaner. Wie er vor Gericht geladen wurde, weil er mitten in der Nacht in einer menschenleeren Straße mit dem Fahrrad auf dem Bürgersteig gefahren ist. Wie er von einem Ordner angefahren wurde, weil er bei einem Rockkonzert den Plastikbecher mit Bier (Flaschen wären viel zu gefährlich) in den Vorraum der eigentlichen Halle mitgenommen hat. Wie er bei einer Wahlveranstaltung kein Hillary-Clinton-T-Shirt (fünfzehn Dollar) kaufen durfte, weil Ausländer keine Wahlkampfspenden leisten dürfen. Als meine Freundin Katja heiratete und wir in einem Park in Brooklyn mit ein paar Pappbechern voller Champagner anstießen, hatten wir das Gefühl, etwas sehr Verbotenes zu tun.

Streng genommen sind das alles sinnvolle Vorschriften, man muss sich nur daran gewöhnen, dass hier auch alles streng genommen wird. Auch deswegen ist es immer wieder erfrischend, nach New York zurückzukehren. In den 90ern setzte der damalige Bürgermeister Rudolph Giuliani hier die unter Sozialwissenschaftlern umstrittene »Broken Windows«-Theorie in die Praxis um: Jede zerbrochene Fensterscheibe, jeder ungeleerte Mülleimer wurde als Zeichen für sozialen Verfall gewertet und mit Polizeipräsenz und drakonischen Strafen bekämpft. Die Straftaten nahmen signifikant ab, aber dafür ist es heute die Stadt, in der vor allem das Sicherheitspersonal niemals schläft. Wer es wagt, vor einer Kneipe eine Zigarette zu rauchen, der muss sich ganz genau an die Anweisungen des Türstehers halten. Wer einen halben Meter zu nah am Eingang oder zu weit auf dem Bürgersteig steht, gerät in eine Auseinandersetzung, die er nicht gewinnen kann. Das Gleiche gilt für die Alterskontrolle am Eingang. In den ersten Wochen fühlte ich mich noch geschmeichelt, wenn vor Eintritt in eine Bar oder einen Club mein Ausweis verlangt wurde. Relativ schnell wurde mir klar, dass ich auch mit weißen Haaren und tiefen Furchen im Gesicht nach einem »photo ID« gefragt würde. Mittlerweile gibt es Clubs, die die Ausweise sogar scannen. Der Zweck ist mir nicht ganz klar, aber wer sich weigert, bleibt draußen. Auch bei Terminen in großen Bürogebäuden, manchmal sogar beim Kauf mit der Kreditkarte wird kontrolliert. Man sollte also den Personalausweis oder den Führerschein dabeihaben, bei mir reicht oft auch der Presseausweis. Die Amerikaner wollen zwar ständig die Papiere sehen, aber bei fremden Dokumenten schauen sie dann doch nicht so genau hin.

Umso erfreulicher, dass es noch immer nicht gelungen ist, Fußgängern in Manhattan die Bedeutung von Ampeln beizubringen. »Walk« und »Don't Walk« verkündeten sie bis vor einigen Jahren, aber die New Yorker machen da keinen Unterschied. Jeder rannte und rennt auf die Straße, wann es ihm passt und sobald es eine realistische Chance gibt, Autos zum Bremsen zu zwingen. Am liebsten mit dem iPod oder der Freisprechanlage im Ohr, damit er keine störenden Warnsignale hören kann. Das führt insgesamt zu einer Verlangsamung des gesamten Verkehrs, aber das ist eben die besondere Form des mit Höflichkeit umkleideten amerikanischen Egoismus. Sobald ein noch so kleiner persönlicher Vorteil winkt, wird der ausgenutzt – auch wenn man wenige Minuten später im Taxi sitzt und über das *jaywalking* der Fußgänger flucht.

Sie würden allein schon wegen der Sicherheitskontrollen an der Grenze nicht in die USA reisen, hört man oft von kritischen Geistern in Deutschland. Ich kann das sehr gut verstehen. Schon beim Abheben meiner Maschine in Richtung USA grübele ich, ob ich zu einer Uhrzeit ankomme, zu der die Immigration besonders überlastet ist. Einmal waren die Schalter auch noch gar nicht besetzt. Wenn man nicht mit Sprengstoffgürtel im Gepäck eintrifft, fühlt man sich da einfach missverstanden.

Fünf Tipps, um bequem in und durch die USA zu kommen:
1. Einfaches Schuhwerk tragen. Man muss sie vor jedem Flug ausziehen. Schnürsenkel stören da nur.
2. Strümpfe ohne Löcher. Aus ästhetischen und hygienischen Gründen.

3. Minimales Handgepäck. Laptop nur, wenn man auf dem Flug wirklich arbeitet, selbst Schneekugeln sind neuerdings verboten.
4. Keine Witze über Bomben. Und nie vergessen: Im Zweifelsfall spricht immer irgendjemand Deutsch.
5. Den Anweisungen des Personals ist Folge zu leisten. Natürlich können Sie eine Diskussion anfangen, warum der Gebrauch von Mobiltelefonen vor dem Zoll verboten ist. Aber es kostet Sie im Ernstfall Zeit, und es wird garantiert die Welt nicht verbessern.

Das ausgeprägte Sicherheitsbedürfnis der Amerikaner und die Selbstherrlichkeit ihrer Ordnungskräfte zeigt sich auch bei öffentlichen Massenveranstaltungen. Selbst Straßenpartys und traditionelle Saufgelage wie Halloween, St. Patrick' Day oder Gay Pride werden mit militärischer Härte organisiert. Ordner weisen den Passanten ihre Jubelecken zu, eine Überquerung der Straße ist nur in Ausnahmefällen möglich, damit die Parade nicht gestört wird. Alkoholkonsum ist natürlich verboten. Der findet später zu Hause oder in den Kneipen statt. Aber bloß nicht das Glas mit nach draußen nehmen! Wer einmal beim Kölner Karneval mitgefeiert hat, muss bei dem straffen Frohsinn der Amerikaner trocken schlucken. Andererseits ist es auch ganz beruhigend, dass »Recht und Ordnung« keine ausschließlich deutschen Tugenden sind.

---

* In dem Film »Catch Me If You Can« spielt Leonardo DiCaprio den Trickbetrüger Frank Abagnale jr., der sich in den 60ern als Arzt, Pilot und Hochschullehrer ausgab und insgesamt 2,5 Millionen Dollar mit Scheckbetrug ergaunerte. Nach diversen Gefängnisstrafen in verschiedenen Ländern wurde er mit seiner Sicherheitsberatungsfirma zum Multimillionär.

Into The Wild *

**Wovon ich auf meinem Bisonfell träume.
Oder: Warum der Lockruf der Wildnis in Amerika
besonders laut ist.**

Ich kannte es so ähnlich aus München und Santiago de Chile,
aber im Flughafen von Denver ist das Bild besonders eindrucksvoll. Von der Ostküste war ich stundenlang über immer
öder werdende Weiten geflogen, zuletzt über das flache, leere,
unendliche Kansas. Bis ich schließlich in der Hauptstadt von
Colorado landete. Von einem Förderband nach dem anderen
wurde ich immer näher an ein Panoramafenster befördert.
Und als ich nah genug dran war, erhoben sich ohne Übergang
und Warnung aus dem flachsten Land auf einmal die Rocky
Mountains. Mein Puls ging schneller, denn selbst durchs
Sicherheitsglas spürte ich Sehnsucht. Und den Wunsch, die
Klimaanlagen und Hochglanzmagazine, die Enge der Economy Class und das Wireless Internet, den Geruch von frem-
dem Schweiß und verpacktem Essen hinter mir zu lassen. Ich
vernahm eine Stimme, wie sie amerikanischer nicht sein
könnte: den Lockruf der Wildnis.

Nur eine Autostunde von hier, tönte es in meinen Ohren,
beginnt der Rocky Mountains National Park, liegt der male-
rische Bear Pond. Nur eine Flugstunde von hier wäre ich mitten zwischen 4000 Meter hohen Bergen, in denen Schwarz-

bären und Berglöwen, Karibus und Stinktiere hinter jedem Cranberrystrauch lauern könnten. Hier hatte sich der Marlboro Cowboy auf seine Farm zurückgezogen, bevor er an Lungenkrebs starb. Heute werden dort Schneemobile vermietet, mit denen ich bei anderer Gelegenheit durch die Wälder gefahren war, besorgt um mein Gleichgewicht und beschwingt von der staubtrockenen Winterluft. Jetzt ein Auto mieten, dachte ich im Denver International Airport, und einfach losfahren. Dann kam mein Anschlussflug nach Reno / Nevada.

Das Glücksspielgeschäft in Nevada hat sich in den letzten Jahrzehnten nach Einkommensschichten sortiert. Las Vegas wurde zum luxuriösen Freizeitpark, Orte wie Elko bieten dem White Trash die Möglichkeit, sein Geld zu verlieren, und Reno hat sich im Mittelfeld positioniert. Auch hier gibt es Themenhotels und pompöse Leuchtreklamen, wenngleich ein bisschen bescheidener, was in Amerika noch fataler wirkt als anderswo. Aber schon zwanzig Minuten außerhalb der Stadt sind die Berge schneebedeckt, in den Schluchten rauschen Bäche, daneben bröckeln die hölzernen Überreste der alten Eisenbahnstrecke nach Lake Tahoe, dem tiefsten Binnensee der USA. Er gehört halb zu Nevada, halb zu Kalifornien: Während auf der einen Seite auch in Durchfahrtsdörfern riesige Leuchtreklamen blinken, schmiegen sich auf der anderen die Holzhäuser in den dunklen Wald. Zivilisationslärm und Naturidylle könnten nicht näher beieinanderliegen und zugleich sauberer getrennt sein.

Für Amerikaner ist das ohnehin kein Widerspruch. Bei den Ausflügen in die ausgedehnten Sümpfe von Florida, die Everglades, rast man mit einem Floß übers Wasser, dessen über Kopfhöhe montierter Motor einen ohrenbetäubenden Lärm macht, um dann der Natur ganz nahe zu sein. In diesem Fall den Alligatoren, die immer mal wieder einen unvorsichtigen Jogger auffressen. Die Leidenschaft, dem Lockruf der Wildnis mit moderner Ausrüstung zu folgen, lässt sich schon an den

Namen amerikanischer Geländewagen ablesen. Sie heißen Explorer, Pathfinder oder Expedition. In ihnen sitzen Menschen in Fleecepullovern, Goretexjacken und ultraleichten Hightech-Hiking-Boots. Die Outfits sind wasserdichter, schweißdurchlässiger, windabweisender denn je, vor allem aber sind sie ein Bekenntnis zum großen amerikanischen Hobby »Outdoor«.

Als ich in der Hütte »Tahoe Teepee« erwachte, sah ich zunächst nur Licht, denn der spiegelglatte See reflektierte die ersten Sonnenstrahlen durch die vor dem Fenster hängenden Eiszapfen, dann erst erblickte ich den mit künstlichen Federn verzierten Büffelschädel, der über dem Bett hing. In der Ecke fauchte noch immer ganz leise das Feuer des Gaskamins, mit denen die kleinen Hütten im Cottage Inn bei Tahoe City geheizt werden. Der Schnee war nicht mehr ganz frisch, aber noch immer fast zwei Meter hoch. Nur am Ufer war er schon weggeschmolzen. Der See ist das ganze Jahr über kalt, friert aber wegen thermischer Strömungen nie zu. Durch das klare Wasser konnte man die Kiesel am Boden zählen, im meterhohen Schnee war Losung von wilden Tieren, die nachts am Ufer entlanggestreunt waren. »Für die Bären ist es noch zu früh«, erklärte unsere Wirtin: »Im Sommer kommen die leider viel zu oft. Die werden durch die vielen Barbecues am Seeufer angelockt.«

Eine der angenehmsten Überraschungen bei meinen Reisen durch die USA ist die Erkenntnis, wie dünn die Kruste ist, die die Zivilisation von der Natur und im Besonderen von der Tierwelt trennt. Am Strand von Virginia Beach springen Delfinfamilien im Atlantik, manchmal kommen sie auch zum Spielen angeschwommen; am Strand von Fire Island, einer autofreien, schmalen Insel bei New York, hüpfen Rehe bei Sonnenaufgang in der Gischt. An der Fähre nach Shelter Island unweit der Hamptons huschen Waschbären um die Pick-up-Trucks, auf denen Jungs ihre frisch geangelten Fische nach Hause bringen. Am Pier von Santa Cruz in Kalifornien aalen sich Seelöwen im Wasser, springen auch auf die unteren Holzbalken, gammeln im Trockenen, und ihr Bellen hallt in die Fischbratereien auf dem Promenadengeschoss.

Meine bisher persönlichste Begegnung mit der Tierwelt hatte ich beim Whalewatching vor Cape Cod, einer Halbinsel bei Boston. Nur zwanzig Minuten, nachdem wir den Hafen in Provincetown, einem malerischen Ort, in dem sich Familien mit Kindern und homosexuelle Frührentner auf interessante Weise mischen, verlassen hatten, zog der silberne Rücken eines Finnwals flink wie ein Torpedo durch die Wasseroberfläche und verschwand wieder. Wenig später schwamm ein Buckelwal ganz nah ans Boot heran und öffnete sein gewaltiges Maul. Selbst ein Walverklärer wie ich schreckte bei dem Gestank zurück, der den mit faulenden Kleinfischen gefüllten Barten entströmte. Dafür blickten wir einem lebenden Wal aus ein paar Metern Entfernung direkt ins Auge. Dann entfernte sich das Tier ein wenig vom Boot und sprang. Kurz ragten zwei Drittel seines gewaltigen Körpers aus dem Wasser, bevor es sich auf den Rücken klatschen ließ. Das machte es ungefähr fünfzehn Mal hintereinander. Experten streiten, ob das der Parasitenvernichtung dient oder Ausdruck reiner Lebensfreude ist. Zum Abschied tauchte der Buckelwal mit dem Kopf unter und winkte mit der Schwanzflosse.

Ich solle doch vom Grizzlybären-Füttern in Washington berichten, trug mir meine Lektorin auf. Das war das einzige Mal, dass ich an unserer Zusammenarbeit zweifelte. Durch den häufigen Besuch von Menschen in den großen Nationalparks haben sich die Bären ihre instinktive Scheu abgewöhnt, ihr ständiger Hunger treibt sie in die Nähe ihres natürlichen Feindes. Wie eigentlich jedes Tier meinen sie es nicht böse, aber Bären sind viel schneller, als man denkt, und sie fressen einfach alles. Es müssen noch nicht einmal Grizzlys sein. Ein hungriger Schwarzbär reicht. Am Eingang des Sequoia National Park wird man mit ausführlichen Warnhinweisen begrüßt. Die Park Ranger tun alles für ein »succesful humans-bear-management«. Nicht einmal meine Zahnpasta durfte ich im Auto lassen, wenn ich es nach meiner Rückkehr von einer Wanderung unversehrt vorfinden wollte. Was auch nur den Hauch eines Dufts verströmt, wird an den Parkplätzen in Schließfächern untergebracht, denn Bären sind geruchsempfindlich, aber nicht wählerisch. Als ich später unter 2000 Jahre alten Bäumen in fünfzig Meter Entfernung einen ausgewachsenen Schwarzbären sah, wunderte ich mich, allerdings nicht ohne eine gewisse Dankbarkeit, dass alles so friedlich verlief. Wer allerdings auch hier den Sicherheitswahn der Amerikaner für übertrieben hält, der sollte sich den Dokumentarfilm »Grizzly Man« von Werner Herzog ansehen. Die Fressgeräusche in dem Zelt, wo sich Bärenfreund und Grizzly ein letztes Mal trafen, sind eindrucksvoll.

In Hyde Park, einem winzigen Dorf im Norden des Bundesstaates Utah, betreibt Chase Dunn seine Farm, die sich auf Felle und Taxidermie spezialisiert hat. Und auf den durchs Land ziehenden Country and Western Fairs hilft ihm seine hübsche Tochter beim Verkauf von ausgestopften Pumas, Wolfsfellen mit zähnefletschendem Schädel, Fuchsschwänzen und Dachspelzen, die elegant, aber so klein sind, dass sie maximal als Bettvorleger für eine Wiege reichen würden. Diese Messen bieten alles an, was man für das Leben im amerikanischen Westen oder als Reminiszenz daran so brauchen könnte. Nostalgisch anmutende Wohnwagen mit Aluminiumverkleidung, mit Türkisen verzierte Gürtelschnallen, weitkrempige Hüte und Fransenjacken, die bei der Anprobe noch lässig und irre amerikanisch aussehen – und spätestens vor dem Hotelspiegel schon hoffnungslos deplatziert wirken.

Was sich dagegen als wirklich gute Investition erwiesen hat, war das Bisonfell, das ich auf einer dieser Messen von Chase gekauft habe. Unter dem Titel »The Apache, the thief, the Führer and the philosopher« schrieb die Autorin Maria Hummel in der wegen ihrer Hipness schon wieder dubiosen amerikanischen Literaturzeitschrift »The Believer« über den in den USA weitgehend unbekannten Autor Karl May und wie Hitlers Lieblingsschriftsteller das Gedankengut der Neokonservativen vorbereitet habe. Da er ja auch schon die Karl-May-Festspiele in Bad Segeberg und die Karriere des Filmemachers Bully Herbig (»Der Schuh des Manitu«) mit seinem Werk erst ermöglicht hat, lastet nun allmählich ziemlich viel posthume Schuld auf den durch keinerlei Wildwest-Erfahrung gestählten Schultern des 1912 verstorbenen Autors. Eines allerdings muss man ihm zugute halten. Er hat in seinem Werk die nahezu vollständige Vernichtung des amerikanischen Bisons ungeschönt dargestellt. Anfang des 19. Jahrhunderts gab es zwischen sechzig und hundert Millionen dieser mächtigen Tiere, dann wurden sie zielgerichtet ausgerottet. Man wollte aus ihren Weidegründen Farmland machen, nutzte ihre Felle und ließ das Fleisch vergammeln. Dass man mit dieser Massenvernichtung auch gleich den Indianern ihre Lebensgrundlage nahm, war natürlich ein angenehmer Nebeneffekt.

Heute gibt es wieder 350000 Bisons in den USA, im Yellowstone Park, in Montana, in South Dakota, aber nur wenige, deren Blut nicht mit dem anderer Rinder verwässert wurde. Die bis ans Ende des Horizonts reichenden, den Savannenboden erschütternden Herden aus den Winnetou-Romanen sind verschwunden, aber noch immer ist ein Bison eines der größten Rinder der Welt und mit Sicherheit eins der schönsten. Das Fell von der Westernmesse ist schwarz, dicht und lang. Im Winter fühlt es sich an, als wäre eine Fußbodenheizung darunter installiert. Und ich glaube, dass es magische Kräfte besitzt. Wenn ich darauf nach einem kurzen Nachmittagsschlaf und wüsten Träumen aufwache, wundere ich mich, dass ich mich in einer New Yorker Wohnung befinde und nicht zwischen den bizarren Steinformationen des Arches National Park in Utah.

Die Verklärung der Wildnis, das Ideal des ungebundenen, von keiner Zivilisation bedrängten Lebens, hat bei den Amerikanern Tradition. Es ist noch gar nicht so lange her, dass sie

sich den Weg durch diese Wildnis bahnen mussten, durch beißende Kälte und glühende Sommer. Vor nicht einmal 150 Jahren ging es selbst in New York noch zu wie im Wilden Westen, etwa als sich während der Draft Riots irische Einwanderer
gegen die Rekrutierung für die Nordstaatenarmee und gegen
ihre Diskriminierung durch die schon länger hier ansässigen
Engländer auflehnten, wobei ein Blutbad unter der schwarzen
Bevölkerung angerichtet und ganze Straßenzüge von Manhattan verwüstet wurden.

Die entbehrungsreiche und rabiate Eroberung ihres Kontinents steckt den Amerikanern im Blut, was zumindest eine
Erklärung für ihr libidinöses Verhältnis zu Waffen sein mag.
Auch wenn nach jedem neuen Massaker an einer Schule
(zuletzt an der Virginia Tech) die Verschärfung von Waffenge-
setzen mal kurz angesprochen wird, traut sich kein Politiker
ernsthaft an dieses Thema. Waffenbesitz wird als unveräußer-
liches Menschenrecht empfunden, und mit dem Töten kann
man in den USA gar nicht früh genug anfangen. Im Sommer
2007 erschoss der elfjährige Jamison Stone aus Montgome-
ry/Alabama ein rekordverdächtiges Wildschwein. Das Tier
wog angeblich 1000 pound und maß nine feet, vier Meter.
Der Junge erklärte: »Das fühlt sich echt gut an. Vielleicht töte
ich nie wieder etwas so Großes.«

Bei meinen Reisen durchs ländliche Amerika begann ich
diese Leidenschaft zumindest im Ansatz zu verstehen. Ich fuhr
an malerischen Holzhäusern vorbei, hinter denen direkt der
Wald beginnt. Die nächste Straßenkreuzung ist womöglich
ein paar Meilen entfernt und der nächste Sheriff auf jeden Fall
so weit, dass es im Ernstfall zu spät ist. Das Problem ist vielleicht, dass Amerikaner auch immer mit dem Ernstfall rech-
nen, obwohl die meisten ja keine Einsiedler in der Wildnis
mehr, sondern Pendler zur nächsten Kreisstadt sind. Aber es ist
eben auch ein Land, das an die selbst geschaffenen Mythen
glaubt. Etwa an die durchs Land streifenden Serienkiller, das
Böse, das in den Wäldern lauert, den Zufallsgauner, der im

Affekt tötet. Und sie glauben noch fester daran, sich mit dem eigenen Gewehr davor schützen zu können.

Ein anderer Mythos ist, dass das Böse in den Städten liegt. Unzählige Filme und Bücher haben das Einssein mit der Natur als die gesündere Alternative zum urbanen Leben gepriesen. Und einer der prototypischen amerikanischen Helden ist der Mann, der, durch die Umstände gezwungen, vom zivilisationsgezähmten Herdentier wieder zu dem wird, was in uns allen steckt: der mit allen Mitteln ums Überleben kämpfende einsame Wolf. Der nicht mehr abwägt, sondern zuschlägt. Von Jack Londons Schäferhundmischling Buck, der sich in »Der Ruf der Wildnis« wieder einem Wolfsrudel anschließt, über Dirty Harry bis zum Terminator lässt sich die Tradition dieser Helden nachverfolgen, die hier dafür bewundert werden, dass sie die täglichen Kompromisse durch das Faustrecht ersetzen.

Einen besonders sentimentalen und deswegen treffsicheren Beitrag zum Mythos der amerikanischen Naturliebe hat der Schauspieler und Regisseur Sean Penn mit seinem Film »Into the Wild« geleistet, der auf einem Bestseller des Schriftstellers Jon Krakauer beruht. Er erzählt die wahre Geschichte von Christopher McCandless, der nach dem College seine Familie verließ, sich ohne Geld im ganzen Land herumtrieb und schließlich in Alaska unter nicht ganz geklärten Umständen ums Leben kam.

Penn, der eine Zeit lang selbst in einem Wohnwagen hauste, um seine Verachtung für die parfümierte Welt Hollywoods auszuleben, macht aus dieser Odyssee eine Ode auf das Ideal »on the road« zu sein. Begegnungen mit anderen Menschen sind zufällig, enigmatisch und von kurzer Dauer. Fast lieber spricht der selbst ernannte »Supertramp« mit seinem Tagebuch oder seinem Apfel. »Um nicht länger von der Zivilisation vergiftet zu werden, flieht er in die Wildnis«, heißt es in dem Film. Interessanterweise vertrat Krakauer die These, dass McCandless dann an einer giftigen Pflanze starb. Vielleicht ist er aber auch einfach nur verhungert. Trotzdem bleibt das bedürfnisarme Streunen durch die Weiten des Landes das amerikanische Idealbild der Selbstfindung.

Selbst wenn einem derart kulturfeindliches Pathos grundsätzlich fremd ist, ist die Sehnsucht nach dieser Flucht tief verankert, vielleicht auch durch Erzählungen und Filmbilder herangezüchtet. Die Weite und Leere des nordamerikanischen Kontinents laden dazu ein, ihr nachzugeben. Man sollte sich allerdings darauf einstellen, dass man hier auf den von den Naturschönheiten Europas gewohnten Komfort verzichten muss. Hat man sich einmal von den touristischen Anziehungspunkten (Grand Canyon, Yellowstone Park etc.) entfernt und die Einsamkeit eines abgelegeneren Nationalparks gesucht, dann ist man tatsächlich auf sich gestellt. Hier gibt es keine Berghütten mit Speck, Bier und einem warmen Feuer. Oft gibt es nicht einmal Wanderwege, sondern man bahnt sich seinen Weg durchs Unterholz. Wenn man nicht plötzlich einem Elch direkt ins Auge schauen will, was deutlich weniger amüsant ist, als es klingt, empfiehlt es sich, beim Marsch in die Wildnis laut zu singen. Irgendwie hat man die Zivilisation eben doch immer im Gepäck.

* Ein Buch, ein Film und ein selbst für Schauspieler besonders klein geratener Hauptdarsteller, Emile Hirsch, der trotzdem selbst meine kritischen Freundinnen zum Seufzen brachte.

Be Sure To Wear Some Flowers In Your Hair*

Wie der Anblick eines Busens mich mit dem amerikanischen Militarismus versöhnte. Oder: Warum die Alternativkultur in den USA so schwer totzukriegen ist.

Die Dame am Nebentisch trägt ihr graues Haar straff zurückgebunden und lästert mit dem Mann in der lila Bluse über die Gäste. Da die beiden um neun Uhr abends noch eine Mahlzeit ausgeteilt bekommen haben, muss es sich um Seminarleiter handeln. Und da der Intimate Couple Workshop bis zehn dauert, muss man sie sich zumindest nicht beim Sex vorstellen. Etwas huscht über den Boden des Speisesaals. Da dies hier nicht irgendeine schlecht gepflegte Ferienanlage ist, sondern das in bestimmten Kreisen weltberühmte Esoterik-Zentrum Esalen, krabbelt hier keine Kakerlake, sondern eine dieser symbolisch aufgeladenen Kreaturen, von denen man nie so recht weiß, was sie eigentlich symbolisieren: ein Tausendfüßler.

Das Seminarzentrum Esalen liegt in Big Sur, einem besonders spektakulären Küstenabschnitt zwischen San Francisco und Los Angeles. Der Highway 1 windet sich hier zwischen den Felsen und gilt als eine der schönsten Straßen der Welt. Die Amerikaner geben mit ihren Sehenswürdigkeiten wahnsinnig an, aber meist übertrifft die Realität noch die Erwartungen. Schon nach wenigen Kilometern auf dieser Straße möchte man sein Leben (egal welches) von Grund auf ändern und nur noch als Autotester am donnernden Pazifik entlangkurven.

Bereits vor 6000 Jahren sollen hier die Esselen-Indianer gelebt haben, seit Anfang der 60er wurden in Esalen Meditationstechniken, freie Liebe und die Suche nach dem Ich ausprobiert. Der Reporter Hunter S. Thompson war mal Hausmeister hier, wie zeit seines Lebens schwer bewaffnet. Heute steht der Ort für die Suche nach innerem Frieden und Spannungsausgleich. Der Pazifik bricht hier mit Wucht gegen die Felsen, aus den Bergen sprudelt heißes, schwefelhaltiges Wasser. Dramatischer können die Elemente und Gegensätze nicht aufeinandertreffen. Heiß und kalt, Fels und Wasser, da sind Yin und Yang nicht mehr weit.

Jesus Christus am Empfangshäuschen hat gerade erst seine Schicht begonnen. Er begrüßt uns eher kühl: Einen Blick aufs Meer dürfen wir erst werfen, wenn er unsere Anmeldung vollständig bearbeitet hat. Sofern die Kurse nicht voll belegt sind, können in Esalen auch Tagesgäste übernachten, die einfach nur ein Zimmer mit Meerblick und ein paar Stunden in den heißen Quellen wollen. Der Preis sind 160 Dollar pro Person und ein zartes Gefühl der moralischen Zweitrangigkeit. Denn Erleuchtung ist auch hier harte Arbeit, um die Leute wie wir uns einfach drücken. Man kann sich für weniger Geld woanders freundlicher empfangen lassen. Aber Esalen ist ein Ort, an dem Idealismus und Abgezocktheit sich die Waage halten. Hier sieht man besonders deutlich, dass die amerikanische Hippiekultur alt geworden und überraschend vital geblieben ist. Schon das Kursangebot klingt wie Poesie.

Zehn besonders reizvolle Seminare in Esalen:
1. Finding your long lost Musician
2. Spinal Awareness (with Humor)
3. The Courage to be You
4. I–You–Us

  5. The Body Shop: Intimacy for Couples
  6. Always Dad
  7. Gay Men Exploring the Edge
  8. Tea With the Bread and Butterfly
  9. Yoga for the »Yogically Challenged«
  10. That was Zen, this is Tao

Im makrobiotisch dominierten Speisesaal, es gibt wie immer viele Hülsenfrüchte, umarmen sich Menschen mit verklärtem Lächeln, die Frauen tragen Schuhe in Entenfußform (Birkenstock, Crocs etc.) und die Männer expressive Kopfbedeckungen: bunte Pillboxkappen, Pepitahüte, ausladend Selbstgestricktes in Form einer Rastafarifrisur. Auch in der Welt selbstloser Sinnlichkeit also gibt es gockelhafte Eitelkeit. Sie sieht nur anders aus. Die Benutzung von Laptops im Gemeinschaftsraum ist glücklicherweise erlaubt, schließlich sind wir hier in Kalifornien, und die Hippies haben, wenn man Rainer Langhans glauben darf, ja ohnehin das Internet erfunden. Das blaue Glühen der Bildschirme scheint sich mit dem Spirit dieses Ortes nicht wirklich zu vertragen, aber gerade hier hat es etwas Tröstliches.

Der Gemüsegarten wird mit Klangstäben beschallt, auch Rhabarber hat schließlich Ohren. Und in dem in den Steilhang gebauten Badehaus ist *clothing optional*. Das ist der amerikanische Euphemismus für Nacktbaden, und selbst der wortkarge Empfangschef spürte bei diesem Thema Erklärungsnot. Wer wolle, könne natürlich eine Badehose tragen, das sei jedem selbst überlassen, allerdings würden die meisten es doch bevorzugen... Amerikaner sind in der Regel unangenehm berührt, wenn sie das erste Mal eine Sauna in Europa besuchen und entdecken, dass Männer und Frauen dort zusammen und unbekleidet schwitzen. In den USA dagegen trägt man entweder Badeanzug / -hose oder aber Handtücher großzügig um Hüfte und (wenn vorhanden) Brüste gewickelt. Obwohl wahrlich kein Anhänger von Sex in öffentlichen Nassräumen, löst diese spezielle Form der Prüderie in mir einen sonst sehr seltenen antiamerikanischen Reflex aus: Erst derartige Schamhaftigkeit macht aus dem Saunabesuch eine verschwitzte Angelegenheit.

Insofern sind die heißen Bäder in Esalen eine echte Erfrischung. Ich blicke auf Penisse und schlaffe Männerhintern, nicht operierte Brüste und Orangenhaut. Nicht alles davon ist im klassischen Sinne schön. Aber nach dem Anblick dieser dreißigjährigen Frauen in Malibu, deren Bäuche so straff sind, dass noch nicht einmal ein Salatblatt hineinzupassen scheint, der magersüchtigen Models bei der New York Fashion Week, die aus Angst vor dem Agenturboss lieber vor Erschöpfung ohnmächtig werden, als einen Schokoriegel zu essen, der Teenagerburschen, die zwar noch keinen Bartwuchs, aber einen voll definierten Muskelpanzer haben, registriere ich erleichtert, dass manche Amerikaner wie normale, also fehlerhafte Menschen aussehen. Vielleicht stimmt mich die Mischung aus Schwefelduft und Meerluft auch nur milde. Ob das schon Magie ist, wie die Betreiber von Esalen schwärmen, weiß ich nicht. Aber die Alternativen sind wie die Superreichen: Sie wissen, wo es schön ist.

In Deutschland hat die Partei Die Grünen viele Anliegen und Eigenheiten der Alternativkultur in die Mitte der Gesellschaft gerückt: Dosenpfand, Windräder, Hechelkurse für schwangere Männer, Homöopathie, Protestlieder in evangelischen Kirchen, Pazifismus und gesunde Skepsis gegenüber Autoritäten. Der Konsens über viele dieser Themen ist mittlerweile so breit, dass sogar die CSU mal behauptet hat, die wahre grüne Partei zu sein. In den USA jedoch wurden die Hippies geboren. Sie protestierten mit Blumen gegen den Vietnamkrieg, wollten dem Präsidenten zur Auflockerung LSD in den Tee schmuggeln, wurden in dem Musical »Hair« verewigt. Und hier hat sich die sogenannte Counterculture ein viel stärkeres Eigenleben bewahrt. Die texanische Gruppe Polyphonic

Spree zum Beispiel, ein über zwanzigköpfiges Ensemble in langen Gewändern, wurde in den letzten Jahren mit hymnischen Chorgesängen berühmt, und die Ironie, mit der die freudigen Botschaften geschmettert wurden, war nur schwach vernehmbar.

Zentren der Counterculture sind Boulder/Colorado, Portland/Oregon, New York und natürlich Kalifornien, ihre weltanschauliche Geburtsregion. In Boulder führt die naturbewegte Rabbinerin Jamie Korngold ihre Anhänger statt in die Synagoge in die umliegenden Berge, in Portland predigt der Hortivangelist Ramsey McPhillips die Heilkraft eines richtig angelegten Gartens, und in New York diskutieren die Autoren Douglas Rushkoff (»Cyberia. Von Hackern, Technoschamanen und Cyberpunks«) und Daniel Pinchbeck vor bärtigen Zwanzigjährigen in anspruchsvollen Buchhandlungen über das Thema »Postmodern Prophecy: Urgent myths for urgent times?«. Pinchbeck wurde vom »Rolling Stone« als Anführer des »psychedelic revival« gefeiert, nachdem er für sein Buch »Den Kopf aufbrechen« Naturdrogen (Ayahuasca, Peyote, Iboga) probierte und über die Kulturgeschichte der Bewusstseinserweiterung räsonierte. Er ist von einer fundamentalen Neugier beseelt und von dem Glauben an die Sinnhaftigkeit des eigenen Tuns – ob er nun von dem Ende unserer Zeitrechnung redet, seinen eigenen Hang zu häufig wechselnden Partnerinnen als den nächsten Schritt der sexuellen Revolution preist oder auf der von ihm mit gegründeten Website evo.com ökologisch unbedenkliche Kinder-T-Shirts empfehlen lässt. Sein Sendungsbewusstsein, als Weltrettertum umkleidete Ichsucht, macht ihn wie die meisten Vertreter der Counterculture ein bisschen anstrengend.

Um die USA zu verstehen, sind sie trotzdem essenziell. Das Land ist stolz auf seine Unabhängigkeitserklärung, in der das Ideal der »pursuit of happiness« festgeschrieben ist. Im Kern bedeutet dieser Passus, dass jeder ein Recht auf Glück hat, aber auch bitte selbst dafür zu sorgen habe. Und zwar jeder, wie ein preußischer Herrscher es einst formulierte, nach eigener Fasson. Darüber hinaus haben es sich die Amerikaner zur Aufgabe gemacht, ihr Freiheitsideal in die Welt zu tragen. Wie man weiß, ist diese Mission mal mehr (Deutschland), mal weniger (Vietnam, Irak etc.) erfolgreich.

Diese Mission ist ein Widerspruch in sich, denn die Bewohner des Landes von »Freiheit und Abenteuer« lieben Vereine, Organisationen, Uniformen. Schon in der Highschool geht es um Cliquenzugehörigkeit, die sich durch die Wahl der betriebenen Sportart bestimmt. Die Unsportlichen suchen sich andere *peer groups*: Die Rangniedrigsten spielen in der *marching band*, was eine doppelte Demütigung bedeutet: Es erfordert kaum musikalisches Talent, und man muss dem Einmarsch der Sporthelden mit einem Ständchen besonderen Glanz verleihen. Andere machen Schulfunk, und manche Sonderlinge verweigern sich jeder Clique, gelten als *weird*, was natürlich auch eine Einordnung ist.

Zu diesem Bedürfnis nach Schubladen gehört auch die Leidenschaft für Uniformen. Die Kinder werden als Pfadfinder verkleidet, Feuerwehrmänner genießen, besonders natürlich in New York, seit dem 11. September 2001 den Status von Sexsymbolen, Soldaten werden quasi wie Heilige verehrt. Die Debatte in Deutschland um das Zitat Kurt Tucholskys »Soldaten sind Mörder«, die 1996 in einem Gesetzesvorschlag der CDU / FDP-Koalition gipfelte, Angehörige der Bundeswehr vor derartigen Verleumdungen zu schützen, wäre in Amerika vollkommen undenkbar. Egal ob Demokrat oder Republikaner, jeder Politiker nimmt hier automatisch und mit feuchten Augen Haltung gegenüber den kämpfenden Truppen ein. Und irgendwo sind die GIs ja immer am Kämpfen. Ein Politiker kann gegen den gerade aktuellen Krieg sein oder verkünden, ihn notfalls noch weitere Hundert Jahre führen zu wollen, aber Vatergefühle gegenüber den »einfachen Soldaten, die ihrem Land dienen« sind Pflicht. »Send a Salami to your boy in the army« heißt es auf einem Weltkriegsplakat, das in dem berühmten New Yorker Imbiss Katz Delikatessen hängt; ein paar Jahrzehnte später brachte der Präsident persönlich zu Thanksgiving einen Truthahn in den Irak.

Auftritte in martialischen Uniformen (siehe »Mission Accomplished«) sind besonders dankbar, denn bei der Frage, wer als Kandidat für das Amt des Präsidenten geeignet sein könnte, ist ganz entscheidend, ob der- oder diejenige das Zeug zum »Commander in Chief« hätte.

Wo aber Armee und Autoritäten verherrlicht werden, gedeiht auch unweigerlich die Dissidenz. So erklären sich der missionarische Eifer und die trotzige Selbstbezogenheit der Counterculture. Die Bewohner des malerischen Hippiedorfes Bolinas im Norden von Kalifornien montieren regelmäßig die Straßenschilder ab, die zu ihrem Ort weisen, damit sie unter sich bleiben. Natürlich ist selbst ein bescheidenes Haus in Bolinas nicht unter 1,2 Millionen Dollar zu haben. Ohnehin ist der gemäßigt alternative Lebensstil in Amerika überhaupt kein Gegensatz zu gesundem Geschäftssinn, wie der Aufstieg und Abstieg von Starbucks zeigt. 1971 in Seattle als kleine lokale Rösterei gegründet und zuerst nur widerwillig in den To-go-Markt eingestiegen, positionierte sich die Kette zunächst als hedonistische Alternative zum dünnen *drip-coffee*, den sich der Durchschnittsamerikaner schnell am Eckladen holte. Noch immer bemüht sich der Konzern (weltweit sind es über 15 000 Filialen) um Restglaubwürdigkeit und verkauft mittlerweile auch CDs von Helden der Counterculture wie Paul McCartney oder Joni Mitchell. Tatsächlich aber gilt die Ansiedelung einer Starbucks-Filiale als das sicherste Zeichen, dass ein ursprünglich billiges und alternatives Viertel von Investoren erobert wird.

Kommt man auf den Campus von Berkeley, jener Universitätsstadt bei San Francisco, die eine Keimzelle der Bürgerrechtsbewegungen war, trifft man selbstverständlich die joggenden Streber und »Hardbodies«, wie Bret Easton Ellis die schlank gezüchteten *trophy girls* nannte. Aber eben auch Genderstudy-Studentinnen mit komplizierten Brillen und Männerhaarschnitt, und am Ausgangstor zur Telegraph Road sitzen ein paar Langhaarige, spielen Gitarre und bieten Massagen an. Kaum zu glauben, dass seit dem großen Konzert in Monterey bereits vierzig Jahre vergangen sind. Und als in Berkeley ein Rekrutierungsshop für die US Army eröffnete, demonstrierten die empörten Anwohner mit Blumen und Gesängen gegen diesen Vorstoß des Militarismus in die Wiege der Gegenkultur. »The times they are a-changing«, sang Bob Dylan damals. Manches aber bleibt immer gleich.

Anderes ändert sich radikal. Dem Ideal der *free speech*, der Möglichkeit, eine Gegenöffentlichkeit zu etablieren, die von keinen Konzernen gesteuert wird, ist man heute näher denn je. Die Demonstrationen von früher finden heute in den Blogs statt. Wozu haben die Hippies schließlich das Internet erfunden?

---

* Scott McKenzie's Song »San Francisco« von 1967 besang die »strange vibration« und die »gentle people« der Bay Area und wurde eine der Hymnen der Hippie-Generation.

Let's Talk About Sex*

**Warum ich froh bin, dass mir das amerikanische
Dating-System erspart blieb.
Oder: Wie die Amerikaner Prüderie und
Sexbesessenheit paaren.**

Das Liebesleben der Amerikaner? Kommt darauf an, wo man
hinschaut. Der siebzehnjährige Highschool-Footballspieler
Gernalow Wilson wurde in Georgia zu zehn Jahren Gefängnis
verurteilt, weil ihm eine Fünfzehnjährige einen geblasen hat.
Die ebenfalls fünfzehnjährige Destiny Hope Cyrus tritt für
den Disneykonzern als fiktive Popsängerin Hannah Montana
in sehr kurzen Schulmädchenröcken auf, entschuldigte sich
aber bei ihren Fans für Fotos, die die Starfotografin Annie Leibovitz für »Vanity Fair« von ihr machte, weil sie ihr zu freizü-
gig erschienen. Schließlich sei ihr Glaube sehr wichtig. Der
Modefirma American Apparel gelang wiederum in den letzten Jahren ein rasanter Aufstieg mit Werbekampagnen, die
wie Amateurpornos wirken.
   Was die Machtelite in den USA betrifft, so sind derzeit folgende Geschichten publik: Der New Yorker Gouverneur
Eliot Spitzer, als Staatsanwalt ein feuriger Bekämpfer von
Korruption, trat zurück, weil er seine Prostituierten mit
öffentlichen Geldern bezahlte. Die Kosten pro Visite: 3000
Dollar. Dafür soll seine bevorzugte Begleitung, so recher-
chierte das durchaus seriöse Magazin »New York« in Zuhäl-

terkreisen, über die »schönste Vagina New Yorks« verfügen. Der ehemalige Gouverneur von New Jersey, James McGreevey, ist schon vor zwei Jahren zurückgetreten, als sich herausstellte, dass er homosexuell ist. Über sein Doppelleben hatte er hinterher ein recht rührseliges Buch geschrieben. Ebenso seine Frau, die von alldem nichts gewusst haben wollte (»Nie hätte ich es zugelassen, dass ein schwuler Mann der Vater meiner Tochter wird«). Nun allerdings gestand der ehemalige Chauffeur des Politikers, dass er der Liebhaber von beiden gewesen ist. Oft zur gleichen Zeit im gleichen Bett. Dagegen wirkt der republikanische Senator von Idaho, Larry Craig, schon fast schüchtern, der auf einer Toilette des Minneapolis St. Paul Airport von einem Undercoverpolizisten dabei erwischt wurde, wie er von einer Kabine zur nächsten durch Fußsignale Kontakt aufnehmen wollte. Ebenso der Bürgermeister von Detroit, Kwame Malik Kilpatrick, der eine Affäre mit seiner Sekretärin durch Schweigegeld in Höhe von 8,4 Millionen Dollar vertuschen wollte. Als sie das erste Mal gehört habe, dass ein weiterer Spitzenpolitiker in einen Prostituiertenskandal verwickelt sei, habe sie sofort gewusst, dass es sich um einen Demokraten handelte, erklärte ein ehemaliges Callgirl zum Fall Eliot Spitzer: »Bei einem Republikaner wären die Nutten Männer gewesen.«

Über den Zusammenhang zwischen Macht und Libido, über die Sucht von Politikern nach Aufmerksamkeit und den offenbar weitverbreiteten schleichenden Unantastbarkeitswahn könnte man nicht nur in den USA lange spekulieren. Aber in diesem Land ist der Kontrast zwischen Moral und Praxis besonders krass. Wegen Sexualdelikten Verurteilte werden in öffentlichen Registern als *sex offender* markiert; Filme und Popmusik werden mit Stickern und Warnungen versehen, wenn *nudity* oder *explicit lyrics* Kinderseelen gefährden könnten; das Geständnis, zölibatär zu leben, gilt unter Teenagerentertainern als unbedingt karriereförderlich. Gleichzeitig hat ein Viertel der amerikanischen Jugendlichen zwischen vierzehn und neunzehn eine sexuell übertragbare Krankheit, und Ärzte empfehlen Impfungen gegen Geschlechtskrankheiten für Mädchen ab elf Jahren. Sex wird in den USA als Tabu behandelt, gleichzeitig ist er eine nationale Obsession. Der Weg dorthin aber ist mühsam und streng durchreguliert.

Ich hatte Glück. Als ich in die USA zog, befand ich mich seit vielen Jahren in einer *committed relationship*, was eine der Abstufungen und Kategorien für die Beziehung zwischen zwei Menschen ist. Folgende Formulierungen sollten Sie kennen, wenn Sie in den Dschungel des amerikanischen Paarungsverhaltens eintreten (oder auch, wenn Sie sich einfach nur danach erkundigen, ob jemand »schon vergeben« ist):

1. »I am seeing her«: Ich habe sie schon mehrmals alleine getroffen, vielleicht haben wir uns auch schon einmal geküsst oder sogar Sex gehabt. Von beiden Seiten ist unausgesprochen Unverbindlichkeit vereinbart. Wichtig: Diesen Status kann man mit mehreren Menschen gleichzeitig pflegen.
2. »We are dating«: Ich treffe sie regelmäßig, wir haben Sex. Wichtig: Wer mehrere Menschen parallel »dated«, sollte dies diskret tun. Nicht zu verwechseln mit »I have a date«: Ich bin mit einer Person verabredet, Sex ist nicht ausgeschlossen.
3. »She is my girlfriend«: Wir sind ein Paar.
4. »We are in a committed relationship«: Wir sind ein Paar und haben nur untereinander Sex. (Das Gegenteil ist die »open relationship«.)
5. »She is my partner«, »She is my significant other«: Wir sind ein Paar, aber ich bin zu alt oder zu homosexuell für den Begriff »girlfriend«.

Diese Abstufungen an Intensität und Verbindlichkeit gibt es überall auf der Welt. Das Besondere in den USA ist, wie genau die Dinge formuliert und gelebt werden. Wie weit sie bei ihren sexuellen Bemühungen umeinander gekommen sind, formulieren junge Amerikaner in der Terminologie des Baseballs, von »First Base«, was den ersten Zungenkuss beschreibt, bis zum »Homerun«. Das ist natürlich kein Zufall. Für den jungen sexhungrigen Amerikaner ist die Amerikanerin nicht Partnerin, sondern Gegenspielerin auf dem Weg zum Ziel. Und wie bei jedem anständigen Spiel gibt es eine Vielzahl von Regeln.

Das Spiel heißt »dating«. Und dieser Begriff lässt sich nicht etwa übersetzen mit »Mensch trifft Mensch, und dann guckt man mal, was passiert«, wie man als Deutscher vielleicht glauben könnte. Denn hier wird nichts dem Zufall überlassen. Grundlage des Dating ist die Annahme, dass amerikanische Männer vor allem Sex wollen und amerikanische Frauen einen Partner suchen. Selbst wenn das im Einzelfall nicht zutrifft, muss mit dieser Grunderwartung umgegangen werden. Wenn also zum Beispiel meine Freundin Jennifer sich mit einem neuen Mann, nennen wir ihn mal »Mr Probably Right«, verabredet hat und im Laufe des Abends den dringenden Wunsch verspürt, sofort mit ihm zu schlafen, kann sie das natürlich einfach tun. Wenn Jennifer nur ein bisschen Spaß mit ihm haben will, ist »Mr Probably Right« bestimmt dabei. Wenn der Abend aber so nett ist, dass dieser auch dauerhaft interessant sein könnte, dann handelt sie voreilig und vermasselt sich vielleicht künftige Chancen. In seinen Augen ist sie nach »sex on the first date« zwar »fun«, aber kein »wedding material«. Wenn Jennifer sich also zurückhält und von ihm natürlich bis zu ihrer Haustür gebracht wird, gibt sie ihm schnell einen Kuss auf die Wange. Dann beginnt das Warten. »Ruf sie erst nach drei Tagen an«, raten Dating-Tips-for-Men-Ratgeber. »Wenn er nicht nach drei Tagen angerufen hat, vergiss ihn!«, raten Dating-Tips-for-Girls-Ratgeber. »DU triffst die Entscheidung«, ermutigen beide ihre jeweilige Zielgruppe. Tatsächlich trifft die Entscheidung oft niemand so richtig. Wenn ich die Erzählungen meiner amerikanischen

Freunde korrekt interpretiere, sind ihre amourösen und erotischen Irrungen meist nur ein Geflecht aus vorauseilendem Pessimismus, Erfüllung eingebildeter Erwartungen und Enttäuschungen aufgrund nicht geäußerter Wünsche.

Als meine Freundin Mary-Louise in der Wohnung ihres heutigen Ehemanns Andrew ihre Tasche abstellte, bot er ihr ein Fach in seinem Schrank an. Spontan schreckte sie zurück. Das war ja fast so, als habe sie einen eigenen Schlüssel. Demonstrativ ließ sie ihre Kleider in den nächsten Tagen in der Tasche vor dem Schrank stehen. Das war zwar unpraktisch, aber psychologisch richtig, denn die Eskalation beim stufenweisen Zusammenfinden ist Zahnbürste-Schublade-Schlüssel. Wobei es durchaus üblich ist, dass der Wohnungseigentümer, in diesem Fall Andrew, den Doorman bittet, doch darauf zu achten, ob und mit wem sie das Apartment betritt. Jeder weitere Schritt führt unausweichlich in Richtung Verlobungsring, der im Idealfall das Zweifache seines Monatsgehalts kostet, obwohl diese Faustregel aus den PR-Büros der großen Diamantenhändler zu stammen scheint. Und danach, wenn alles wirklich sehr gut geht, auf die Hochzeitsseiten der »New York Times«. Ich sehe sie mir jedes Wochenende mit ungebrochener Faszination an. Jedes Foto birgt für mich das große Rätsel Liebe: Was sieht sie in ihm? Was mag er an ihr? Wie ist der Sex? Die dazugehörigen Texte faszinieren mich, weil sie so radikal nüchtern sind. Sie listen auf, wo die beiden arbeiten, wo sie zur Schule und dann in welches College gegangen sind, was seine / ihre Eltern und Großeltern von Beruf waren. Hinter jeder Trauung steckt vermutlich eine vielschichtige Romanze, aber hier wird sie zu einer Sozialakte. Eigentlich fehlt nur noch die Angabe der Jahresgehälter.

Wenn Ihnen manches bisher Erwähnte irgendwie bekannt vorkommt, dann gehören Sie wahrscheinlich auch zu den Fans der Serie »Sex and the City«, in der eine New Yorker Sexkolumnistin und ihre drei Freundinnen wirklich alle Varianten des Themas durchspielten, bis hin zu Spezialproblemen wie der Frage, ab welchem Grad von Vertrautheit auf der Toilette des Partners »Number 2« erlaubt ist. Hier zeigt sich gleich ein weiteres Mysterium des amerikanischen Paarungsverhaltens. Die Menschen hier wollen sich zwar gegenseitig ins Bett zerren, aber allzu realistisch soll es dabei nicht zugehen. Die Themen Verdauung, Haare, Körpergeruch gilt es zu vermeiden. Auf den Erfolg der Übersetzung von Charlotte Roches Bestseller »Feuchtgebiete« bin ich deswegen wirklich gespannt, in einem Land, in dem bereits ein unrasiertes Frauenbein als Ausweis von Verkommenheit gilt.

Aus dieser Verklemmtheit heraus ist Oralverkehr die vielleicht amerikanischste Technik: Mühelos im Auto praktizierbar, die Beteiligten kommen kaum ins Schwitzen, und sie können sich einreden, es sei (fast) nichts passiert. Auch der ehemalige Präsident Bill Clinton versuchte sich aus seiner Falschaussage vor dem Untersuchungsausschuss der Lewinsky-Affäre herauszureden, er habe mit seiner Praktikantin keinen Sex gehabt, weil es ja nur Oralverkehr gewesen sei. Das wirkt zwar in etwa so glaubwürdig wie die Versicherung, beim Kiffen in seiner Jugend nicht inhaliert zu haben, wirft aber ein interessantes Licht auf die Prüderie, die in diesem Land herrscht. Die Bush-Regierung gab Hunderte von Millionen Dollar für die Abstinenzerziehung in Grundschulen aus, und an den berühmten amerikanischen Ostküstenuniversitäten organisieren sich enthaltsam lebende Studenten in Aktivistenkreisen und bezeichnen ihr meist christlich motiviertes Nicht-Treiben als »True Love Revolution«. Bemerkenswerterweise sind es allerdings die sogenannten Red States, also Staaten mit republikanischer Mehrheit, in denen die Abtreibungsraten, die Zahl der Schwangerschaften bei Minderjährigen sowie die Scheidungsraten besonders hoch sind.

Als Michelle Obama erzählte, sie leide unter dem *morning breath* ihres Mannes, schien die halbe Nation hinter vorgehaltener Hand zu kichern. Andererseits ist es durchaus normal, wenn Frauen sich auf der Cocktailparty über ihre jeweiligen

Depilationsmethoden unterhalten. Prüderie und Praxisbezogenheit sind da kein Widerspruch. An einer Ausfallstraße bei Pittsburgh blieb ich viel zu lange an einer Ampel stehen, weil mich eine große Werbetafel ablenkte. »It's all about You(th)« verkündete das Plakat und warb mit drei hübschen Gesichtern für »Permanent Make-up«, Botox und »Hair Removal«. Eine der drei Frauen hatte sich das ganze Gesicht mit Rasierschaum eingeseift und gerade die Klinge angesetzt. Zu der Schattenseite der kollektiven Jugendbesessenheit komme ich noch, aber in jenem Augenblick begeisterte mich mal wieder die »hands on«-Philosophie der Amerikaner.

Über »Sex and the City« sagte man, dass Europäer die Serie wie eine Satire betrachteten, Amerikaner dagegen wie einen Dokumentarfilm. Und Oscar Wilde behauptete, das Leben imitiere die Kunst. Tatsächlich zeigt die Wirkung dieser Serie, dass beide Sphären voneinander abschauen. Der Bekanntheitsgrad des Schuhdesigners Manolo Blahnik etwa hat durch die prominente Rolle, die seine Produkte im Leben von Carrie Bradshaw spielten, deutlich zugenommen. Das unermüdliche Fahnden nach Mr Big, eine sprachlich präzisere Version des traditionellen Mr Right, mit dem die Serienheldinnen ihr Leben verbringen, scheint das Paarungsverhalten zumindest in New York ziemlich genau widerzuspiegeln. Durch den demografisch bestätigten, also nicht nur eingebildeten Männermangel trifft man in jeder halbwegs ernst zu nehmenden Bar erstaunlich oft Gruppen von Frauen, die mit Frauen unterwegs sind. Die Absätze sind spitz, die Beine lang, die Haare blond, aber lässig. Sie haben ihre Karrieren und ihre Problemzonen im Griff, sie haben einen Haufen bester Freundinnen, aber sie haben keinen Mann. Und wenn sie einen Cocktail zu viel hatten, dann kennen sie nur noch wenig Hemmungen. Zielstrebig, fast forsch gehen sie auf jeden Kerl zu, der nicht eindeutig schwul oder vergeben ist. Sie sind ja schließlich nicht zum Spaß hier.

Nicht das komplexe Regelwerk ist das Problem am Dating-System. Seine heimliche Tragik ist die unheilige Effizienz, mit der die Amerikaner an das herangehen, was man bei uns altmodisch, aber romantisch »Herzensangelegenheiten« nennt. Bei jedem zwischenmenschlichen Aufeinandertreffen, das über Small Talk oder einen unverbindlichen Flirt hinausgeht, werfen Amerikaner ihren inneren Taschenrechner an. Sie wollen in der Regel keine Zeit und kein Geld verschwenden. Mit einem erstaunlichen Maß an Effizienz werden Chancen ausgelotet und mit bewundernswerter Geradlinigkeit formuliert. Wenn weder Sex noch Partnerschaft als Optionen im Raum stehen, erlischt schnell das Interesse. Das Konzept, dass man sich kennenlernt und anfreundet, ist durchaus bekannt, aber es spielt eine erstaunlich kleine Rolle. Wenn man sich als Europäer mit einer neuen Bekanntschaft auf ein Abendessen oder einen Drink verabredet hat und dann beiläufig den eigenen Partner erwähnt, erhält man schon auf dem Weg nach Hause eine SMS mit der Mitteilung: »Deine Beziehung ist für mich ein Problem.«

Einer der Gründe mag sein, dass sich die Geschlechterrollen und -bilder hier stärker voneinander abgrenzen. Wer zum Beispiel in Utah, Colorado oder Nevada Snowboarden fährt, findet auf den Pisten vor allem Gruppen von jungen Männern. Ihre Freundinnen, so vorhanden, bleiben lieber unten oder gleich daheim, denn das hier ist Männerterrain. So wie eine vernünftige Amerikanerin niemals ihren samstäglichen Shoppingtrip mit den Freundinnen für einen Kerl absagen würde. Ob das nun gut oder schlecht ist, hängt vom eigenen Standpunkt ab. Mein Freund Phillip fühlt sich seit seinem Umzug nach New York wie im Paradies. Er könne sich die Frauen praktisch aussuchen, behauptet er, was seinem Gemüt entgegenkommt. Die meisten meiner Freundinnen dagegen sind verzweifelt. »Bring mir einen klugen, gut aussehenden Mann aus Europa mit«, bettelt Nicole jedes Mal, bevor sie sich wieder mit dem New Yorker Spitzenkoch verabredet, der nach jedem romantischen Abend erst einmal wochenlang abtaucht. In den letzten Jahren hat eine Reihe von amerikanischen Kinokomödien den aktuellen Stand des Geschlechterkampfes karikiert. Das Muster ist eigentlich immer gleich: Die Frauen sind Herrinnen der Lage, aber emotional vereist. Die Männer scheuen Verantwortung, Bindung und Karriere, bleiben aber dabei liebenswerte Kinder.

Das klingt zumindest für deutsche Leserinnen dramatischer, als es ist. Den meisten von Ihnen ist das amerikanische Schulsystem erspart geblieben und damit die Notwendigkeit, den eigenen sozialen Status über das *date* beim Jahresabschlussball demonstrieren zu müssen. Und als Europäerin können Sie sich über die starren Regeln ja einfach hinwegsetzen: Lassen Sie ihn auf jeden Fall zahlen (starker Euro hin oder her). Machen Sie nur, was Sie wollen (wenn er sich bei seinen Kumpels beschwert, sind Sie schon über alle Berge). Rufen Sie einfach gleich am nächsten Tag an. Als Besucherin haben Sie schließlich keine Zeit zu verlieren und als Europäerin keinen schlechten Ruf. Zumindest, wenn Sie sich nicht vorgenommen haben, einen Amerikaner zu heiraten. Und selbst da gibt es ein paar Ausnahmen, denen die Dating-Regeln im Ernstfall ganz egal sind.

Zudem bestätigen Verhaltensforscher in aller Welt, dass Liebe immer auch der Austausch von sozialen und biologischen Gütern ist (Sex gegen Sicherheit, Geborgenheit gegen Geborgenheit usw.). Der Unterschied ist eben, dass die Amerikaner da direkter und weniger zimperlich sind als Europäer, die derartige Realitäten lieber mit einer historisch gewachsenen Mischung aus Sentimentalität und Selbstbetrug umkleiden. »Verheiratet sein ist wie Daten mit Krankenversicherung«, hat meine Freundin Mary-Louise einmal gesagt. Der Spruch klingt geklaut, aber wie das Bekenntnis einer echten Amerikanerin.

»Warum soll ich umsonst hergeben, wofür ich 3000 Dollar kassieren könnte?«, zitierte die »New York Times« eine junge Frau im Bürogespräch aus den Tagen nach dem Skandal um Eliot Spitzer. Aber man kann sich sicher sein: Auch am nächsten Wochenende steht sie wieder mit ihren liebsten Konkurrentinnen in der Bar, »all dressed up and ready to fall in love«.

---

* Dieser Song von Salt-N-Pepa erschien 1991. Die Rapperinnen forderten einen offeneren Umgang mit Sex und den eventuell damit verbundenen Risiken.

Let's Get Physical*

Was ich von meinem Personal Trainer lernen musste. Oder: Warum die Amerikaner entweder doppelt so dick oder doppelt so stark wie wir Deutschen sind.

Wenn ich im Mittelgang eines Flugzeuges hinter meinen Mitreisenden oder in der Schlange bei Starbucks stehe, erst recht wenn ich mich in der Umkleide des New York Health and Racket Clubs an den anderen Clubmitgliedern vorbeischlängele, grübele ich über die Körper der Amerikaner. Genetisch müssten sie mit uns Europäern eigentlich eng verwandt sein, schließlich teilen selbst Schimpansen mit uns 98,4 Prozent der Gene. Viel mehr können es zwischen Amerikanern und uns auch nicht sein.

Zwei körperliche Eigenschaften machen deutlich, wie stark sich Amerikaner von Europäern unterscheiden. Die Menschen in den USA haben eine völlig andere Wahrnehmung von Temperatur. Und ihre Körper sind massiger – weil sie entweder mehr Fett oder aber mehr Muskeln mit sich herumschleppen. In diesem Land müssen Wohnungen, Autos, Hotellobbys, Restaurants und Bars im Sommer radikal heruntergekühlt werden. Wer abends ausgeht, nimmt sich nicht für den Heimweg eine Jacke mit, sondern um im Kino nicht zu erfrieren. Und sobald die Außentemperatur um die 50 Grad Fahrenheit (10 Grad Celsius) beträgt, rennt eine beachtliche

Minderheit in T-Shirts und kurzen Hosen herum. Als ich an einem sonnigen Januartag, an den Straßenrändern lag noch Schnee, eine Wohnung suchte, kam ein junger Makler in Flipflops zum Besichtigungstermin. Er war gerade erst aus Kalifornien zugezogen, und seine Freundin war Chefredakteurin eines Pornomagazins für Frauen, aber sein Optimismus, was die Wetterlage und die Widerstandsfähigkeit seines Körpers betrifft, beeindruckten mich trotzdem. Inzwischen habe ich entdeckt, dass er bei Weitem kein Einzelfall ist. Wenn ich im Frühling am East River joggen gehe, trage ich T-Shirt, Sweatshirt, Windjacke und Baseballkappe. Die meisten anderen kommen mir schwitzend im T-Shirt entgegen, ein paar auch mit nacktem Oberkörper. Dabei geht es auf dieser Seite von Manhattan eigentlich nur um Sport, während auf der anderen, am Hudson River, ein geschäftiges Schaulaufen und demonstratives Halbnacktlesen stattfindet.

Aber man sieht ja schon von außen, dass die amerikanischen Körper irgendwie anders funktionieren. Im Mai 2007 beschrieben Wissenschaftler der Universitäten München und Princeton im »American Journal of Human Biology«, dass Europäer im Durchschnitt größer seien als US-Amerikaner. Bis zur Mitte des 20. Jahrhunderts war das umgekehrt. Gründe seien das schlechte Gesundheitssystem sowie Armut und soziale Unsicherheit in den USA, erklärte einer der beteiligten Wissenschaftler aus München. Die vielen Einwanderer aus Asien und Lateinamerika wären eine andere Erklärung. Aber zugegeben: Sie lassen die USA in einem sehr viel besseren Licht dastehen.

Was die Langzeitstudien nicht untersucht hatten, war die Körperbreite. Ganz unwissenschaftlich und subjektiv betrachtet ist der Rücken eines weißen Durchschnittsamerikaners ungefähr doppelt so kräftig wie sein deutsches Pendant, an seinen Armen ist mehr Fleisch, der Nacken gewölbt, wie man es bei uns nur von Kraftsportlern kennt. Bei vergleichbarem Genpool sind die Gründe dafür sozialer Natur. Es gibt zwei

Sorten von Amerikanern: Die einen essen zu viel und zu ungesund. Und die anderen treiben wahnsinnig viel Sport. In beiden Fällen gilt: von Kind auf und bis sie tot umfallen.

Natürlich ist es ein Problem, dass fast zwei Drittel der Amerikaner Übergewicht haben und fast ein Viertel an Fettsucht leidet. Schon im Jahr 2003 soll das 75 Milliarden Dollar an Behandlungs- und Folgekosten verursacht haben. Und natürlich sieht man im wohlhabenden, weißen Beverly Hills weniger aufgequollene Menschen als etwa in den ländlichen Gegenden von South Dakota oder Mississippi. Wie in jeder Demokratie ist eines der elementaren amerikanischen Wohlstandsversprechen, dass jeder genug Fleisch zu essen kriegt. Die Tierproduktion wurde hier viel früher viel radikaler automatisiert. Und Upton Sinclair beschrieb schon 1906 in seinem Roman »The Jungle«, wie die Fleischindustrie Arbeiter wie Sklaven hielt und gelegentliche Betriebsunfälle einfach mit verarbeitete. Die Arbeitssicherheit und Qualitätskontrollen haben sich danach verbessert, nicht aber die Tatsache, dass nach wie vor um jeden Preis (Massentierhaltung, Medikamente, Genmanipulation) ein Maximum an billigen tierischen Proteinen auf den Markt gebracht werden soll. Als der Filmemacher Morgan Spurlock sich ein paar Wochen lang nur von den Sparmenüs in Fast-Food-Ketten ernährte, war er in Rekordzeit ein kranker, fetter Mann.

Auch wenn »Supersize me«, der Name seines Dokumentarfilms, seitdem wie die Aufforderung zur Körperverletzung klingt, bleibt Amerika das Land der großen Portionen. Bei Dunkin' Donuts etwa wird einem förmlich aufgedrängt, nicht einen, sondern eine Tüte voller Zuckerkringel zu kaufen. Finanziell ist das auch durchaus sinnvoll, aber es ist unerklärlich, wie man mehr als einen davon verspeisen kann. Wenn überhaupt. Für Häme gibt es keinen Grund, denn schlechte Ernährung entsteht durch Armut und führt zu Armut. Einem Kollegen in Deutschland wurde vor ein paar Jahren bedeutet, dass er in seiner Firma niemals Karriere machen werde, weil er zu fett sei. Natürlich war das ein amerikanisches Unternehmen, das seinen Stil im Umgang mit *human Resources* offenbar mitgebracht hatte. Denn das Paradoxe ist: Kein Land der Welt ist so fettleibig wie die USA. Aber Übergewicht ist hier zugleich, vielleicht auch deswegen, Ausweis für Versagen.

Nachdem mich ein befreundeter Galerist bei einer zufälligen Begegnung in der Sauna meines Berliner Fitnessclubs spielerisch knapp oberhalb des Nabels gezwickt hatte mit der Bemerkung: »Na, einen kleinen Spitzbauch hast du aber auch«, wusste ich, dass meine Jugend nun endgültig vorbei war. Es war höchste Zeit für diese Erkenntnis, denn ich war damals schon Mitte dreißig, aber solange mir unangenehme Wahrheiten nicht aufs Auge gedrückt werden, ignoriere ich sie. »The grass is always greener on the other side«, beschreibt man in Amerika den Effekt, dass man immer das haben will, was man gerade nicht hat: den Mann der besten Freundin, das Gericht vom Nebentisch, die Lebensphase, in der andere gerade ihren Spaß haben. Statt mich also über meine Lebenserfahrung, Kunstsammlung oder Gehaltsklasse zu freuen, grübelte ich noch in der Sauna über die verflossenen Jahre nach. Und über den Albtraum, der jetzt vor mir zu liegen schien. Es ist der Genuss ohne Reue, so war mir gerade eben klargemacht worden, mit dem es jetzt leider vorbei war. Natürlich dauerte es lange, bis ich diese Erkenntnis in die Tat umsetzte. Als ich dann aber nach Amerika zog, wusste ich: Sporadische Ausflüge aufs Laufband würden nicht mehr ausreichen.

Mein Personal Trainer hieß Kenny, war Halbkoreaner und erzählte zur Begrüßung, dass er vor Kurzem den Mann von Madonna beim Ultimate Fight verprügelt und hinterher ein Bier mit ihm getrunken hatte. Ultimate Fight ist eine Kampfsportart, bei der ziemlich viel erlaubt ist, und Kenny hatte sich dabei den linken Ringfinger gebrochen. Er trug deswegen eine Metallschiene, die aussah, als könnte er damit zur Not auch Tresore aufbrechen. Vielleicht war sie für die Heilung gar nicht zwingend erforderlich, aber sie erfüllte ihren Zweck.

Mein ohnehin ausgeprägter Respekt vor Sportlehrern steigerte sich zu mit Scham angereicherter Versagensangst. Der Trick bei einem Personal Trainer ist, dass er einen immer an die Grenze der eigenen Leistungsfähigkeit bringt. Wo man normalerweise erschöpft die Hantel sinken lassen würde, treibt er einen noch fünf Wiederholungen weiter. Und wenn man eigentlich ins Entmüdungsbecken sinken möchte, schnallt er einem noch mal ein paar Gewichte um die Brust und lässt einen die Treppe rauf- und runterlaufen. Ich bilde mir eigentlich ein, bei körperlichen Belastungen nicht allzu weinerlich zu sein, aber das Training mit Kenny war vor allem deswegen eine Qual, weil ich selbst nach der 20. Session noch immer das Gefühl hatte, keinerlei Fortschritte gemacht zu haben. Ich fühlte mich so kurzatmig, schwachbrüstig und dünnarmig wie am Anfang. Nur 1500 Dollar ärmer. Mir war das damals nicht klar, aber mit diesem Gefühl war ich in Amerika angekommen. Es ist ein Land, in dem die Arbeit am eigenen Körper niemals ein Ende findet.

Andere kommen sogar ohne diesen zusätzlichen Antrieb aus. Als mein Freund André, der in New York eine Galerie betreibt, morgens um sieben in seinem Gym auf dem Laufband sein Pensum absolvierte, bemerkte er, dass direkt neben ihm auch eine Galeristin am Rennen war. Sie begrüßten sich freundlich und konzentrierten sich wieder auf die Musik im eigenen iPod. Und rannten immer weiter. Keiner der beiden wollte als Erstes vom Laufband steigen. Dass die Amerikaner breitere Kreuze haben, liegt daran, dass Sport hier überlebenswichtig ist. Für Kinder aus armen Familien ist er oft der einzige Weg, an ein gutes College zu kommen, für alle anderen eine Möglichkeit, Gruppenzugehörigkeit und Prestige zu erwerben. Die *jocks*, die gut aussehenden Supersportler, sind die Rudelführer und diejenigen mit den besten Chancen bei den Mädchen. Die wiederum dürfen natürlich auch kein Gramm Fett zu viel am Körper haben und kämpfen von früh an gegen die Schwerkraft des Fleisches. Die Privilegierten und

Frühreifen können sogar spezielle Schönheitsinstitute für Kinder besuchen, wo ihnen die Nägel gemacht und Gesichtsmasken aufgelegt werden. Man kann schließlich nicht früh genug anfangen, auf sich zu achten.

Natürlich kann man das jetzt mal wieder auf die Medien, Werbung und Filmindustrie schieben, die seit Jahrzehnten für Jugend, Schönheit und Fitness propagieren. Aber mein Verdacht ist, dass die Gründe für das amerikanische Körpergefühl noch woanders liegen. In diesem Land herrscht ein grundsätzliches Misstrauen gegenüber einem kopfgesteuerten Leben. Ein Politiker, der zu sehr nach Schreibtisch und zu wenig nach Pferdestall riecht, ist hier eigentlich chancenlos. Man sagt dann, er habe die »Harvard disease«. Soll heißen: Er ist abgehoben, arrogant, dünkelhaft und eigentlich auch kein richtiger Mann.

Bei den Frauen wiederum ist ins Absurde gesteigerte Makellosigkeit das Ziel. »Es kostet verdammt viel Geld, so billig auszusehen«, hat Dolly Parton einmal von sich gesagt. Und eine Menge Arbeit, möchte man hinzufügen. Als sie Anfang der 80er einige Kilo abgenommen hatte, musste die für ihr Dekolleté berühmte Countrysängerin ihre Brüste wieder auf Arbeitsgröße auffüllen lassen, und in den letzten Jahren hat sie so freimütig über ihre Schönheitsoperationen gesprochen, dass sie über sich selbst als »weibliche drag queen« scherzt.

In abgemilderter Form trifft ihr Motto auf die meisten Amerikanerinnen zu. Sie pflegen zu ihrem Körper ein recht pragmatisches Verhältnis. Als in den späten 70ern die Schauspielerin Jane Fonda mit ihren Aerobicvideos Millionen von Frauen dazu brachte, »rhythmische Sportgymnastik« zu machen, war das ein mittelgroßer Kulturschock. Ausgerechnet die emanzipierte Bürgerrechtlerin machte sich plötzlich um ihre Figur Sorgen und trat eine Bewusstseinsveränderung los. Seitdem gilt in Amerika: Jede Frau in jedem Alter ist für ihr Aussehen und damit Wohlfühlen selbst verantwortlich.

Zunehmend allerdings griffen die amerikanischen Frauen

zu radikaleren Mitteln als einem Paar Wollstulpen. 1,8 Millionen kosmetische Operationen sind 2007 in den USA durchgeführt worden, dazu kommen 4,8 Millionen reparative Behandlungen wie Narbenbehandlung und Minimaleingriffe wie Botoxbehandlungen, Aufspritzen von Lippen, chemisches Peeling und Laserhaarentfernung (jeweils ca. eine Million Behandlungen). Insgesamt gaben die Amerikaner dafür zwölf Milliarden Dollar aus, mit gesunder Wachstumstendenz. Schöner als Richard A. D'Amico, Präsident der American Society of Plastic Surgeons, kann man es nicht sagen: »Amerikaner strengen sich an, gut auszusehen und sich gut zu fühlen.«

Die Top Five der Schönheitsoperationen in Amerika:
1. Brustvergrößerungen
2. Fett absaugen
3. Nasenoperationen
4. Augenlider richten
5. Bauch straffen

Im Andy Warhol Museum in Pittsburgh hängt ein Foto von Truman Capote aus den späten 70er-Jahren. Stolz zeigt der Schriftsteller die Liftingnarben an seinem Ohr. Damals war es noch ein Skandal, als sich Hildegard Knef nach einer Gesichtsverletzung einer Schönheitsoperation unterzog. Heute ist es kein amerikanisches, sondern ein globales, geschlechtereinendes und klassenübergreifendes Phänomen, am eigenen Körper feilen zu lassen. Aber auch in den USA machen Frauen, vor allem wenn sie berühmt sind, möglichst wenig Aufhebens um ihre Schönheitsoperationen, es sei denn, es gehört zu ihrem Image wie bei der Moderatorin Joan Rivers, die als eine der Pionierinnen der *plastic surgery* gilt. Meist aber überwiegt der Stolz, etwas für sich getan zu haben, die Scham, dabei ein wenig geschummelt zu haben.

Zu meinen *guilty pleasures*, meinen Leidenschaften unter Niveau, zählt das Studium von Klatschzeitschriften. Als Elizabeth Taylor 1991 den Bauarbeiter Larry Fortensky heiratete, studierte ich Architektur an der Kunsthochschule in Hamburg. Um die Exklusivbilder von der Trauung auf Michael Jacksons Ranch Neverland in Ruhe betrachten zu können, kaufte ich die »Bunte« und brachte sie unvorsichtigerweise mit in die Uni. »Die Bunte?«, fragten meine Kommilitonen spöttisch und rissen mir wenig später die Zeitschrift aus den Händen. Damals ist etwas in mir zerbrochen.

Später brach ich mein Studium ab und wurde Journalist. Zur »Bunte« hat es mich nicht verschlagen, aber meine Schwäche für Gesellschaftsberichterstattung ist mir erhalten geblieben. Für jeden Flug und jeden Strandausflug besorge ich mir deshalb einen Stapel Magazine wie »People«, »Us«, »InTouch« und »OK«. Nur den »National Enquirer« habe ich mir wegen seines zu offensichtlichen Schwachsinns wieder abgewöhnt. Und weil er auf zu schlechtem Papier gedruckt ist. In den Zeitschriften werden »Quellen«, »Freunde« und »Menschen in ihrer Nähe« zitiert, um Geschichten über die Ehekrise bei »Brangelina« (Brad Pitt und Angelina Jolie), den Sexhunger von Lindsay Lohan oder die Liebelei zwischen zwei Teilnehmern der Castingshow »American Idol« zu konstruieren. Für mich sind die Texte allerdings zweitrangig. Was mich fasziniert, ist die Kolumne »Wer trug es besser?«, in der Stars, die in dem gleichen Kleid »ertappt« wurden, miteinander verglichen werden. Klarer kann man den amerikanischen Wettbewerbsgeist kaum illustrieren (meistens gewinnt das blonde Mädchen). Noch faszinierender ist das Schönheitsideal, das diese Zeitschriften spiegeln und verbreiten. Die strahlend weißen Zähne, die weit aufgerissenen Augen, die geschürzten Lippen, das mähnenhafte Haar, die aggressiv vorspringenden Brüste, das straffe Bindegewebe an den Oberschenkeln. Vielleicht werden in Zukunft alle so aussehen. Vielleicht werden unsere Nachfahren aber auch staunend auf diese Bilder blicken, entweder weil sich diese Frauen so viel Gewalt angetan haben, oder weil die Methoden der Schönheitsindustrie im Rückblick so primitiv wirken.

Das unermüdliche Trainieren und das chirurgische Optimieren des eigenen Körpers sind nur zwei Facetten der grundsätzlichen Überzeugung der Amerikaner, dass jedes persönliche Problem lösbar ist, egal ob ästhetischer, psychischer oder biochemischer Natur. Ein Mann, der sich seine zusammengewachsenen Augenbrauen (die *unibrow*) nicht zupft, gilt nicht als authentisch, sondern als schlampig. Selbst in der Universitätsstadt Boston, nirgendwo dürfte die Dichte an Wissenschaftlern, Akademikern und Ärzten höher sein, gibt es bei Psychotherapeuten wochenlange Wartelisten. Und für das Wochenende mit den eigenen Eltern nimmt sich mein Freund Bill vorsorglich eine Extraration des Antidepressivums Xanax mit.

*Der Hit der Australierin Olivia Newton-John von 1981 war der Soundtrack zur damals in den USA hereinbrechenden Aerobicwelle. Auch wenn es eigentlich um eine andere Form von Sport ging.

My Own Private Idaho*

Wie ich Amerika immer wieder neu entdecke.
Oder: Warum fünfzig Staaten nicht immer ein Ganzes ergeben.

Auf einer Bergkuppe bei Uniontown in Pennsylvania liegt das Hotel Summit Inn, direkt an der historischen Route 40, der ersten Autobahn, die Amerika von Osten nach Westen durchquerte. An die glorreichen Tage des Hauses erinnert ein vor dem Eingang geparkter Oldtimer: 1917 luden Henry Ford und Thomas Edison die American Science Wizards hier zum Bergrennen. Eine andere Reminiszenz an opulente Zeiten sind die Proportionen. Die Zimmer sind riesig, und wichtigster Einrichtungsgegenstand ist nicht etwa ein zierlicher dänischer Teakholzstuhl, sondern ein flauschiger Sessel mit Fußbank in XXL, wie die Amerikaner sie lieben: Selbst ausgewachsene Männer schrumpfen darin zu Kindern.

Würde man heute ein Landhotel möglichst fern einer Verkehrsachse bauen, war damals die unmittelbare Nähe zur und die freie Sicht auf die Autobahn die Hauptattraktion. Selbst vom Freiluft-Schwimmbecken aus konnte man die Fords und Chryslers sich den Hausberg hinauf kämpfen sehen. Die Reisegruppen, die hier heute absteigen, besuchen die Häuser Falling Water und Kentucky Knob, die Frank Lloyd Wright in der Nähe baute. Oder das Flight 93 National Monument, wo das vierte entführte Flugzeug am 11. September 2001 abstürzte. In jedem Fall finden sie den besonderen Zauber der amerikanischen Provinz: Leere Straßen mit verwitterten Briefkästen, bunt gescheckte Wälder, Dörfer, die praktisch nur aus einer Tankstelle und einem Supermarkt bestehen, denn die Häuser sind in der Gegend verstreut, hinter Bäumen versteckt, an die Landstraßen geklebt. So sieht eines der vielen Herzen von Amerika aus. Lassen Sie sich von den überall gleichen Imbissketten und Orten (Kreuzung, Tankstelle, Supermarkt, Motel) nicht täuschen: Die USA sind ein Land der deutlichen Gegensätze. Die Vielfalt quer durch den nordamerikanischen Kontinent ist riesengroß. Jedenfalls weit größer, als sich beim Frühstück im Hotel The Standard am Sunset Boulevard in Hollywood auf den ersten Blick vermuten lässt: Im Restaurant des bei DJs, Künstlern und Filmemachern beliebten Hotels hängen zwei Uhren, darunter steht einfach nur »here« und »there«, gemeint ist die jeweilige Uhrzeit in Los Angeles und New York. Es ist die augenzwinkernde Arroganz der zwischen den beiden Küsten hin- und herjettenden Kreativ-Elite: Das dazwischen liegende Land nehmen viele nur von oben aus dem Flugzeug wahr, eine terra incognita mit seltsamen Moralvorstellungen (»family values«) und schwer verständlichem Wahlverhalten.

Dabei sind schon die Unterschiede zwischen Ost- und Westküste gewaltig. Wenn Sie dann noch die Nord- und Südstaaten durchqueren und den Mittleren Westen erkunden, werden Sie völlig verschiedene Kulturen und Temperamente erleben. Viele Unterschiede haben sich in Jahrzehnten oder Jahrhunderten entwickelt. Manches aber ist neu. Ein Blick in aktuelle Bevölkerungsstatistiken zeigt: US-Bürger zieht es scharenweise in den Süden, jedes Jahr werden es mehr. Einstige Industriestandorte des Nordens, allen voran Detroit, entvölkern sich. Wer durch die Heimat von Chrysler, Ford und General Motors reist, sieht stillgelegte Fabriken und heruntergekommene Lagerhäuser. Hunderttausende gut bezahlter

Auto-Jobs gingen in den letzten Jahren verloren. Prächtige Art-Deco-Hochhäuser zeugen zwar noch vom Glanz der alten Zeit, und die Stadt hat eine erstklassige musikalische Vergangenheit: Die Studios von Motown Records brachten die Supremes, Temptations, Marvin Gaye, Stevie Wonder und die Jackson Five hervor. Vorerst letzter Weltstar aus Detroit ist Eminem, und das nihilistische Weltbild des Rappers scheint ein Abbild der Trostlosigkeit seiner Heimatstadt zu sein. Früher war sie eines der Kraftzentren der amerikanischen Wirtschaft, heute sind Arbeitslosigkeit und Kriminalitätsrate so hoch, dass »Forbes« sie zur »elendsten Stadt Amerikas« erklärte.

Die Zukunft spielt längst anderswo – vor allem in den neuen Boomstädten des Südens, in Phoenix / Arizona oder in Charlotte / North Carolina. Vor noch nicht allzu langer Zeit eine kaum bekannte Kleinstadt, wuchs Charlotte in wenigen Jahren samt Vororten auf 1,5 Millionen Einwohner; pro Jahr ziehen über 60 000 Menschen hinzu. Etliche Firmen aus Deutschland haben hier ihre US-Niederlassung aufgemacht, die Lufthansa bietet Direktflüge an, und die zweitgrößte US-Bank, Bank of America, hat ihren Hauptsitz nicht etwa an der Wall Street, sondern in Charlotte. Andere Großkonzerne folgten. In den Vororten säumen Villen mit eindrucksvollen Säulenportalen den Straßenrand, stilistisches Vorbild: das Weiße Haus. Abends und am Wochenende trifft sich die neue Geldelite der Provinz dann im repräsentativen Country Club samt imposantem Zierteich und Golfplatz – alles exakt wie in den angestammten Wohn- und Spielplätzen der Upper Class an der Ostküste. Nur zu einem Bruchteil der Kosten: Die als »McMansions« verspotteten Prachtbauten von Charlotte sind mitunter schon für 800 000 oder 900 000 Dollar zu haben – in Manhattan gibt es dafür gerade mal ein kleines Einzimmerstudio in mittelguter Lage. Beim Geld sind die Amerikaner radikal unsentimental: Wenn es einen Vorteil bringt, wird umgezogen, sei es mit der Familie oder mit einem ganzen Unternehmen.

Klassiker in den Geteilten Staaten von Amerika ist der Gegensatz von East Coast und West Coast. Die USA wurden von Osten aus erobert. Wenn es so etwas Ähnliches wie eine Aristokratie gibt, dann stammt sie aus Massachusetts, Connecticut, New Hampshire. In Boston landeten die Pilgerväter, das Urgestein der Neuen Welt, und hier wurde die Unabhängigkeit von England losgetreten. Hier sitzen die traditionsreichen Universitäten, die sogenannte Ivy League, und bei Chicago, Detroit und Pittsburgh wurde die industrielle Weltmacht USA geboren. Der Aufstieg der Westküste begann viel später. Erst mussten die Weiten des Landes durchmessen und mit Eisenbahnen durchquerbar gemacht werden. Wenn man aus den Bergen von Nevada nach Kalifornien fährt, die kargen Schluchten und schneebedeckten Berge abgelöst werden von einem rasant immer grüner werdenden und nur noch sanft hügeligen Land, dann stellt sich auch heute noch das Gefühl ein, dass man Amerika zum zweiten Mal entdeckt. Es war der Goldrausch, der die Menschen massenhaft in den Westen lockte, in dieses reiche, fruchtbare Land, das ein Paradies sein könnte, wenn nicht Erdbeben und Wassermangel allgegenwärtig wären. Später begründeten jüdische Einwanderer in Hollywood die Weltherrschaft des amerikanischen Kinos. Und technikversessene Exhippies wurden die Pioniere der digitalen Kommunikation.

Selbst der milliardenschwere Crash der New Economy am Anfang dieses Jahrzehnts hat die Entwickler und Träumer des Silicon Valley nicht am Weiterträumen und Firmengründen gehindert. Denn nach dem Crash, wissen die Amerikaner, ist vor dem Boom. Auf den ersten Blick wirkt Palo Alto wie die langweiligste Universitätsstadt der Welt. Der Ort, südlich von San Francisco gelegen, hat kein echtes Zentrum, Siedlungen zerfasern in die Nachbarorte, ohne Auto kommt man nicht weit. Trotzdem verkörpert er den fast grenzenlosen Optimismus Amerikas: Gleich neben dem Campus von Stanford haben sich die großen Risikokapitalfirmen niedergelassen, sie stellen jungen Studenten Millionensummen bereit für die nächste vielversprechende Geschäftsidee. Und nicht weit entfernt entsteht vielleicht gerade der nächste Milliardenkonzern. Beispiel Youtube: Die Internet-Seite für Videoclips war erst 2005 in einem kleinen Büro über einem Pizza-Restaurant gestartet worden, nur eineinhalb Jahre später wurde sie für 1,65 Milliarden Dollar an Google verkauft. Die Vielfalt dieses Landes macht seinen Reichtum aus und ist gleichzeitig der Grund für gesellschaftliche Konflikte. Ein paar Tage vor den Vorwahlen in Pennsylvania sprach Barack Obama vor einer Gruppe von reichen Spendern in San Francisco. Er könne verstehen, dass Menschen, die keinen Job haben und keine Chance mehr sehen, sich an ihren Waffen oder ihrem Glauben festhalten und an ihrer Abneigung gegenüber allen, die anders sind. »Habt ihr mehr Angst vor einem Raubtier oder vor Hillary Clinton?«, fragte in jenen Wochen der Anheizer der Steve Colbert Show das Saalpublikum. Und tatsächlich verbiss sich Clinton in jenen Ausrutscher, den manche als unglücklich, viele aber als verräterisch interpretierten: Obama sei abgehoben, arrogant und habe keine Ahnung von den Bedürfnissen der einfachen Menschen, lautete ihre neue Argumentationslinie, die sie unermüdlich verbreitete. Die Information, dass das Ehepaar Clinton in acht Jahren 108 Millionen Dollar verdient hatte, zum Teil von Firmen, die sich damit politische Einflussnahme erhofften, war schnell verdrängt; Obama war plötzlich nicht mehr der charismatische Versöhner, sondern ein elitärer Aufsteiger, der die »echten Amerikaner« nicht verstand.

Es ist kein Wunder, dass sich diese Schlachtordnung ausgerechnet in Pennsylvania ergab. Es ist einer der sogenannten »Swing States«, wo es keine verlässliche Mehrheit für Demokraten oder Republikaner gibt. Philadelphia im Südosten ist zwar eine der größten Metropolen der USA, doch Pennsylvania ist weitgehend dünn besiedelt, tiefreligiös und ökonomisch ausgeblutet. An manchen Orten leben die sogenannten Amish People, Nachfahren südwestdeutscher oder niederländischer

Einwanderer, immer noch im Stil des 19. Jahrhunderts. Glühbirnen, Autos, Fernseher, Telefone sind bei ihnen aus religiösen Gründen verpönt. Die Kinder werden mit der Pferdekutsche zur Schule gebracht, und alles wird von Hand gepflanzt und geerntet. Doch auch aufgeklärtere Bewohner des *heartland* betrachten die Finessen der urbanen Eliten an den Küsten mit Misstrauen. Wenn ein Stahlwerk nach dem anderen schließt und die Benzinpreise steigen, erscheinen ihnen Debatten über die Homoehe und Umweltschutz dekadent und ärgerlich.

Zehn Begriffe, die die Geteilten Staaten von Amerika beschreiben:

1. Rednecks:
   Südstaatler, die traditionell durch Feldarbeit einen sonnenverbrannten Nacken haben (das ist zumindest eine der Theorien über die Herkunft des Begriffs). In den Augen der Küstenbewohner sind Rednecks rassistische, ungebildete, biertrinkende Rüpel, die mit verbeulten Pick-up-Trucks zur Jagd fahren und Eindringlinge auf ihrem Grundstück im Zweifelsfall auch erschießen würden.

2. Yankees:
   Von Rednecks und Südstaatenbewohnern verachtete Amerikaner aus dem Nordosten der USA. Werden oft als »east cost liberals« geschmäht. Ein Buchtitel hat ihre Existenz als »latte-drinking, sushi-eating, Volvo-driving, New-York-Times-Reading, body-piercing, Hollywood-loving, left-wing Freakshow« zusammengefasst.

3. Trailer Trash:
   Unterschicht, meist weiß. Im wörtlichen Sinne Bewohner billiger Wohnwagen in sogenannten *trailer parks*. Gelten als ungepflegte, ungebildete Alkoholiker, die Frauen und Kinder schlagen. Wenn sie in Villen wohnen, spricht man von *white trash*: Auch Britney Spears und ihr Exmann Kevin Federline werden gelegentlich zu dieser Kategorie gezählt.

4. WASP:
   Mitglieder der weißen Ostküsten-Oberschicht (wörtlich: white anglo-saxon protestant), die jahrhundertelang den amerikanischen Präsidenten hervorbrachte. Steht für altes Geld, obwohl auch die Hedgefondsmilliardäre in Greenwich / Connecticut WASPs sein können – wenn es nicht gerade Juden sind. Geistiges Zentrum: die Insel Martha's Vinyard.

5. Soccer Mom:
   Mittelklassen-Mutter, die ihre Kinder mit ihrem übergroßen Familien-Van zum Fußball fährt und alle schlimmen Einflüsse (Internet, Popmusik) von ihnen fernzuhalten sucht. In US-Wahlkämpfen werden *soccer moms* besonders umworben, ihre Gunst gilt als bedeutend für den Wahlausgang. Im Fernsehen widmen sich gleich mehrere Serien (»Desperate Housewifes«, »The Real Housewifes of Orange County«, »The Real Housewifes of New York«) dieser Spezies.

6. Bible Belt:
   Die stark religiös verwurzelten Südstaaten. Für die einen sind deren Bewohner anständige Amerikaner, die die *family values* (Familie, Religion, Nation) hochhalten, für andere sind es radikale Fundamentalisten, die die Evolutionstheorie leugnen, die Bibel wortwörtlich nehmen – und dann irgendwann als Kinderschänder und Ehebrecher erwischt werden. Neutraler ausgedrückt werden diese Staaten auch als *sun belt* bezeichnet. In der Sonne von Florida, Texas und Südkalifornien schmoren Amerikas Rentner.

7. Trust Fund Kid:
   Nachkomme einer reichen Familie, dessen Eltern ihn / sie mit dem Nötigsten versorgt haben. *Trust fund kids* bilden den dreisten Kontrast zum um sich greifenden Elend in den USA. Sie leben in dem Bewusstsein, dass ihre Existenz auch ohne übermäßige Anstrengung klappt. Ivanka Trump, die im Immobilien- und Entertainmentimperium

ihres Vater Donald arbeitet: »Wenn ich mich an meinen Eltern messen würde, hätte ich einen harten, langen Weg vor mir.«

8. Socialite:
Bezeichnete früher eine Dame der besseren Gesellschaft, die kein geregeltes Einkommen hatte, aber durch glamouröse Auftritte und Wohltätigkeit auffiel. Klassisches Beispiel: Brooke Astor. Heute ist eine *socialite* eine meist junge Frau mit großer Handtaschensammlung und starker Affinität zu Klatschspalten und aufsehenerregenden Liebhabern.

9. Dude:
Der radikal heterosexuelle Mann, der in der amerikanischen Kultur der letzten Jahre eine Renaissance erlebt hat. Er interessiert sich vor allem für den Sportsender ESPN und seine *buddies* (andere *dudes*), betrachtet Frauen als lästig, aber notwendig. Wenn er aktiver Sportler ist, nennt man ihn auch *jock*.

10. From the suburbs:
Verächtlicher Begriff für die Bewohner des *urban sprawl*, der sich flächendeckend ausweitenden Vorstädte. Hier leben die *soccer moms*, gesellschaftliche Höhepunkte sind der Besuch im *country club*, das *barbecue* im eigenen Garten, der Besuch in der *mall*. In New York werden sie auch die *bridge and tunnel people* genannt, weil die Menschen aus New Jersey ja irgendwie den Hudson River überqueren müssen.

Als überzeugter Großstädter ziehe ich es vor, New York nur im Notfall zu verlassen. Was sich bei jedem Ausflug in die Provinz als Fehler erweist, denn »der Rest« von Amerika ist ungleich exotischer. Mein Freund Frank dagegen hat sich hier zum mustergültigen, hektischen Stadtneurotiker entwickelt, den es trotzdem permanent nach draußen zieht. Für seine Expeditionen ins *heartland* bewaffnet er sich mit Kartenmaterial und Reiseführern, als gelte es, einen neuen Kontinent zu durchqueren, auch wenn er nur einen Maisfarmer in Iowa interviewen muss.

»Zum Abendessen stellte der Bauer große Plastikmessbecher für Unkrautvernichtungsmittel auf den Tisch«, erzählte Frank, »dann hat er eine Dose Cola und noch mal die gleiche Menge Whiskey reingegossen.« Frank will nur höflich daran genippt haben, »aber der Bauer hat in einer Dreiviertelstunde drei Becher davon getrunken«, sagte er.

Seine Notizen für einen »Spiegel«-Artikel klangen dagegen deutlich nüchterner: »Bis zum Horizont erstreckten sich die grün-gold eingefärbten Felder. Die Ernte stand bevor. Tim Recker, 43, ist Präsident der Iowa Corn Growers Association. Seit 1982 bewirtschaftet er die Familienfarm, ein kleines Gehöft, das nur über kilometerlange Schotterwege zu erreichen ist. Gerade zum Überleben reichte es anfangs aus, 19 000 Dollar pro Jahr hat er da verdient. Was zählte, hat er sich als Holztafel ins Wohnzimmer gehängt, ›Glaube, Freunde, Familie‹ steht darauf. Luxus bedeutete für Recker noch vor wenigen Jahren einen schnellen Internet-Anschluss auf dem Hof. Die zusätzlichen sechzig Dollar monatlich zu verdienen, ›das war harte Arbeit‹, sagt er. Seit Kurzem jedoch ist es mit den Bauernsorgen vorbei, jedenfalls vorerst. Nach jahrelanger Stagnation sprangen die Maispreise auf einmal fast ungebremst in die Höhe – wegen der hohen Nachfrage nach Ethanol für Biosprit. ›So etwas habe ich in meinem ganzen Leben noch nie gesehen‹, sagt Recker mit einem breiten Lächeln auf dem Gesicht. Er und seine Nachbarn erleben ein echtes Wirtschaftswunder. Ringsum erheben sich allerorts nagelneue Getreidesilos aus den Feldern, die silbern-futuristisch funkelnden Lagertürme sehen wie Raketen aus und zeugen vom unbedingten Zukunftsglauben von Iowa, das sich im Mittleren Westen vom Mississippi bis zum Missouri hin erstreckt.

Die meisten Farmer hier führen eine Art bodenständige Hightech-Existenz wie Recker: Wenn er mit einem neuen

John-Deer-Traktor seine 600 Hektar aberntet, laufen auf dem Bildschirm ständig neue Daten ein, Ertrag, Feuchtigkeitsgrad des Getreides – alles wird per Satellit im Drei-Sekunden-Takt ins Fahrerhaus gefunkt. So sieht die New Economy von Bauern im 21. Jahrhundert aus.

Mittagszeit bei Reckers auf dem Hof, es gibt dicke Steaks und Dosenbohnen, zwischendurch summt das Handy des Landwirts. Es ist eine Textnachricht mit den aktuellen Getreidepreisen. Dreimal täglich bekommt Recker so eine SMS, in letzter Zeit oftmals mit einem schönen Plus vor den Zahlen. ›Wir sind das neue Texas‹, schwärmen manche seiner Kollegen schon, als wären ihre Maiskörner für Biosprit ein vollwertiger Ersatz für die Ölfördertürme zwischen Dallas und Houston.«

Da hat das alte Texas vielleicht auch noch ein Wort mitzureden. Ihr Reichtum und ihr zünftiges Temperament lassen die Bewohner dieses Staates, dessen Flagge von unverschämtem Südstaatenstolz zeugt, als die vielleicht amerikanischsten Amerikaner erscheinen: bodenständig und stolz drauf, provinziell, aber machtbewusst. Insofern war es klug von George W. Bush, der in Connecticut geboren wurde und in Yale studierte, dass er sich eine Farm in Texas zulegte. Als er 1978 fürs Repräsentantenhaus kandidierte, konnte ihn sein Gegner noch als *out of touch* mit der texanischen Bevölkerung anschwärzen. Doch er hat die Transformation zum Stiefel tragenden Grundbesitzer überzeugend gelebt. Es war relativ leicht, Bush als schlecht informierten, sprachlich ungelenken und skrupellosen Politiker hinzustellen. Aber was seinen Kritikern nie gelang: nachzuweisen, dass er nicht das ist, was er darstellt: ein echter Amerikaner, der Hot Dogs isst, brav in die Kirche geht und sein Land für das Beste hält, was Gott auf dieser Erde bereithält.

---

* Das vage auf Shakespeares »Henry IV« basierende Roadmovie des Regisseurs Gus Van Sant handelt von einem rebellischen Sohn und einem schwulen Narkoleptiker. Und wie immer, wenn Amerikaner über Landstraßen irren, von der Suche nach sich selbst.

Everything Is Illuminated*

**Wie meine Seele fast von einer Taxifahrerin
gerettet wurde.
Oder: Warum Gott ein Amerikaner ist.**

Das Marriott Marquis in Atlanta wurde von John Portman
gebaut, einem Architekten, Baulöwen und Megalomanen,
den der Schriftsteller Tom Wolfe für die Figur des Charlie
Croker in seinem Roman »Ein ganzer Kerl« als Vorbild nahm.
Portman hat auf der ganzen Welt Shoppingmalls und Kon-
gresszentren errichtet – und ein paar Hotels entworfen, die so
größenwahnsinnig wie amüsant sind: skulpturale Nutzbau-
ten, deren riesige Innenhöfe an das Weltraumparlament in
»Star Wars« erinnern. Hier in Atlanta verjüngt sich über fünfzig Stockwerke die Lobby, um die sich Restaurants, Läden
und insgesamt 1663 Zimmer und Suiten gruppieren. Heute
würde bei so viel nutzlos umbautem Raum und damit ver-
schwendetem Geld den Investoren noch in der Planungsphase
vor Entsetzen die Power Point Präsentation abstürzen.

»Wo haben Sie das tolle Hemd her?«, fragt eine Frau mit
kräftig nachgeröteten Haaren und leicht geröteten Wangen,
als ich mit meinem Abendessen aus der Starbucks-Filiale im
Aufzug nach oben gleite. Sobald ich den Mund öffne, ruft sie:
»Ah, Deutschland. Ich liebe diesen Akzent!«, und schaut ihren
Mann triumphierend an. Die grundsätzliche Freundlichkeit

der Südstaatler kommt mir in diesem Moment wie eine Bedrohung vor. Ein Wort zu viel, denke ich, und wir sitzen noch stundenlang an der Hotelbar. Da ich aber gerade eine Buchpremiere mit Banjomusik und Rhett-Butler-Imitator im Margaret Mitchell House überstanden habe, quetsche ich mich aus dem Fahrstuhl und husche in mein Zimmer. Schließlich habe ich morgen früh eine Verabredung mit Gott. Oder zumindest mit einem, der ihm sehr nah zu sein behauptet.

»Rauchen ist hier nicht erlaubt«, erklärt mir ein ungefähr achtjähriges Mädchen und beobachtet dann aufmerksam, wie ich meine Zigarette ausdrücke. Ich befinde mich sicher noch 27 Autoreihen vom World Dome entfernt, aber der Arm von Creflo Dollar, dem Gründer der World Change Church International, ist offenbar lang. Ich kann mich gerade noch beherrschen, die Kippe in meiner Hosentasche verschwinden zu lassen, damit die Überreste meiner Sucht nicht den heiligen Boden entweihen.

Es bleibt der einzig strenge Satz, den ich an diesem Morgen hören werde. Je näher ich dem World Dome komme, desto stärker wird der Geruch von Nächstenliebe. Weil ich auch in Amerika nicht regelmäßig in die Kirche gehe und über den Dresscode in einer sogenannten »megachurch« nicht informiert war, fühle ich mich ein wenig übertrieben herausgeputzt: dunkler Anzug, spitze, ochsenblutfarbene Schuhe und meine Kuhfellreisetasche, die mir ein Freund aus Buenos Aires mitgebracht hat. Die Sorge wäre nicht nötig gewesen: Ich bin anders, aber sicher nicht besser gekleidet als die meisten Gläubigen. Um mich herum strömen am Buchladen vorbei in den Versammlungsraum: Mütter in Kostümen, Väter in dunklen Anzügen, Mädchen in niedlichen Kleidern, Jungs mit kurz geschorenen Köpfen, alte Damen mit dicken Brillen, Halbstarke in tief sitzenden Hosen, junge Frauen mit kurzen Pelzen. Hier ist der Kirchgang ganz offensichtlich, was er traditionell war: ein gesellschaftliches Ereignis für die ganze Familie.

Das Bekenntnis »In God We Trust« steht in den USA auf jeder Dollarnote. Und dies ist kein Relikt aus frommeren Zeiten. Die Vereinigten Staaten sind noch immer ein tief religiöses Land. Knapp achtzig Prozent ihrer Bewohner sind Christen, allerdings aufgeteilt in eine Vielzahl an Kirchen, Unterkirchen und Sekten. Es gibt Gerichtssäle, in deren Boden eine Steinplatte mit den Zehn Geboten eingelassen ist, und Geschworene ziehen für ihr Urteil schon mal das Alte Testament zurate. Die Glaubensfreiheit ist in der Verfassung verankert und heilig. Amerikanische Ureinwohner dürfen für ihre traditionellen Zeremonien das sonst illegale Peyote benutzen, und auch die Scientology-Sekte kann unbehelligt ihre Propaganda verbreiten und Prominente rekrutieren.

Zehn in den USA wichtige christliche Kirchen:
1. Katholiken
2. Protestanten
3. Anglikaner
4. Baptisten
5. Presbyterianer
6. Mormonen
7. Evangelisten
8. Quäker
9. Calvinisten
10. Pfingstbewegung

Die absolute Anzahl der Gläubigen in den USA ist in den letzten Jahren sogar gestiegen (auch wenn der prozentuale Anteil abgenommen hat). Und es ist eine Gesellschaft, deren Regeln stark beeinflusst sind von der christlichen Lehre. Jedenfalls stärker, als dies in jedem europäischen Land der Fall ist, mit Ausnahme von vielleicht Polen. Vor allem George W. Bush verkörpert die Rückwendung zur Religion oder auch deren demonstrative Überbetonung, um Fundamentalchristen an seine Partei zu binden. Seine Alkoholsucht habe er mithilfe der Kirche überwunden, erklärte er. Und bei den Lagebesprechungen mit seinem Führungsstab musste als Erstes geklärt werden, wer das Tischgebet zu sprechen habe.

Natürlich wird der Glaube so pragmatisch ausgelegt, wie es politisch opportun und gesellschaftlich akzeptiert ist. Was ihre Sexualmoral betrifft, sind die Amerikaner fromme Puritaner, was die Armen und Schwachen betrifft, so sind sie zumindest von der europäischen Form staatlich organisierter Nächstenliebe weit entfernt. In den USA ist jeder für sein Glück selbst verantwortlich und muss mit seinem Unglück alleine klarkommen. Die Regierung hält sich jedenfalls so weit es geht raus. Deswegen ist die karitative und soziale Arbeit der Kirchen unverzichtbar, deswegen fühlen sich aber auch Einzelne stärker verpflichtet. »To give back« ist die sehr geläufige Formel für die oft christlich motivierte Selbstverpflichtung, den eigenen Wohlstand zu teilen. Nur zum Teil, versteht sich.

Was mich vor dem World Dome wirklich von den anderen unterscheidet, sind nicht meine Schuhe von Yves Saint Laurent, sondern die Tatsache, dass ich der einzige Weiße bin. Nirgends ist die Rassentrennung in den USA so deutlich wie in der Kirche. Die Weißen beten, die Schwarzen beten, aber sie bleiben jeweils unter sich. Ich werde also mit großer Neugier gemustert. Die Hälfte der Menschen, die mir auf den Fußwegen um die Kirche herum entgegenkommen, fragen mich, wo ich meine Kuhfelltasche gekauft habe. Die anderen fünfzig Prozent wünschen mir einfach nur einen »blessed day«. Die Show hat noch nicht einmal begonnen und beginnt doch schon zu wirken.

Die Lehren von Reverend Creflo Augustus Dollar jr. klingen für ungeübte Ohren unorthodox. Jeder wahre Gläubige habe die Fähigkeit, Tote wiederzuerwecken, hat er mal erklärt. Und, noch viel wichtiger: Armut sei eine Plage, Reichtum von Gott gewollt. Mit seiner digital gelehrten »Schule des Wohlstands« unterweist er seine Jünger unter anderem in folgenden Angelegenheiten: »Warum Gott will, dass du reich bist. – Der Weg zum Schuldenabbau. – So erreicht man finanzielle Unabhängigkeit«. Ökonomischen Nachhilfeunterricht verbindet nicht jeder automatisch mit der christlichen Lehre. In den späten 60ern sang Janis Joplin »Oh Lord, why don't you buy me a Mercedes Benz«, vermutlich um den wahnhaften Materialismus ihrer Zeitgenossen zu karikieren. Bei Creflo Dollar klingt das so ähnlich, ist aber ernst gemeint und wörtlich zu verstehen. Ihm stehen zwei Rolls Royce, drei Privatflugzeuge und ein Luxusapartment in Manhattan zur Verfügung, neben der Villa bei Atlanta, in der er mit seiner Frau Taffi und seinen fünf Kindern lebt.

Sein World Dome, den er für achtzehn Millionen privatfinanzierte Dollar baute und in dem 8000 Gläubige Platz haben, ist dabei eine eher bescheidene *megachurch*. Die Lakewood Church in Houston hat dagegen 16 000 Sitze, das Conference Center of the Church of Jesus Christ of Latter-Day Saints in Salt Lake City sogar 21 000. Die Mormonen halten damit den Amerikarekord. Es sei denn, man rechnet den Ort Santa Maria auch als eine Art erweitertes Gotteshaus. Der streng katholische Unternehmer Tom Monaghan, der mit der Kette Domino's Pizza zum Milliardär wurde, hat in Florida eine *gated community* mit dem klingenden Namen Santa Maria gebaut. *Gated communities* sind eingezäunte Siedlungen, in denen überall in den USA immer mehr Menschen leben, sicher, aber isoliert: In Santa Maria soll es außerdem noch sehr bibelfest zugehen. Anfangs wollte Monaghan den Verkauf von Kondomen verbieten, ebenso Pornokanäle im Kabelfernsehen. Als sich die Wohnungen nur schleppend verkauften, wurden die Sitten gelockert. Der neue Slogan, mit dem neue Wohnungseigentümer für Santa Maria geködert werden, klingt jetzt fast empörend libertinär: »Every family. Every lifestyle. Every dream«. Da kann man ja gleich neben dem netten Lesbenpärchen in Miami wohnen bleiben.

Der amerikanische Pragmatismus gilt auch in Glaubensfragen, und die Vielzahl an christlichen Splittergruppen hat dazu geführt, dass jeder die Kirche findet, die zu ihm passt. Im New Yorker Viertel Chelsea marschiert die Schwulen- und Lesbengruppe der St. Francis Xavier Church jedes Jahr beim Christopher Street Day auf der Parade. Dabei sind die Jesuiten, die dieses Gotteshaus führen, in ihrer fast 500-jährigen Geschichte nicht gerade durch eine lasche Auslegung der christlichen Lehre aufgefallen.

Wenn die Geschäfte zu gut laufen, passieren schon mal kleine Unregelmäßigkeiten. Wegen ihrer charismatischen Prediger und ihrer Präsenz in Fernsehen und Internet sind viele der populären Kirchen in den letzten Jahren rasant gewachsen. Das Finanzkomitee des US-Senats forderte Ende 2007 sechs Führer von *megachurches* auf, ihre finanziellen Gebaren offenzulegen. Neben Creflo Dollar waren das Benny Hinn, Kenneth Copeland, Randy und Paula White, Joyce Meyer und Eddie L. Long von der Missionary New Birth Baptist Church. Man warf ihnen vor, Spendengelder für private Zwecke veruntreut zu haben. Der glamouröse Lifestyle, den manche dieser religiösen Führer vorleben, mag zu diesem Verdacht beigetragen haben, den sie im Brustton verfolgter Unschuld von sich wiesen.

An der Popularität und dem Einfluss der *megachurches* und *televangelists*, wie man die Fernsehprediger nennt, scheint das vorerst nichts zu ändern. Die Amerikaner haben schließlich ein eher entspanntes Verhältnis zum Reichtum anderer. Und Steuerhinterziehung scheint wie eine minderschwere Sünde nach der Flut von Kindesmissbrauchsskandalen, die die katholische Kirche hier in den letzten Jahren erschütterte.

Ganz zu schweigen von Schwangerschaftsabbrüchen. Vier Tage nachdem er 1992 Präsident der Vereinigten Staaten geworden war, machte Bill Clinton die rigide Abtreibungspolitik seiner Vorgänger Reagan und Bush senior wieder rückgängig. Die Republikaner hatten unter anderem verboten, dass an staatlichen Krankenhäusern Schwangerschaftsberatung und -abbrüche praktiziert werden durften. Seine Berater hatten Clinton davon abgeraten, so früh ein so umstrittenes Thema so energisch anzufassen, aber er und vor allem Hillary hatten darauf bestanden, eben weil die Liberalisierung einen radikalen Politikwechsel bedeutete.

Es ist tatsächlich erstaunlich, mit welcher Inbrunst in den USA um dieses Thema gestritten wird. Oder eben nicht. Denn für fromme amerikanische Christen ist der Schutz des Lebens besonders heilig. Und für konservative Politiker war das Schüren dieses religiösen Feuers ein unschätzbares machtpolitisches Werkzeug. »God Gap« nennt man die spürbare Distanz progressiver Politiker zu dem praktizierten Glauben vieler Amerikaner. Bei dem Katholiken John Kerry soll sie besonders auffällig gewesen sein. Dabei ist es vermutlich oft nur die Unfähigkeit, sich mit Inbrunst öffentlich dazu zu bekennen. Echte Profis haben damit weniger Probleme. Dabei ist schwer zu sagen, was Show ist und was echter Glaube. Hillary Clinton ist entgegen ihrem Image als gottlose Liberale eine im Kern fromme Person. Die Lockerung der Abtreibungsgesetze war ihr politisch wichtig, persönlich ist sie in dieser Frage sehr viel strikter, wenn man ihrem Biografen Carl Bernstein glauben darf. Im Kampf um die Präsidentschaftskandidatur im Frühjahr 2008 jedenfalls konnte sie, die von den »Pro Life«-Aktivisten wie eine Antichristin bekämpft wurde, einnehmend über ihren Glauben plaudern, während sich konservative Moderatoren einen Spaß daraus machten, den Namen ihres Rivalen vollständig auszusprechen: Barack Hussein Obama. Wussten Sie übrigens, dass sein leiblicher Vater Moslem war?

Tatsächlich nimmt die Frömmlerei in diesem Land zuweilen ungemütliche Züge an. Der Kreationismus, ein Versuch, die biblische Schöpfungsgeschichte wörtlich zu nehmen, wird in einigen Schulen als gleichwertige Theorie neben der Evolutionslehre unterrichtet. Ehemalige Homosexuelle berichten, wie sie von Gott aus einem Leben in Sünde gerettet wurden. Wenn ein Künstler sich mit den Symbolen des Christentums beschäftigt, erfährt er einen Entrüstungssturm im Internet, der Seelenrettung und Höllenfahrt zugleich herbeifleht. Aber in den USA werden ja auch die wirren Lehren und bedrückenden Praktiken der Scientologen hingenommen. Ende 2007 kursierte im Internet ein Kurzfilm mit Tom Cruise, in dem er eine Mobilisierungsrede an andere Sektenmitglieder hielt. Es war eine gespenstische Performance: Der Mann lachte, drängelte und drohte mit einer hysterischen Energie, die seine gesamten Filmauftritte wie Musterbeispiele an schauspielerischer Zurückhaltung aussehen ließ. Man wusste nicht, ob man sich um ihn Sorgen machen oder nur seine Unfähigkeit bedauern sollte, sein angeblich so persönliches Anliegen halbwegs plausibel zu vermitteln. »Mir ist es egal, ob jemand Frösche oder Schildkröten anbetet. Hauptsache, er ist ein guter Mensch«, sprang Madonna ihrem Freund Tom Cruise zur Seite. Da wusste man wiederum nicht, ob dies ein Beispiel für Toleranz in Glaubensfragen war. Oder eine stark vergiftete Solidaritätserklärung.

Die wichtige Rolle der Religion im amerikanischen Alltag erkennt man auch an weniger kontroversen Details, vor allem am hohen Respekt vor dem Judentum. Krankenhäuser sind mit einem Sabbatfahrstuhl ausgestattet, der automatisch in jedem Stockwerk hält, weil orthodoxe Juden an ihrem wöchentlichen Feiertag keine elektronischen Geräte bedienen dürfen. Thunfisch im Glas trägt ein Unbedenklichkeitssiegel, dass bei der Produktion keine Milchprodukte verwendet wurden. Und statt sich »Merry Christmas« zu wünschen, sind die Amerikaner dazu übergegangen, »Happy Holidays« zu sagen. Man weiß ja schließlich nie, ob das Gegenüber nicht vielleicht lieber Chanukka feiert.

Neben den konfessionell gebundenen Religionen gibt es in den USA einen kaum überschaubaren Markt an selbst gestrickten oder nur halb verstandenen Erlösungslehren. Das Bekenntnis, Buddhist zu sein, wird meist interpretiert als der Wunsch nach Spiritualität bei gleichzeitiger Weigerung, sich an irgendwelche Regeln zu halten. Die in Hollywood praktizierte Version der jüdischen Kabbalah-Lehre muss mit Drehterminen, Workout-Programm und Adoptionsmarathons vereinbar bleiben. »Manche Menschen glauben, dass man auf einen Berg in Nepal steigen und einen Mann mit weißem Bart und wehendem Kaftan nach dem Geheimnis des Lebens fragen muss, wenn man spirituelles Erwachen sucht«, schreibt die Herausgeberin von »O. The Oprah Winfrey Magazine« in ihrem Editorial. Die Moderatorin flattert innerhalb weniger Sätze von dem »Ort, an dem sich Geist und Seele treffen« zu einer neuen Rosensorte, die sie für die Gewinnerinnen eines von ihr gestifteten Preises züchten hat lassen. Als den wichtigsten Autor, den sie in ihrem Buchclub je vorgestellt hat, bezeichnet sie in der gleichen Ausgabe ihrer Zeitschrift den Deutschen Selfmade-Esoteriker Eckhart Tolle. Er wurde ihr von der Schauspielerin Meg Ryan ans Herz gelegt und verdankt Oprah einen dramatischen Anstieg seiner Verkaufszahlen. »Viele Menschen duschen am Morgen, aber sie sind nicht in der Dusche, sondern denken ans Büro oder was sie tagsüber tun werden, und machen Listen, anstatt das Wasser zu spüren und im Moment zu leben«, leitete die Moderatorin eine ihrer Fragen an Tolle ziemlich praxisnah ein und schwärmt dann davon, dass sie mithilfe ihrer Ausgabe von Tolles Buch »The Power of Now« an einem Tag vier Sendungen aufzeichnen kann, ohne aus der Ruhe zu kommen.

Bei aller Frömmlerei gehen Amerikaner an ihren Glauben heran wie an jeden anderen Aspekt ihres Lebens. Sie prüfen sehr genau, was er ihnen bringt. Letztlich ist es zweitrangig, ob es sich um einen katholischen Priester, einen Fernsehprediger oder einen Mystiker handelt, der aus Versatzstücken der Religionsgeschichte einen neuen Aufguss bereitet. In den USA lautet das wichtigste Glaubensbekenntnis: Hauptsache, es hilft.

Was wem wobei hilft, das kann sich im Laufe der Jahre ändern. Die amerikanische Bestsellerautorin Anne Rice schrieb jahrelang über Vampire mit Sexappeal, was in den

Augen der katholischen Kirche an Blasphemie grenzt (sie protestierte selbst gegen Harry Potter). Vor einigen Jahren aber fand Rice zurück zum Katholizismus ihrer Jugend und verschrieb sich fortan der Romanfassung des Lebens von Jesus Christus, natürlich in mehreren Bänden. Mit der gleichen Emphase, mit der sie sich vorher den dunklen Mächten widmete, will sie nun den alten Konflikt zwischen Juden und Christen lösen. Zur Inspiration ließ sie sich eine Jesus-Statue aus Spanien einfliegen. Hier habe der Erlöser mal keine blauen Augen und blonden Haare, sondern trage »jüdische Züge«. Damit ist der Konflikt vermutlich schon halb gelöst. Denn dass es auf den Einzelnen und jeden kleinen Schritt ankommt, ist das zweite Gebot der Amerikaner.

Auch wenn der Glaube in den USA ein hochpolitisiertes und hochsensibles Thema ist, muss man eines zugeben: Er verkündet eine wirklich frohe Botschaft. Natürlich sind die Fernsehprediger manipulativ, aber sie bieten eine großartige, tränenselige und Glückverheißende Show. Bei Creflo Dollar tritt zunächst eine Band auf, die schmissigen Soul spielt. Die alte Dame neben mir reicht mir die Hand und begrüßt mich in der Gemeinde, währenddessen werden kleine Plastiktöpfchen verteilt. Sie sehen aus wie eine Portion Kaffeesahne, enthalten aber roten Traubensaft. In den Deckel ist eine kleine Oblate eingelassen, sodass jeder das Abendmahl von seinem gemütlichen Sitz aus einnehmen kann. Es können schließlich nicht 8000 Leute am Altar Schlange stehen. Die Musik ist laut, das Publikum wird zum Tanzen und Mitsingen animiert. Es erlebt hier nicht die existenzielle Wucht einer Gospelkirche, sondern einen bunten Vormittag mit Familienanschluss. Überall werden Hände geschüttelt, Küsse verteilt und Kleider bewundert. Nach einer kurzen Predigt steuert die Show auf ihren eigentlichen Höhepunkt zu: Jubelnd wedeln die Gläubigen mit ihren zuvor ausgestellten Spendenzetteln. Da kann der verschämt herumgehende Klingelbeutel in einer deutschen Pfarrkirche einfach nicht mithalten.

Meine Taxifahrerin fragt mich auf dem Weg zum William B. Hartsfield International Airport, wann meine Seele gerettet worden sei. »Ich bin mir gar nicht sicher, ob die noch zu retten ist«, stammele ich, doch sie lässt sich nicht beirren. Sie habe früher selbst in New York gewohnt, aber dort wäre sie nie von ihren Sünden losgekommen. Der Weg zum Herrn sei ganz leicht. Ich müsse nur den ersten Schritt gehen. Mittlerweile sind wir am Flughafen angekommen, und ich würde gerne aussteigen. »Sag einfach ganz oft hintereinander Halleluja. Bis du nicht mehr nachdenkst und deine Zunge sich ganz von alleine bewegt«, ermuntert sie mich und sieht mich dabei freundlich und prüfend an. Da ich noch nicht bezahlt habe, kann ich nicht einfach aussteigen. Ich krächze einmal »Halleluja«. Dann noch mal und immer schneller, bis sich meine Zunge überschlägt und daraus ein Lallen wird. Meine Fahrerin nickt mir zu und murmelt leise mit. »Gut. Das war der Anfang«, sagt sie endlich. Ich gebe ihr das Geld für die Fahrt und bedanke mich. Wie gesagt. Der Arm von Creflo Dollar ist lang.

* Der Roman »Alles ist erleuchtet« von Jonathan Safran Foer hatte ein stilbildendes Cover. Besonders religiös war er nicht.

Stay Tuned *

**Warum ich mich vor Fernsehserien in den USA fürchte.
Oder: Über die völlig unterschätzte Qualität der amerikanischen Medien.**

Meine Lieblingssendung im amerikanischen Fernsehen? Der »Dog Whisperer« auf dem National Geographic Channel, eine Show über Hundeerziehung. Vielleicht hat das autobiografische Gründe. Ich hatte außer Katzen und Ratten zwar alle Haustiere, die in meiner Generation üblich waren (Meerschweinchen, Hamster, Wasserschildkröten, Küssende Guramis, aus einem Graubündener Bergsee geklaute Molche), meine pädagogischen Erfolge mit Hunden aber waren begrenzt. Von einem Großonkel erbten wir eine überfettete Foxterrierdame, und es war meine Schwester Janie, die das dringend notwendige Ertüchtigungsprogramm übernahm. Sie baute in unserem Garten kleine, übergewichtsfreundliche Hürden für »Ihnchen«. Und sie ließ sie so lange rüberspringen, bis diese ihr Idealgewicht wieder erreicht hatte. Der zweite Hund war ein Cockerspaniel, den Freunde bei uns für ein halbes Jahr in Pflege gegeben hatten. Heiligabend ließen wir »Asterix« noch einmal kurz in den Vorgarten; er muss durch einen Spalt in der Gartentür entwischt sein. Mein Vater fuhr am nächsten Vormittag in die Tierärztliche Hochschule, um den überfahrenen Leichnam zu identifizieren.

Einem Trauma kann man nur offensiv begegnen. Eigentlich wird es also höchste Zeit für mindestens zwei Beagles. Weil ich aber eine gewisse Scheu habe, mit Plastiktüten bewaffnet morgens durchs East Village zu schlendern und dem »besten Freund des Menschen« seinen Kot hinterherzutragen, müssen die beiden eben noch ein paar Jahre warten. Bis dahin gibt es Cesar Millan, den »Dog Whisperer« aus Mexiko, der sich mit seinem Dog Psychology Center in Los Angeles auf Problemfälle spezialisiert hat. Verzweifelte Hundehalter rufen ihn, wenn ihr Liebling durchdreht, den Briefträger angreift, die eigene Familie bedroht oder andere Hunde tötet.

Millan kommt, sieht und zähmt. Man könnte denken, er wirkte Wunder. Was er tatsächlich macht, ist eine Art Gruppentherapie. Er befragt die Familienmitglieder, wie sie sich mit dem Tier und wie sie sich untereinander verhalten, er beobachtet den Hund und beginnt die ersten Resozialisierungsmaßnahmen (in der Regel Gassigehen an der sehr straffen Leine mit dem stämmigen, sanften, aber unerbittlichen Millan). Die Lösung ist meist ziemlich einfach: Die Hundebesitzer müssen sich als Rudel begreifen, in dem sich der Hund unterzuordnen hat. Wie nebenbei und mit aller gebotenen Höflichkeit lehrt der »Dog Whisperer« deswegen auch die Menschen, wie sie als Gruppe funktionieren. Er dressiert den Hund und hilft zugleich der Familie. Außerdem hat er diesen charmanten mexikanischen Akzent.

In einem langen Artikel im »New Yorker« erklärte der Bestsellerautor Malcolm Gladwell, wie der »Dog Whisperer« arbeitet. Er zog Bewegungswissenschaftler zurate, die auch die Körpersprache von Politikern analysieren, und kam zu dem Schluss: Cesar Millan ist ein Meister der physischen Dominanz. Jede Führungspersönlichkeit wäre gut beraten, sich Millans In-sich-Ruhen abzuschauen, das selbst für Hunde unwiderstehlich ist.

Der Text von Gladwell war deswegen so toll, weil er die Brücke schlug zwischen seichter Unterhaltung und intellektueller Betrachtung. Gladwell wies auf zehn Seiten nach, dass jede Sendung im Fernsehen hochinteressant ist, wenn man nur genau genug hinsieht. Es sei denn, es handelt sich um amerikanische Nachrichten. Was in diesem Land als News verkauft wird, ist kurzatmig, sensationsheischend, provinziell. Ein Sexualstraftäter in New Jersey ist hier von größerem Interesse als die Wahlen in einem mittelgroßen europäischen Industriestaat. Als Barack Obama sich in einer Rede von seinem ehemaligen Pastor Reverend Jeremiah Wright lossagte, kriegten sich die Kritiker kaum noch ein. »Die beste politische Rede seit Jahrzehnten« wurde vor allem deswegen gelobt, weil der Politiker Gedanken geäußert hatte, die sich nicht in fünfsekündigen *soundbytes* senden ließen. Der Verstoß gegen die Regeln der Mediokratie ließ die Medien jubeln. Vor allem natürlich die Printmedien, deren Langsamkeit ihre Existenz bedroht. Denn die Neuigkeiten erfährt das Publikum woanders früher und in bewegten Bildern. Selbst wenn es nur als Neuigkeiten aufgemotzte Banalitäten sind. »We have a situation« heißt es in Hollywoodfilmen, wenn Terroristen eine Massenvernichtungswaffe gekapert haben oder Außerirdische die Erde angreifen. »Situation Room« heißt deshalb auch eine Sendung auf CNN. Der Titel verspricht Sensationen, stattdessen werden hier neben Unwettern und Attentaten auch die Vorwahlergebnisse aus jedem Landkreis ausgerechnet und auf computeranimierten Schaubildern vorgeführt. Man schaut gebannt hin und ist hinterher kein bisschen schlauer.

Zudem haben sich die politischen Sender auf einen gespenstischen Grabenkampf eingelassen. Von konservativen Polemikern und Politikern wurde jede halbwegs besonnene Berichterstattung als ideologisch motivierter *media mainstream* denunziert, gegen den man die Stimme des wahren Amerikas, verkörpert durch den Australier Rupert Murdoch, in Stellung bringen musste. Die Aufregung darüber, dass er das »Wall Street Journal« kaufte, lässt sich nur verstehen, wenn man den fiesen Populismus seines Senders Fox News mal erlebt hat.

Der ist so unerträglich wie wirkungsvoll. Inzwischen hat sogar CNN einen Reporter für »Werte und Glauben«.

Die Schwäche der Fernsehnachrichten ist eine der Ursachen für den Aufstieg der Blogger und News-Seiten im Internet. Besonders interessant ist dabei Newser.com, wo man sein eigenes Interesse stufenlos von *hard* zu *soft* runterdimmen kann. Mit einem Mausklick wechseln die *breaking news* von Aktienkursen zu Mariah Careys Verlobung. Inzwischen werden hemmungslose Internetwühler wie Matt Drudge, der den Monica-Lewinsky-Skandal lostrat, oder freche Kolumnisten wie Arianna Huffington von den klassischen Medien ernst genommen. Von den Lesern und Wählern sowieso. Die Erfolge von Barack Obama beim Spendeneinsammeln und bei jungen Wählern wurzelten auch darin, dass er geschickter als seine Gegner das Internet zum Bestandteil seiner Kampagne machte.

Neuerdings sind in den New Yorker Taxis Fernsehbildschirme für die Kunden installiert. Wenn die Fahrer nicht gerade in kehligen Sprachen Gebete singen, sprechen sie pausenlos in ihre ans Ohr gehefteten Telefone, sodass ich mich auf die Freuden des amerikanischen Regionalfernsehens einlassen kann. Etwa auf die Aktiensendung des Krawallreporters Jim Kramer, der offenbar nicht nur mit Kursstürzen, sondern auch mit dem eigenen Bluthochdruck zu kämpfen hat. Oder auf eine Reportage über verkrüppelt geborene Chihuahuas, die auf den Hinterbeinen trippeln mussten, bis ihnen Tierpfleger eine Gehhilfe bauten. Ich habe sie an einem Tag mindestens viermal gesehen.

Insgesamt aber gilt: Die amerikanischen Medien sind viel besser als ihr Ruf. Das Fernsehen ist vielseitig, amüsant und intelligent. Hauptsache, man besitzt ein digitales Aufzeichnungsgerät, mit dem man die Werbung überspringen kann, die hier noch häufiger kommt und noch langweiliger ist. Wenn man erst mal gelernt hat, Oscarverleihungen, Spielfilme und Talkshows nur zeitversetzt zu sehen, ist ein Abend vor dem Fernseher wie eine kleine Reise durch die amerikanische Seele. In einem Essay, der während des Streiks der Drehbuchautoren und Gagschreiber im Herbst 2007 erschien, erörterte der Fernsehkritiker Sam Anderson den Unterschied zwischen den Late-Night-Talkern David Letterman und Jay Leno. Er stellte deren Konkurrenz in die Tradition großer Antipoden der Kulturgeschichte wie Paul McCartney und John Lennon oder John Faulkner und Ernest Hemingway. Der hagere, stets ein wenig krank wirkende Letterman ist Liebling der Kritiker und zynischen Großstädter, der gemütliche Leno hat den deutlich schlichteren Humor, aber auch seit Jahren deutlich mehr Zuschauer. »Für Menschen mit auch nur den geringsten Ansprüchen an Comedy (ist das) eine der großen unerklärlichen kulturellen Tragödien«, schrieb Anderson. Sein Fazit war jedoch nicht etwa, dass die Masse nun einmal dumm und deswegen mit der platteren Variante glücklicher sei. Sondern die Erkenntnis, dass Letterman sich mit aufgesetztem Selbstekel und vergleichsweise wenigen Gags durch sein Programm muffele (was zugegebenermaßen enormen Unterhaltungswert hat). Leno dagegen eine Salve von *oneliners* abfeuere, die vielleicht nicht rasend originell seien, aber einen Mann zeigten, der hart arbeite. Wie ein normaler Amerikaner tue er unter »fast unmöglichen Bedingungen« sein Bestmögliches. »Wenn man ohne Ironie darüber nachdenkt, ist das fast heroisch.«

An dieser Betrachtungsweise lässt sich auch ablesen, was die amerikanischen Printmedien von den deutschen unterscheidet: die Demut, die genaue Beobachtung über die originelle Idee zu stellen. Bei uns geht es immer möglichst zügig um die Metaebene, um das also, was ein Phänomen tatsächlich bedeutet. Oder genauer: um das, was sich der Autor halt gerade so gedacht hat, um dem Gegenstand seiner Betrachtung Tiefe und sich selbst intellektuelle Aura zuzuschreiben. Beispiel: »Wie der Widerstand des deutschen Fußballestablishments gegen Jürgen Klinsmann den Reformstau der Berliner Republik spiegelt«. Gegen diese Art von Berichterstattung ist nichts einzuwenden. Sie erfordert wenig Arbeit, viel Selbstbewusstsein und lässt sich noch nach dem zweiten Glas Grauburgunder im Berliner Journalistentreff »Borchardt« mühelos in den Computer tippen. Die Amerikaner auf der anderen Seite haben ein blindes Vertrauen in Fakten. Die »New York Times« druckt in jeder Ausgabe freiwillig eine Spalte mit Korrekturen, und mittlerweile ist es üblich, in einem Artikel anzugeben, ob ein Gesprächspartner eine Aussage am Telefon, per E-Mail oder Kurznachricht übermittelt hat. Am besten auch noch, ob er sich gerade im Taxi zum Flughafen, in seinem Büro oder in seinem Wochenendhaus befand. Warum jemand sich nur anonym zitieren lässt, muss ebenso notiert werden wie die Personen, die sich verweigert haben: »The reps of Pamela Anderson declined to comment.« Das dient zwar oft weder dem Erkenntnisgewinn noch dem Fluss der Geschichte, aber zeigt dem Leser immerhin, dass er viel Arbeit für sein Geld kriegt.

Am nächsten aber kommt man Amerika im Fernsehen. Die Überzeugung, dass das Leben ein Konkurrenzkampf ist, spiegelt sich in den unzähligen Casting- und Talentshows. Die Bewerber können das »nächste Supermodel« werden, sich ihrem Lieblingsprominenten nachformen lassen oder um die Wette kochen. Diese Formate sind inzwischen weltweit verbreitet, in den USA wirken sie verlässlich radikaler, professioneller und mitreißender. Das charmanteste Format allerdings ist zumindest in Deutschland unbekannt. In der Show »Singing Bee« müssen die Teilnehmer beweisen, wie gut sie die Texte von Popsongs beherrschen. Interessanterweise wird die Sendung von Joy Fatone moderiert. Wie Justin Timberlake war er Mitglied der Boyband N'sync. Schon damals sprachen Spötter seinen Namen wie »Fat One« aus, und während sein Kollege zum größten Popstar seiner Generation aufstieg, muss Fatone nun, noch immer ein bisschen mollig und mit etwas zu kompliziertem Gesichtshaar, Kandidaten dazu anleiten, die von der Showband angespielten Songs weiterzusingen. Auch manche seiner Gäste sind dick, hässlich oder unscheinbar, viele treffen keinen einzigen Ton. Aber sie können die Texte, und sie kennen keine Scham. Hier manifestiert sich der amerikanische Glaube, dass die Welt eine Bühne ist. Und dass man irgendwas am besten können muss. Egal was.

Dieses Leistungsbewusstsein zieht sich durch alle denkbaren Fernsehformate. Nichts füllt bekanntlich kostengünstiger den zuschauerarmen Nachmittag als eine *reality based* Gerichtsshow. Die bekannteste Fernsehrichterin, Judy Sheindlin, war tatsächlich früher in der Rechtsprechung tätig und ist so gut gecastet, dass sie nicht wie eine gescheiterte Seriendarstellerin in einer Gnadenbrotrolle wirkt, wie sie ursprünglich für diese Rolle vorgesehen war. Stattdessen ist Judge Judy ungeduldig und zuweilen unhöflich. Sie hat eine vom Leben angeraute Stimme und den bösartigen Witz einer alten Dame, die ein paar Bagatellstreits zu viel gesehen hat und die Welt nicht mehr ganz ernst nehmen mag. Wenn sie ein neumodischeres Wort verwendet, versichert sie sich beim Gerichtsdiener, dass sie es korrekt eingesetzt hat. In ihrer Sendung hat sich die ehemalige Familienrichterin einfach noch einmal selbst erfunden. Als pointierte, aufpolierte und natürlich viel berühmtere Version von sich selbst. Ein sehr amerikanisches Verfahren.

In den letzten Jahren hat sich auch in Deutschland herumgesprochen, dass amerikanische Serien als Kulturträger fast konkurrenzlos interessant geworden sind. Während das Kino in einer Krise steckt, haben sich Pay-TV-Sender wie HBO eine Nische geschaffen, in der sie Serien produzieren können, die komplexe, über Monate reichende Erzählstränge entwickeln oder mit neuen narrativen Strukturen experimentieren. Ich würde trotzdem dringend davon abraten, sich hier in »Lost«, »24« oder »Gossip Girl« zu versenken. Man kriegt die kompletten Staffeln auch bei uns auf DVD, und man hat in den USA Besseres zu tun. Zum Beispiel diejenigen Fernsehpersönlichkeiten kennenzulernen, ohne die Amerika nicht das wäre, was es ist.

Zehn Menschen, die das amerikanische Fernsehen prägen:

1. Oprah Winfrey
Sie muss sich nicht ums Amt der amerikanischen Präsidentin bewerben, denn sie ist es bereits, sagt man ihr nach. Nach ihrer Problemjugend ist die Moderatorin seit Jahrzehnten so unglaublich erfolgreich, dass sie es sich leisten kann, jedem Studiozuschauer ein Auto zu schenken. Ihre Gewichtsprobleme waren Dauerthema in ihrer Sendung, ihr »Buch Club« wurde zur wichtigsten Kraft im amerikanischen Buchmarkt. Was sie empfiehlt, landet garantiert in den Bestsellerlisten. Als sich herausstellte, dass der Autor James Frey seine Drogenbeichte »A Million Little Pieces« halb erfunden hatte, lud Oprah ihn ein zweites Mal ein. Diesmal wurde ihr PR- und Plaudersofa allerdings zur Anklagebank, denn Glaubwürdigkeit ist Oprahs Kapital. Ihr jüngstes Projekt ist die Oprah Winfrey Leadership Academy for Girls bei Johannesburg in Südafrika, in die sie vierzig Millionen Dollar investierte. Tochter im Geiste: Tyra Banks. Die schenkte ihrem Saalpublikum unter großem Getöse eine Dose Vaseline, eine ironische Hommage an Oprah. Sie ist auch ein bisschen zu dick. Und sie ist noch dabei, in ihre Rolle als große Schwester der Nation hineinzuwachsen.

2. Bill O'Reilly
Der Kettenhund der Konservativen und Anführer einer Bande von Hetzern, die vor allem auf den Sendern des Unternehmers Rupert Murdoch ihr Unwesen treiben. Seine tägliche Sendung »The O'Reilly Factor« (Fox) ist in ihrer Schamlosigkeit fast schon wieder amüsant, angesichts der Einschaltquoten allerdings auch unheimlich: kritische Filme über den Irakkrieg sind »Müll« und die Clintons eine Art Ehepaar gewordener Antichrist.

O'Reilly musste wegen sexueller Belästigung Millionen Schweigegeld an eine ehemalige Mitarbeiterin zahlen. Allerdings ist er polemisch und unerschrocken. In seinem Kreuzverhör geraten Provinzpolitiker ins Schwitzen und Stottern. Als Hillary Clinton schließlich doch mal bei ihm auftrat, klopfte er ihr verbal auf die Schulter: »Ich hasse es, das sagen zu müssen, aber Sie sind wie ich. Sie polarisieren.«

3. John Stewart

Als Harald Schmidt noch Ambitionen hatte, gab er den Late-Night-Talker als sein großes Vorbild an. Stewart kommentiert das politische Geschehen mit Häme und gelegentlich auch Wut, aber nie, ohne sein mokantes Grinsen zu verlieren. Seine Fake-News sind angesichts der echten Nachrichtensendungen in Amerika fast die bessere Alternative. Ohne Kenntnis der aktuellen Weltlage ist man als Zuschauer jedoch verloren. Stewart zeigt, wie eine Satiresendung aussehen kann, die sich weder in Sich-selbst-auf-die-Schulter- noch in Schenkelklopfen verliert.

4. Kenneth »Kenny« McCormick

Sein Markenzeichen sind die weit übers Gesicht gezogene Kapuze, sein komplett unverständliches Nuscheln und zahlreiche Todesfälle. Damit ist er der perfekte Botschafter einer Jugend, deren Kennzeichen ja allzu oft Sprachlosigkeit ist. Kenny ist einer der Protagonisten der Zeichentrickserie »South Park«, die seit 1997 die amerikanische Gesellschaft so zeigt, wie sie ist: bigott, verlottert, absurd. Zu den großen Rivalitäten in der Popkultur zählt, neben Letterman und Leno, auch der Gegensatz »South Park« gegen »The Simpsons«. Beide stehen für die Fähigkeit von gezeichneten Figuren, beißende und relevante Kommentare zum Zeitgeschehen abzugeben. Erst wenn man mit den Debatten, Skandalen und Inlandsphänomenen der USA vertraut ist, kann man die Referenzen und Boshaftigkeiten von »South Park« wirklich würdigen.

5. Barbara Walters

»Das ist die Untertreibung des Jahrhunderts«, sagte sie, als sie sich von ihrer Interviewpartnerin abwandte. Monica Lewinsky hatte auf die Frage geantwortet, was sie später ihren Kindern über die Affäre erzählen würde, die Bill Clinton fast den Job kostete: »Mama hat ein paar Fehler gemacht.« Es war das Interview mit den höchsten Zuschauerzahlen in der amerikanischen Fernsehgeschichte, aber Barbara Walters kann vermutlich nichts mehr aus der Ruhe bringen. Sie hat Fidel Castro, Margaret Thatcher und Michael Jackson interviewt und bei ihren Gesprächspartnern mehr Tränen gesehen als vermutlich jeder andere TV-Moderator. Sie kann ebenso gut Karrieren zerstören, wie sie die Hofberichterstattung beherrscht. Um ihren im Frühjahr 2008 erschienenen Memoiren etwas Schub zu geben, gestand sie darin eine langjährige Affäre mit Edward Broke, der in den 1970ern als erster Afroamerikaner in den Senat gewählt wurde.

6. Larry King

Er war siebenmal verheiratet (mit sechs verschiedenen Frauen), überlebte drei Schachteln Zigaretten am Tag, mehrere Herzinfarkte und über fünfzig Jahre Fernsehen. Larry King ist vielleicht der einzige Mann, der rote Hosenträger noch mit Würde tragen kann. Ohne sich sonderlich auf seine Interviewpartner vorzubereiten, manchmal auch mit deutlich erkennbarem Desinteresse, führt King seine Gespräche konzise und mit entwaffnender Direktheit. Auch wenn er seinen investigativen Eifer genau so dosiert, dass eigentlich jeder bei ihm beichten möchte.

7. Ellen DeGeneres

In ihrem Fall ist der Ausdruck Quotenlesbe gerechtfertigt, denn The Ellen DeGeneres Show (NBC) ist tatsächlich enorm erfolgreich. Anders als ihre Kollegin Rosie O'Donnell hat DeGeneres nicht den Drang, sich mit jeder gesellschaftlichen Großmacht anzulegen (Katholiken, Waffenbesitzer etc.) und sich damit in die Schwervermittelbarkeit zu pöbeln. Sie moderiert mit einem Schuss Bärbeißigkeit, im Notfall sogar vom Krankenbett aus, und strahlt genug Normalität aus, um ein Millionenpublikum erreichen zu können. DeGeneres ist unheilbare Tierfreundin, ihre letzte Kontroverse war ein Sorgerechtsstreit um den Adoptivhund Iggy.

8. Jerry Springer
Leitwolf des Pöbelfernsehens. Statt für den US-Senat zu kandidieren, machte der Sohn jüdischer Emigranten und ehemalige Mitarbeiter von Robert Kennedy zunächst als Radiomoderator und dann als Talkshowgastgeber Karriere. In der Jerry Springer Show (NBC) wird seit 1991 der Bodensatz der amerikanischen Gesellschaft aufeinander losgelassen. Die Gäste streiten über Untreue, Sodomie, Pädophilie etc., können zuweilen nur durch Sicherheitspersonal voneinander getrennt werden, und ihre Obszönitäten werden zumindest im Free TV weggepiept. Springer gibt gern zu, eine »freak show« erfunden zu haben, doch er dokumentiert (fast) ungerührt, wie Menschen miteinander umgehen und zu welcher Selbsterniedrigung sie für ein paar Minuten Sendezeit bereit sind.

9. Anderson Cooper
Als der Sohn von Gloria Vanderbilt während des Hurricane Katrina aus New Orleans berichtete, wurde er kurz zum Rächer der Entrechteten, weil er bei Politikern hartnäckig nachfragte, warum die Hilfe für Arme und Schwarze so spät kam. Er ist einer der Hauptvertreter des sogenannten *emojournalism*, und CNN verdankt ihm teilweise erheblich gestiegene Einschaltquoten. Eigentlich wartet jeder auf sein Outing.

10. Martha Stewart
Sie begann ihre Karriere als Chefin eines New Yorker Catering-Unternehmens, heute ist sie die Chefeinrichterin und Hausfrau der Nation. Stewart moderiert zwei tägliche

Shows und schuf sich ein Imperium: Zeitschrift, Radio, Internet: im Kaufhaus gibt es ihre Bettwäsche, in ausgesuchten Städten neuerdings auch ihren Wein und frisches Gemüse. Ihr Image erlitt eine kleine Delle, als sie 2004 wegen Insidergeschäften zu fünf Jahren Haft verurteilt wurde. Sie ist bekennende Tierfreundin, aber die schwarzen Pferde auf ihrer Ranch dürfen nur nachts nach draußen, damit die Sonne deren Fell nicht ausbleicht.

* Einer der Slogans des Musiksenders MTV, der die grundsätzliche Hoffnung aller Fernsehmacher ausdrückt: dass der Zuschauer bitte niemals wegschalten möge.

I Have A Dream*

Wie mich Aretha Franklin ahnen ließ, was es heißt, schwarz zu sein.
Oder: Warum die Rassentrennung in Amerika noch lange nicht vorbei ist.

»Wart ihr auch alle in der Kirche?«, fragte sie zwischendurch und bekam ein vielstimmiges »Yeah« zur Antwort. Als die Soulsängerin Aretha Franklin die Bühne des New Yorker Apollo Theatre betrat, stellte sie zuerst ihre Handtasche unter den Flügel und dann ihre eigene imposante Figur vors Mikrofon. Es ist ein zweischneidiges Vergnügen, diese Konzerthalle in der 125th Street in Harlem zu besuchen. Hier trat Ella Fitzgerald 1934 zum ersten Mal vor ein Publikum. Ursprünglich hatte sie tanzen wollen, entschied sich dann aber in letzter Minute dafür, zwei Lieder zu singen. Nach ihr bewiesen sich auf dieser Bühne James Brown, Diana Ross & the Supremes, The Jackson Five, Stevie Wonder, Lauryn Hill. Es handelt sich also um die inoffizielle »Jazz and Soul Hall of Fame«, längst als Denkmal geschützt, flauschig renoviert und mit Logokugelschreibern und Apollo-T-Shirts nur knapp dem zeitgemäßen Merchandisinghandel hinterherhinkend.

Harlem sei mit 1,3 Millionen Besuchern die drittgrößte Touristenattraktion New Yorks, und das Apollo Theatre bilde den Hauptanziehungspunkt, behauptet die Website. An diesem Abend sind nicht allzu viele Touristen zu sehen. Neben uns sitzt der junge Soulsänger Tom E. Morgan und beginnt mit der sehr distinguierten Ehefrau in der Sitzreihe vor uns eine Expertendiskussion über die Tracklist auf Arethas Album »Young, gifted and black« von 1972. Sie sieht aus, als habe sie die drei Kinder in guten Händen gelassen und ihr zweitbestes Kostüm ausgewählt, aber über das ihrer Meinung nach total unterschätzte »Day Dreaming« gerät sie in mindestens so heftige Verzückung wie der zwanzigjährige Tom.

Aretha Franklin hat jahrzehntelang Kette geraucht, und bei einigen eher zweifelhaften Duetten in den 80ern (mit Annie Lennox oder George Michael) war von ihrer Stimme, die ihre Heimatstadt Memphis einst zu einem Weltwunder erklärte, nicht viel mehr als ein voluminöses Krächzen zu hören. Doch an diesem Abend trällert und dröhnt sie ohne hörbare Abnutzungsgeräusche. Soweit man sie durch den Lärm aus dem Zuschauerraum überhaupt vernehmen kann. Als sie die Bühne betritt, ist ein vielkehliger Liebesschrei zu hören, bei und zwischen jedem Lied jubelt das Publikum, das bis auf die vorherrschende Hautfarbe auch auf eine Opernmatinee gepasst hätte, als befände es sich auf einer der berühmten Talentnächte des Apollo Theatre: »Sing it, Girl«, »Aretha, we love you« oder vielleicht am treffendsten: »Oh, God«.

»Miss Franklin« trägt eine türkisblaue Robe, deren unteres Fünftel mit gleichfarbigen Federn besetzt ist, und weil sie ihren Mädchennamen behalten hat, ist der Titel »Miss« auch in ihrem reifen Alter noch korrekt. Als sie während des Konzerts ihre Schuhe abstreift, kann sie ihren massiven Körper zu einigen Tanzrutschern bewegen (inklusive Klaps auf den eigenen Hintern), die jede noch so ausgefeilte Choreografie einer Beyoncé Knowles wie Gezappel aussehen lassen. Das strengt natürlich an. Während einer wohlverdienten Pause swingt sich ihr Orchester durch einige Jazzimprovisationen, und ein Apollo-Mitarbeiter kommt mit einem Besen auf die Bühne. In den »Amateur Nights«, noch immer jeden Mittwoch und unbedingt sehenswert, war der *executioner* dafür zuständig, diejenigen Kandidaten von der Bühne zu fegen, die vom Publikum ausgebuht wurden. Heute Abend kümmert er sich um die blauen Federn, die Miss Franklin gelassen hat.

Auf dem letzten Konzert der Rolling Stones, das ich besuchte, hatte Mick Jagger noch immer keinen Bauch, und Keith Richards konnte trotz arthritischer Finger noch Gitarre spielen, aber es war nichts von der Liebe zu spüren, die vom Publikum zu Aretha Franklin und wieder zurück schwappt. Sie ist nicht nur die »Queen of Soul«, sondern vor allem eine schwarze Volksheldin, die vor ihren Leuten singt.

Um sich vor Augen zu führen, wie es um die Gleichberechtigung in den USA steht, genügen ein Blick nach Hollywood, einer auf die Straßen und einer in die Kriminalitätsstatistik. Es gibt schwarze Oscarpreisträger / -innen, schwarze Actionhelden / -innen, schwarze Komiker / -innen und sogar den schwarzen Blockbusterhelden Will Smith, der genauso erfolgreich ist wie Tom Cruise und Tom Hanks. Was es aber auf der Kinoleinwand nur in absoluten Ausnahmefällen gibt, sind Mischehen. Selbst Smith, der mit Teddybärohren und Humor auf harmlos macht, hat in der Regel schwarze Partnerinnen. In seinem letzten Film »I am Legend« war es sogar nur ein Schäferhund. Auch dafür kassiert er zwanzig Millionen Dollar pro Film: Er hält sich an die Spielregeln einer Industrie, die mit dem Spruch »Size matters« für den Film »Godzilla« warb und damit eine Urangst des amerikanischen Mannes ansprach: dass es auf die Größe ankommt. Es hat sich wenig zum Besseren geändert, seit Sidney Poitier mit perfekten Manieren bei Katherine Hepburn und Spencer Tracey »zum Dinner« vorbeikam und fast vor die Tür gesetzt wurde, weil er deren Tochter heiraten wollte.

Vierzig Jahre nachdem Martin Luther King erschossen wurde, ist sein Traum noch weit davon entfernt, wahr geworden zu sein. Der Rassismus ist vielleicht subtiler geworden, aber spürbar ist er immer noch. Im April 2008 zeigte die amerikanische »Vogue« auf ihrem Cover den Basketballspieler

James LeBron mit dem Model Gisele Bündchen. Der 2,08-Meter-Hüne hatte den Mund aufgerissen und hielt die Schönheit im Arm. Kritiker sahen darin das Stereotyp vom affengleichen Wilden mit seiner Beute, eine Version von »King Kong und die weiße Frau«. Was sollte ein Schwarzer mit offenem Mund auch anderes sein? Oder: Wie verkrampft ist eine Gesellschaft, in der trotz offenkundiger Ironie sofort Ordnungsrufe laut werden?

Das ehemalige Fotomodell Iman, Ehefrau von David Bowie, wird in New Yorker Luxusboutiquen gelegentlich darauf hingewiesen, dass sie sich doch ein ziemlich, nun ja, teures Kleid ausgesucht habe. »Meine Handtasche ist mehr wert als euer ganzer Scheißladen«, sagt sie dann. Ihr ergeht es immer noch so wie Miles Davis vor ein paar Jahrzehnten, der mit seinem teuren Sportwagen von der Polizei gestoppt wurde, weil ein Schwarzer sich ein solches Auto offenbar nicht leisten konnte.

Was die Integration der Schwarzen betrifft, gibt es regionale Unterschiede. Noch lange nach Abschaffung der Sklaverei lebte ein überdurchschnittlich hoher Anteil von ihnen weiterhin in den Südstaaten. Erst der Mangel an Arbeitskräften während des Zweiten Weltkriegs ließ viele nach Norden ziehen. Trotzdem sieht man in Mississippi, Georgia und Virginia gleichermaßen mehr schwarze Armut als auch eine starke schwarze Mittelschicht. Von der ist in New York, San Francisco oder Los Angeles oft wenig zu bemerken. In Harlem oder Queens ist das anders, aber im teuren Manhattan sind Schwarze eine Seltenheit. Zwar ist das Straßenbild ungleich vielfarbiger als in jeder deutschen Stadt, aber das Publikum in Bars und Restaurants, auf Partys und Vernissagen ist geradezu schockierend weiß. Außer natürlich im Service.

Als ich das erste Mal nach New York kam, besuchte ich die Sound Factory, einen Club mit legendärem Soundsystem und dem DJ Junior Vasquez, ein echter Meister, bevor ihm seine jahrelange Drogensucht das Fingerspitzengefühl raubte.

Heute ist er vom Bodybuilding aufgepumpt, und so klingt auch seine Musik, damals konnte er sein Publikum über Stunden in reinste Euphorie spielen. Nur mit einer Wasserflasche bewaffnet – in dem Club wurde kein Alkohol ausgeschenkt –, tanzte ich zwischen weißen und schwarzen, bekleideten und halb nackten Männern. Die Hautfarbe schien total egal, und genauso hatte ich mir New York vorgestellt. Als ich später einen meiner neuen Freunde zum Frühstuck ins Hotel mitnehmen wollte, winkte er ab: »Die lassen mich als Schwarzen doch niemals rein.«

Das Problem für Schwarze in den USA ist häufig folgendes: Sie wollen die Ghettos hinter sich lassen, die Kriminalität, die Drogen. Aber sie sind in der weißen Welt des *corporate America* nicht wirklich willkommen. Meine Freundin Andrea (schwarz) kommt aus einer wohlhabenden Akademikerfamilie in Fort Lauderdale. Ihr Vater hatte als junger Mann Studienplätze in Harvard und Morehouse, der einzigen Universität in den USA, die nur schwarze Männer annimmt. »In Harvard musst du doppelt so viel arbeiten und kriegst trotzdem schlechtere Noten«, sagte ihm seine Mutter damals. In der Annahme, die Zeiten hätten sich geändert, schickte er seine Tochter Andrea auf ein Eliteinternat in Massachusetts. Als in der Schule ein Drogenproblem aufkam, wurde nur Andreas Schlafzimmer durchsucht, schließlich war sie das einzige schwarze Mädchen. Ecstasy!, war der erste Verdacht, als man zerbröckelte weiße Tabletten bei ihr fand. Nicht einmal 24 Stunden später waren Andreas Eltern da und stellten den Direktor zur Rede. »Wir haben ihnen ein glückliches Kind gebracht, und wir möchten, dass sie glücklich bleibt.« Die Tabletten waren übrigens Antibiotika, die ihre Mutter, eine Anästhesistin, zur besseren Dosierung vorsorglich zerbrochen hatte. Vorurteile bahnen sich zuverlässig auch heute noch ihren Weg: Als Andrea kürzlich bei New York einem Reitclub beitrat, wurde sie freundlich, aber irritiert gefragt, wo sie denn so gut Reiten gelernt habe.

»Ich denke nicht jeden Tag daran, wie ich diskriminiert werde, aber ich habe es immer im Hinterkopf«, sagt sie. Wenn ich Andrea treffe, kommt sie meistens gerade von einem Marathon zurück. Das letzte Mal waren es drei 42-Kilometer-Läufe an drei Tagen im Amazonas. Auch bei längerem Nachdenken fällt mir kein Mensch ein, der weniger zur Weinerlichkeit neigt als Andrea. Statt in Atlanta unter »ihresgleichen« zu bleiben, hat sie sich entschieden, den Kampf aufzunehmen. Ein Freund von ihr (ebenfalls schwarz), der als Hedgefondsmanager arbeitet, blickt immer wieder in leere Gesichter, wenn seine Kunden ihn das erste Mal tatsächlich sehen. Am Telefon war noch alles klar, jetzt sagt ihr Blick: »Warum soll ich dir denn mein Geld anvertrauen.«

Dabei sind das eher Luxusprobleme. Weiter unten sieht es wesentlich dramatischer aus: Der Prozentsatz an schwarzen Männern, die im Gefängnis sitzen, ist sechsmal so hoch wie bei weißen; 2006 waren es über elf Prozent der Männer zwischen 25 und 34 Jahren. Zugleich werden sie bei kleineren Vergehen ungleich härter bestraft. Immer sind es schwarze Männer, die unschuldig von der Polizei erschossen werden. Am Abend vor seiner Hochzeit etwa besuchte der 23-jährige Sean Bells mit ein paar Freunden einen Stripclub in Queens. Fünf Undercoverpolizisten sagten später im Gerichtsprozess aus, sie hätten einen Streit beobachtet und mitgehört, dass Bells eine Waffe aus seinem Auto holen wollte. Plötzlich war er von Zivilfahrzeugen eingekeilt. Ein Schuss fiel, und beim Versuch zu fliehen rammte Bells mit seinem Wagen die vermeintlichen Angreifer. Die Beamten gaben insgesamt fünfzig Schüsse auf drei unbewaffnete Schwarze ab. Bells starb, die Polizisten wurden Jahre später freigesprochen.

Trotzdem hat sich das Leben der Schwarzen verändert, haben sie ihre Chancen verbessert. Als Barack Obama geboren wurde, waren in sechzehn Bundesstaaten sogenannte Mischehen noch illegal. 2008 hatte der Sohn eines Keniers und einer Amerikanerin eine realistische Chance, zum mächtigsten Mann der Welt gewählt zu werden. »Auch Barack Obama würde nur wieder eine Marionette des Corporate America sein. So wie Nixon, Ford, Reagan und Clinton vor ihm«, sagte mir Emory Douglas, 64, ein ehemaliger Aktivist der Black Panthers. Ich besuchte ihn in seinem sehr bescheidenen Reihenhaus in einem Vorort von San Francisco, in dem er mit seiner blinden Mutter wohnt. Ab 1969 war Douglas Artdirector der Bürgerrechtsbewegung, die der FBI-Chef J. Edgar Hoover für eine Terrorbande hielt und erbittert bekämpfte. Für Marlon Brando, Jane Fonda und viele andere aber waren die Black Panthers Vorbilder und Speerspitze beim Kampf gegen den US-Imperialismus. »Jede Tür, die die Faschisten einzutreten versuchen, wird sie dem Tod näher bringen« stand über einer von Douglas' Illustrationen, und darunter: »Schießt, um zu töten.« Ein bei ihm immer wiederkehrendes Motiv war das erschossene, erhängte, erstochene, in Fetzen gerissene Schwein. Es verkörperte die Polizei und damit den Staat, der die Schwarzen, so sahen es die Black Panthers, schikanierte, provozierte, verprügelte, ermordete. Heute ist er ein freundlicher älterer Herr, der Interview und Fotoshooting geduldig über sich ergehen ließ: »Kein Problem. Ich habe heute Morgen mein Yoga gemacht.«

Douglas erzählte von der Diskriminierung der Schwarzen in den 50er- und frühen 60er-Jahren. Von den Morden in den Südstaaten, der täglichen Schikane durch die Polizei, den weltberühmten Popstars wie den Temptations oder James Brown, die in Downtown San Francisco auftraten, aber im schwarzen Stadtteil Filmore übernachten mussten, weil die Hotels im Zentrum keine Schwarzen beherbergten. Der bewaffnete Kampf schien ihm und seinen Mitstreitern wie Notwehr. Ende der 70er lösten sich die Black Panthers auf, zermürbt durch interne Konflikte und die systematische Unterwanderung und Verfolgung durch die US-Behörden. »Ich habe den Panthers alles zu verdanken. Aber ich habe gelernt, ohne sie zu leben«, sagt Emory Douglas. Er begann, für den »Sun Reporter« zu arbeiten, die älteste afroamerikanische Zeitung in San Francisco. Seinen alten Weggefährten Bobby Seales trifft er noch regelmäßig bei gemeinnütziger Arbeit und Protestaktionen. Ein wieder aufgenommenes Verfahren gegen acht ehemalige Mitstreiter, das auf vor über dreißig Jahren durch Folter erzwungenen Geständnissen beruht, bringt ihn in Rage. »Unsere Lage hat sich seit den 70ern nicht gebessert. Eher im Gegenteil. Viele Sozialprogramme sind gestrichen worden, Crack und Aids haben uns geschwächt. Und natürlich haben Teile des CIA die Drogen für ihre politische Agenda genutzt. Das ist Genozid mit anderen Mitteln.«

Es war genau diese Rhetorik, die Barack Obama zum Straucheln brachte, als er im Vorwahlkampf schon fast unbesiegbar wirkte. Der schwarze Geistliche Jeremiah A. Wright jr. war für Obama ein spiritueller Vater gewesen. Er hatte ihn in der Trinity United Church of Christ Church zum Glauben bekehrt, er lieferte Obama den Titel für seinen Bestseller »The Audacity Of Hope«, er hatte ihn getraut und seine Töchter getauft. Einen Tag bevor er seine Kandidatur erklärte, teilte Obama Wright mit, dass dieser nicht, wie ursprünglich vereinbart, die einleitenden Worte sprechen dürfte. Einige Monate später, im Januar 2008, tauchten Filmausschnitte auf, die den Geistlichen beim Predigen zeigten. Sie waren Jahre alt, aber immer noch explosiv. Die weißen Amerikaner hätten sich die Terroranschläge vom 11. September 2001 selbst zuzuschreiben, hatte Wright geeifert, sie hätten Aids erfunden, um Schwarze zu töten: »God damn America.« Bis dahin hatten sich sowohl die Republikaner wie Hillary Clinton zurückgehalten. Jeder hatte die *race card* im Ärmel, aber keiner wollte sie ausspielen. Jetzt war es nicht mehr nötig. Die Schnipsel wurden auf YouTube und im Fernsehen immer wieder gezeigt, Clinton begnügte sich mit einem schnippischen »MEIN Pastor wäre das nicht gewesen«, und Obama, der angetreten war, um die Wähler verschiedener Hautfarben und Ideologien zu vereinen, war genau in der Ecke, wo seine Gegner ihn wollten:

bei einem schwarzen Hetzer, der die Weißen und Amerika zu hassen schien.

Der Graben zwischen Schwarz und Weiß ist nicht der einzige, der sich in der amerikanischen Gesellschaft auftut. Neben »weißen Arbeitern« waren die Latinos die problematischste Wählergruppe für Barack Obama. Politiker und Journalisten machten einige Verrenkungen, um nicht sagen zu müssen, was demoskopisch offensichtlich war: Lateinamerikanische Einwanderer wollen keinen schwarzen Präsidenten. Beide Gruppen konkurrieren um billige Jobs. Und statt sich zu solidarisieren, misstrauen sie einander.

Dabei ist man in Amerika so stolz auf die kleinen und manchmal auch größeren Schritte in Richtung Gleichberechtigung. Am 24. September 2007 stand Bill Clinton am Eingang der Little Rock Central High School und hielt neun Rentnern die Tür auf. Es waren die »Little Rock 9«, eine Gruppe von schwarzen Studenten, denen im Jahr 1957 die Universität wegen ihrer Hautfarbe den Zutritt verwehrte. Schließlich kommandierte Präsident Dwight Eisenhower Soldaten zu ihrem Schutz ab, die die neun in die Hochschule eskortierten. Dieses Ereignis wurde fast so berühmt wie die Weigerung der Bürgerrechtlerin Rosa Parks, ihren Sitzplatz im Bus einem Weißen zu überlassen. Den Südstaatler Clinton hat man gelegentlich als »ersten schwarzen Präsidenten Amerikas« bezeichnet. Er wurde mit einer Verve umarmt, als hätte er persönlich damals dem Rassismus Einhalt geboten. Es war einer dieser schönen amerikanischen Momente, in denen alle Beteiligten sich auf die Schulter klopfen, weil sie die Welt zu einem *better place* gemacht haben.

Tatsächlich sind die USA trotz allem ein ermutigendes Beispiel, dass eine multikulturelle Gesellschaft funktionieren kann. Das liegt am Selbstbewusstsein der Amerikaner, für die sich die Frage nach der Leitkultur erst gar nicht stellt. Aber auch daran, dass Ehrgeiz hier belohnt und das Neue angehimmelt wird. Als eine Frau und ein Schwarzer sich um die Kandidatur stritten, strotzten die Kommentare vor Stolz auf diesen historischen Fortschritt. Was Chancengleichheit und Toleranz betrifft, sind sie uns Deutschen jedenfalls weit voraus. Wie viele Politiker, deren Eltern aus Italien oder der Türkei eingewandert sind, haben es bei uns so weit gebracht wie Condoleeza Rice? Und warum provozieren türkisch dominierte Stadtviertel bei uns Krisenstimmung, während die Chinatowns der amerikanischen Städte Touristenattraktionen sind? Es gibt viele Gründe, warum man das nicht vergleichen kann. Aber ein bisschen mehr Entspanntheit kann man in den USA lernen. In den Debatten der Präsidentschaftskandidaten durften regelmäßig Journalisten von spanischsprachigen Sendern ihre Fragen vorbringen. Große Firmen verpflichten sich mit *diversity programs* dazu, Emigranten und Farbige einzustellen. Und auch die uns häufig so albern erscheinenden politisch korrekten Sprachregelungen verraten die Entschlossenheit der Amerikaner. Aus *niggers* wurden *blacks* wurden *african americans*.

Wenn ich aus Europa zurück nach New York komme, fragt mich meine koreanische Feinkosthändlerin, wo ich so lange war (bei ihren Salatpreisen habe ich den Verdacht, dass sie mindestens zwei Mercedes in der Garage stehen hat). Mein puertoricanischer Friseur hat eine weitere Vokabel von seinen anderen deutschen Kunden dazugelernt (mit seiner Frau hat er schon halb Europa bereist). Mein brasilianischer Freund Marcelo hat eine neue Liebschaft (oder reist für eine Nike-Kampagne um die halbe Welt). Und mein schwarzer Freund Tobias einen neuen Businessplan (der wird sowieso irgendwann Millionär). Keiner von denen versucht mir weiszumachen, dass es für sie / ihn besonders einfach ist, Amerikaner zu sein. Aber sie sind immer noch hier.

---

* Helmut Schmidt sagte einmal, dass Visionen ein Fall für den Psychiater seien. In Amerika ist jeder stolz auf diesen Satz von Martin Luther King.

Learning From Las Vegas *

**Wie ich auf dem »Markusplatz« den teuersten Martini meines Lebens trank.
Oder: Warum die Zukunft der Städte in den USA erfunden wurde.**

Nur wenige Minuten nachdem wir das Restaurant passiert haben, das dem Münchner Hofbräuhaus nachempfunden ist, erreichen wir die »Shooting Range«. Wir sind in Las Vegas – und wir, das sind in diesem Fall Andrew, ein Musikmanager, und Mary-Louise, ehemalige Sängerin des Elektroclash-Duos Spalding Rockwell und heute Real-Estate-Maklerin. Was klingt wie ein krasser Fall von Milieuwechsel, ist eine für die heutige Zeit typische Karriere in den USA, wo irgendwie jeder im Laufe seines Lebens mal mit Immobilien handelt. Das Bestechende an Mary-Louise ist, dass sie sich noch immer wie ein Popstar aufführt. In ihren atemlosen Unterhaltungen verfällt sie abwechselnd in den Jargon von Hip-Hop-Musikern und von Westcoastrockern, sie trägt auch im Alltag so viele schwere Ketten um den Hals wie andere Frauen in ihrem ganzen Leben nicht, für ihren Hund hat sie eine Facebook-Seite eingerichtet und den Bekanntenkreis mit »Freundanfragen« für Gia bombardiert. Außerdem sind dabei: Nicola und Brian, die zusammen in London eine Galerie betreiben. Soweit ich es beurteilen kann, fantasiert keiner aus unserer Reisegruppe in seinem Online-Tagebuch davon, im schwarzen Mantel in die eigene Firma zu marschieren und mit abgesägter Schrotflinte und Maschinenpistole alle Anwesenden niederzumähen.

Als wir aber einen halben Tag Zeit haben, ist die Meinung einhellig und klar, dass wir zur »Shooting Range« fahren sollten. »Da schießen wir uns um den Verstand«, freut sich Mary-Louise. Mein Freund Frank hat seine Zeit bei der Bundeswehr in sehr schlechter Erinnerung, weil sein Exemplar von »In Swanns Welt« von einem Stubengenossen aus dem Fenster geworfen wurde mit dem Hinweis »Gelesen wird hier nicht«. Ich aber bin von Anfang an zu einem braven Pazifisten erzogen worden. Als ich mit acht Jahren von einem Schulkameraden einen Spielzeugpanzer zum Geburtstag bekam, habe ich mich vor meiner Mutter geschämt – und ihn am nächsten Tag mit bunten Blumen bemalt. Ich hätte ohnehin nicht gewusst, was man mit einem Panzer spielt. Etwas später habe ich den Wehrdienst verweigert, was mir zwanzig Monate Zivildienst bei der Bahnhofswache des Roten Kreuzes in Hannover einbrachte. Als sich eine ältere Frau vor einen Zug geworfen hatte, wurde ich zu Hilfe gerufen. Die Selbstmörderin lag unter einem Waggon, ihr dicker Rücken war von den Zugrädern aufgeschnitten, sodass man eine tiefe Schicht gelbes Fett und darunter rotes Fleisch sah. Man kennt diesen Anblick aus dem Walfang. Beide Füße waren knapp unter den Knien abgetrennt. Aus den Beinwunden floss kein Blut, weil sich die Arterien zunächst nach innen ziehen, bis der Druck zu stark wird. Die Frau gab keinen Ton von sich. Meine Ausbildung beschränkte sich auf die zum Erwerb des Führerscheins erforderlichen »Sofortmaßnahmen am Unfallort«. Weil aber eine ganze Traube von Fahrgästen vom Bahnsteig aus verfolgte, was der Mann vom Roten Kreuz wohl machen würde, tat ich das Einzige, was mir einfiel: Ich fühlte ihren Puls und stellte fest: 1. Sie lebte noch. 2. Ich konnte nichts für sie tun. Als die richtigen Rettungssanitäter endlich kamen, trottete ich zurück in meine Bahnhofswache. Aufmerksamerweise riefen meine Kollegen kurze Zeit später an, um mir mitzuteilen, dass die Frau gestorben sei, allerdings nicht an den »Fleischwunden«, sondern an inneren Verletzungen. Weil dies alles ein paar Jahre vor den Auslandseinsätzen der Bundeswehr stattfand, war ich dem Tod an diesem Tag nähergekommen als die meisten ehemaligen Klassenkameraden bei der Armee. Es ist vielleicht nicht sehr logisch, aber mein Pazifismus hat an jenem Tag eine empfindliche Delle bekommen.

In der »Shooting Range« in Las Vegas hatte ich nun endlich die Gelegenheit, ein echtes Maschinengewehr abzufeuern. Mein Freund Christian war in den 90er-Jahren mal nach Afghanistan gefahren, um dort die verschiedensten Schusswaffen auszuprobieren, und hatte darüber unter dem Titel »Ballern wie blöd« geschrieben. Genau das hatte ich jetzt vor.

Ich hatte mir eine Art Hazienda vorgestellt, auf der man, über Klapperschlangen und Kojotenknochen hinweg, auf die Berge von Nevada zielt. Stattdessen betritt man einen dreißig Quadratmeter großen Raum, die Wände hinter dem Tresen sind fast flächendeckend mit Gewehren und Pistolen behängt. Davor stehen Kerle in schwarzen T-Shirts und schwarzen Armeehosen und fragen nach unseren Waffenwünschen. Um meine Ahnungslosigkeit zu überspielen, nehme ich das Gleiche wie Andrew, eine Maschinenpistole mit zwei Magazinen.

An der Kasse sitzt ein Mädchen, ebenfalls ganz in Schwarz gekleidet, mit außergewöhnlich ausgeprägten Pickeln, sogenannten *blackheads*, wie man sie eigentlich nur von Fast Food schlingenden Jungs in der Hochpubertät kennt. Sie zeigt auf eine Auswahl an Zielpostern. Zur Verfügung stehen u. a. ein herkömmlicher Straßengangster (erkennbar an der dunklen Hautfarbe und der Pistole in der Hand), ein angreifender Schäferhund, zwei mit Palästinensertüchern verhüllte Männer und Osama Bin Laden. »Hillary Clinton gibt es nur unter dem Ladentisch«, sagt Andrew und nimmt die Palästinenser: »Da kann ich schon mal für meinen nächsten Israelbesuch üben.« Jüdischer Humor erstaunt mich immer wieder.

Noch erstaunter bin ich, wie umstandslos wir unsere Waffen in die Hand gedrückt bekommen. Immerhin ist dies das Land, in dem jeder Arzt einen erst mal eine Erklärung unterschreiben lässt, dass er für keinerlei Folgeschäden haftet, bevor er einem auch nur die Brust abhorcht. »Nehmt auf keinen Fall die Ohrschützer ab«, ist die einzige Sicherheitsregel, die uns mit auf den Weg in den Schussraum gegeben wird, in dem man von vier Kabinen in eine Halle mit Sandboden schießt. Ein Mitarbeiter erklärt mir kurz die Waffe, schiebt das erste Magazin rein und klemmt das Zielposter an die Schnur, an der es dann ein paar Meter entfernt in Augenhöhe baumelt. Ich bin begeistert. Es ist ohne Frage ein mitreißendes Gefühl, den Abzug einer Maschinenpistole zu betätigen. Zehn Sekunden vorher war ich noch ein verschreckter Europäer im rosa Cashmerepullover, jetzt fühle ich mich gefährlich. Mein Schusslehrer unterbricht mich. Ich solle doch bitte das Zielfernrohr benutzen, sonst würde ich mein Poster nie treffen. Als die Magazine leer sind, erzählt er, dass er vor einigen Monaten aus dem Irakkrieg zurückgekehrt ist, ohne Job, orientierungslos und voller Hass. Die »Shooting Range« habe ihm geholfen, wieder Kontakt zu normalen Menschen aufzubauen. Die paramilitärische Vergnügungsbaracke ist für ihn zur Resozialisierungseinrichtung geworden.

»What happens in Vegas, stays in Vegas«, sagen die Amerikaner. Das macht diesen Ort für Junggesellenabschiede so beliebt. Als wir zum Landeanflug ansetzten, ging die Sonne über der Wüste von Nevada unter, und die weltbekannten Hotels begannen in der Dämmerung zu glühen. Im Ohr hatte ich die Warnungen meiner Freunde aus Deutschland: »Ein Tag ist Las Vegas ganz interessant, aber dann kriegt man unheimlich schlechte Laune.« Die golden schimmernde Traumstadt hob erst mal meine Laune. Sie sah noch besser aus als im Film.

Sieben gute und sehr gute Filme über Las Vegas:

7. »Leaving Las Vegas«

Einer der letzten Filme, in denen Nicolas Cage noch erträglich war, bevor er sich auf zweitklassigen Mainstream spezialisierte, um seine Immobiliensammlung zu finanzieren. Er spielt einen Alkoholiker, dem eine Nutte helfen will, von seiner Sucht loszukommen. Der übliche Entzugskitsch, aber insgesamt stimmig.

6. »Fear and Loathing in Las Vegas«

Die Verfilmung der legendären Reportage von Hunter S. Thompson, der mit zahlreichen Drogen im Gepäck anreiste, um eine Story zu recherchieren. Der Humor des Filmes ist Geschmackssache, aber Johnny Depp als Gonzo-Reporter grandios fehlbesetzt und das Ganze als genüssliches Zertrümmern des gemütlichen Las Vegas der frühen 70er zu verstehen.

5. »Very Bad Things«

Unterschätzte Komödie über einen Junggesellenabschied in Las Vegas. Bei der Party im Hotelzimmer wird eine Prostituierte getötet, und danach geht alles schief, bis die ehemals besten Freunde sich gegenseitig umbringen. Der Film zeigt Las Vegas als Ort der Entgrenzung und Christian Slater in der Rolle seines Lebens: als unkontrollierten Wüstling.

4. »Der Pate 1«

In Las Vegas spielt nur eine Randepisode des Filmes, aber die todernste Welt der New Yorker Mafiosi wird hier gegen die Frivolität der Glücksspieloase in Nevada gesetzt. Natürlich wird der nutzlose Bruder Fredo Corleone hierhin abgeschoben. Was ihn nur noch weiter entfremdet und deshalb, in Teil 2, sehr böse ausgeht.

3. »Ocean's 11«

Mit jeder neuen Folge ist diese Serie des Regisseurs Steven Soderbergh, die auf dem gleichnamigen Film von 1960 basiert, schwachsinniger geworden, doch die erste war eine unwiderstehlich gut gelaunte Hommage an das »Rat Pack«

um Frank Sinatra und die eigentümliche Eleganz dieser Stadt. George Clooney und Brad Pitt sahen nie besser aus als hier.

2. »Showgirls«

Dieser Film wurde gleich doppelt missverstanden: als erotisch-provokative Coming-of-Age-Fabel (das hatte der Drehbuchautor im Sinn) und als herrlich trashiger Kultklassiker (so sahen es die Programmkinogänger). Tatsächlich zeichnet der Holländer Michael Verhoeven mit gestelzten Dialogen, melodramatischer Handlung und gekünsteltem Sex ein geradezu protestantisch realistisches Bild von Las Vegas.

1. »Casino«

Als Sharon Stone einen Haufen Jetons in die Luft wirft und die Glücksspieler danach schnappen, verliebt sich der Casinoleiter Ace Rothstein (Robert de Niro). Dieser Film ist umwerfend ausgestattet (de Niro in knielangen Seidenstrümpfen), voll eruptiver Gewalt und eine Meditation über seelische Vereisung durch Gier.

In »Casino« sind es vor allem die Männer in den Cowboyhüten, die Ace Rothstein, dem New Yorker Juden, der im Auftrag der italienischen Mafia das Kommando übernimmt, das Leben schwer machen: die Ureinwohner von Nevada, die jeden Zugereisten als Ärgernis betrachten. Als wir nach der Landung bemerkten, dass praktisch alle Männer hier Cowboyhüte tragen, hatte diese Stadt schon halb gewonnen. Und als der Taxifahrer auf dem Weg zum Venetian Hotel von der mit Sauerstoff angereicherten Luft erzählte, die die Spielenden in Form halten soll, war klar: Diese Stadt bemüht sich, wirklich allen Klischees gerecht zu werden. Zu diesen Klischees gehört natürlich auch, dass jedes existierende Klischee übertroffen werden muss.

Die Entwicklung der Stadt in den letzten Jahren lässt sich so zusammenfassen: Die Hotels werden immer bombastischer, die Bühnenshows immer extravaganter, das Essen immer besser. Es gibt kaum einen amerikanischen Starkoch, der hier nicht mehrere Filialen betreibt, die Liste der Hausmusiker ist ein Who is Who des gut abgehangenen Glamour-Entertainments: Tom Jones, Bette Midler, Celine Dion, Elton John. Und in der Shoppingmall des Wynn Hotels sind inzwischen nicht mehr nur kostengünstige Fachgeschäfte für Massagestühle, Messingskulpturen und Notfallmedizin zu finden, wie in den anderen Resorts, sondern auch Manolo Blahnik, Dior und ein Ferrari-Store. Der Bauherr Steve Wynn ist der Erfinder des neuen Las Vegas. Mit seinen Hotels Bellagio, Mirage und Treasure Island hat er vor knapp zwei Jahrzehnten das Genre des Mega-Resort-Hotels mitbegründet, sein 2,7 Milliarden Dollar teures Wynn ist der vorläufige Gipfel seines Schaffens. Da konnte der Picasso, den er für die Rekordsumme von 139 Millionen Dollar verkaufen wollte und dann bei einer Art Abschiedsvorstellung mit einem Stoß seines Ellenbogens ruinierte, ihn nicht weiter kratzen. Wozu ist man schließlich versichert? Viel wichtiger: das Wynn Resort in Macau, einer Sonderhandelszone in China, wo der Glücksspielumsatz im Jahre 2006 das erste Mal den von Las Vegas übertraf. Die ideologische Heimat, das Mekka der Gambler, bleibt aber in der Wüste von Nevada.

Offiziell wurde Las Vegas 1911 zur Stadt, aber für seinen Aufstieg waren drei andere Daten entscheidend: die Legalisierung des Glücksspiels 1931, die Fertigstellung des Hoover-Staudamms 1936 und die Einweihung des Flamingo Hotel durch den Gangsterboss Bugsy Siegel 1946. Das waren die erforderlichen Voraussetzungen, um eine Stadt zu bauen, wie die Welt sie noch nie gesehen hatte: Die einzige Aufgabe der »Sin City« war es, ihren Besuchern unbegrenztes Vergnügen zu bereiten und ihre Herren damit reich zu machen. Denn am Ende gewinnt immer die Bank.

Wie das Luxor und das Paris Las Vegas ist auch das Venetian ein Themenhotel, das sich an historischen Vorbildern der

Alten Welt orientiert hat. Irgendwie. Mit viel Gold, aufwendigen Deckenmalereien und einem Nachbau einiger Gassen inklusive Kanal und Piazza San Marco scheint es Sinnbild für aufgepumptes Kulturbanausentum. Zu Unrecht. Natürlich haben die Architekten des Venetian das echte Venedig nicht verstanden. Dafür aber haben sie umso genauer begriffen, worum es in Las Vegas geht.

Die Stadt wurde aus dem Wüstenboden gestampft, sie besteht nicht nur aus Stein, Stahl und Glas, sondern vor allem aus Werbetafeln und Leuchtreklamen. Das Buch »Learning from Las Vegas« erklärte der in den 70er-Jahren vorherrschenden Ästhetik und Ideologie den Kampf. »Less is a bore« persiflierten die Autoren Mies van der Rohes berühmtes Paradigma und plädierten für eine Architektur, die erhabene und kitschige, hübsche und hässliche Geschichten erzählt. »Die moderne Architektur lehnt die Kombination von hoher und banaler Kunst ab«, hieß es. Im antiken Rom dagegen seien beide Welten miteinander ausgekommen: »In unseren Brunnen haben niemals nackte Kinder gespielt, und I. M. Pei wird auf der Route 66 niemals glücklich werden«, schrieben die Architekten Venturi und Brown über ihren Kollegen, der sich der abstrakten Spätmoderne verpflichtet fühlt. Ihr Pamphlet ist noch heute Pflichtlektüre amerikanischer Architekturstudenten, denn Las Vegas hat sich als die Stadt der Zukunft erwiesen. Während New York und Chicago Ende des 19. Jahrhunderts die Metropolen des Hochhausbaus und damit der Zukunft waren, sind sie heute Anachronismen wie Heidelberg, Lissabon oder Venedig: geschichtsträchtig, prachtvoll, von gestern.

Das neue Venedig aber, das Venetian, ist purer Futurismus. Bereits nach ein paar Schritten durch die reich geschmückten Gänge und ein paar Fahrten mit dem Aufzug stellt sich ein merkwürdiger Effekt ein. In jedem normalen Haus weiß man, ob man sich gerade weit über oder eher unter dem Straßenlevel befindet. In den Mega Resorts von Las Vegas ist man vollkommen losgelöst vom normalen Raumgefühl. Mit der Uhrzeit verhält es sich ähnlich. Im Casinobereich sitzen Tag und Nacht Menschen an den Spieltischen und vor den einarmigen Banditen. Und sie sehen immer gleich aus. Einen Drink neben sich (Alkohol wird zügig nachgeliefert), oft eine Zigarette in der Hand (interessanterweise ist das Rauchen gestattet), und im Gesicht Konzentration und Verzweiflung. Ich habe das zielstrebige Pegelsaufen von Alkoholikern gesehen, das Zittern von Kokainisten beim Hacken der nächsten Linie und das gierige Ziehen von Süchtigen an ihrem Heroinrauch. Aber in den Spielhallen von Las Vegas überwältigte mich der Eindruck, Süchtigen bei der Arbeit zuzusehen.

Trotzdem ist der Besuch in dieser Stadt nicht etwa deprimierend, sondern intellektuell stimulierend. Das Herz von Las Vegas ist eine Ballung von praktisch völlig autarken Megaeinheiten, die jedes Bedürfnis befriedigen, für das Menschen legal Geld zu bezahlen bereit sind. Die Megaprojekte der Ölstaaten im Persischen Golf – die künstlichen Wohninseln, die riesigen Kulturzentren – basieren auf dem in Las Vegas zum ersten Mal ausprobierten Prinzip der konkreten Simulation: Fantasiewelten aus Glas, Marmor und flauschigem Teppich. Vor einiger Zeit wurde in den Feuilletons über die Bedeutung der digitalen Kunstwelt SecondLife räsoniert. Das wahre SecondLife, eine völlig unrealistische Nebenrealität, wird in Las Vegas angeboten. Auf der fiktiven Piazza San Marco hat das Postrio des Österreichers Wolfgang Puck, berühmt dank seines mit Stars vollgestopften Lokals in Los Angeles, einen von einem italienischen Modedesigner entworfenen Wodka Martini auf der Karte. Der Drink kostet zwanzig Dollar, aber dafür wurde der Wodka durch Mamorbrocken gefiltert.

Der Himmel über dem fiktiven venezianischen Platz ist so angemalt und beleuchtet, als sei es in alle Ewigkeit fünf Uhr nachmittags. Vielleicht sieht die Hölle ja so aus wie die Piazza San Marco des Venetian Hotel in Las Vegas, denke ich. Aber dann erinnere ich mich an die »antike« Pepsireklame aus Mosaiksteinen und die Gondolieri, die ihre Boote über die winzigen Indoor-Kanäle staken, während auf den Brücken frisch vermählte Paare posieren, und bestelle gut gelaunt den nächsten Martini Roberto Cavalli.

---

* Dieses Buch der Architekten und Theoretiker Robert Venturi, Denise Scott Brown und Steven Izenour erschien 1972 und gilt als einer der Schlüsseltexte zum Verständnis der Postmoderne.

Money Makes The World Go Round*

**Wie mir eine Stretchlimousine die Schamesröte ins Gesicht trieb.
Oder: Über den obszönen Reichtum mancher Amerikaner.**

Ich ahnte nicht, was auf mich zukommen würde, als ich beschloss, auf einen Leihwagen zu verzichten. Meinen Urlaub auf Fire Island bei New York musste ich für einige Stunden unterbrechen, um einen Kollegen zu treffen: Bob Colacello. Der war Anfang der 70er-Jahre als junger Filmkritiker an Andy Warhol geraten und wurde sehr schnell Chefredakteur des Magazins »Interview«. In dieser Funktion ging er jede Nacht auf Partys, hatte wegen Stress, Alkohol und Kokain mit nicht einmal dreißig Jahren einen Herzinfarkt und schrieb später ein mitreißendes Buch über diese von Geldgier, Exzess, Stars und Kunst geprägten Jahre. Heute ist er Reporter bei »Vanity Fair« und verfasste zuletzt eine zweibändige Biografie über Ronald und Nancy Reagan. Man könnte ihn einen Klatschreporter nennen, in meinen Augen ist der Mann eine Legende.

Amerikaner sind normalerweise pünktlich, tun dabei aber sehr lässig. Ich könne irgendwann am Nachmittag vorbeikommen, vielleicht so um drei, hatte Colacello gesagt. Was auf Deutsch heißt: Punkt drei, bitte sehr. Um also sicherzugehen, dass ich zur vereinbarten Zeit auch am vereinbarten Ort sein würde, bestellte ich ein Auto, das mich von der Fähre abholen und nach East Hampton bringen sollte, einem malerischen Dorf am Nordzipfel von Long Island, wo die wirklich Reichen wohnen. Und ein paar Halbreiche, die früh genug gekauft haben, wie Colacello. Als die Fähre am Festlandhafen Sayville anlegte, sah ich die Katastrophe. Ein erwartungsfroher älterer Mann in Fantasieuniform stand neben einer blitzweißen Stretchlimousine. Soweit ich überblicken kann, gibt es in den USA kaum eine gründlichere Geschmacklosigkeit als aus einem dieser lang gezogenen Autos zu steigen, die ungefähr die gleichen Proportionen haben wie Zugluftdackel, jene Wollwürste, die man vor undichte Türen legt. Eine Stretchlimousine zu mieten ist noch nicht einmal neureich, denn es ist spottbillig. Natürlich kann ein geräumiges Auto praktisch sein, wenn man zu neunt ist und auf eine weit entfernte Party muss. Und es kann sogar lustig sein, wenn man ausreichend Getränke dabeihat, den Fahrer überzeugen konnte, das Rauchverbot aufzuheben, und am Heck des Wagens ein Jacuzzi installiert wurde. Aber meist hat man beim Anblick einer Stretchlimousine nur zwei schadenfrohe Gedanken: Meint der Fahrer wirklich, um diese enge Ecke zu kommen? Und: Welche armen Trottel sitzen drin?

Vielleicht sollte ich mich einfach an dem niedlichen Chauffeur vorbeischleichen und versuchen, irgendwie ein Taxi zu rufen? Das Geld würde vermutlich trotzdem von meiner Kreditkarte abgebucht, aber mir bliebe wenigstens die Schande erspart, in diesem Ding dorthin zu fahren, wo sich in einer einzigartigen Konzentration die Menschen von der Sonnenseite des amerikanischen Kapitalismus versammeln. Statt mich in aller Ruhe auf das Gespräch vorzubereiten, verbrachte ich die Fahrt mit immer panischer werdenden Überlegungen, wie ich verhindern könnte, dass mein Interviewpartner bei meiner Ankunft mein peinliches Fortbewegungsmittel zu Gesicht bekäme. Wahrscheinlich hätte Colacello ohnehin nur gelacht, denn viele Amerikaner haben zwar überraschend klare Vorstellungen von gutem Geschmack, sympathisieren aber latent mit dem Gegenteil davon.

Dass ich auf dieser Fahrt ein wenig nervös war, mag auch dem Zielort selbst geschuldet gewesen sein. Die Hamptons liegen an der äußersten Spitze von Long Island, einer Insel im Nordosten von New York City, die 190 Kilometer lang und bis zu 32 Kilometer breit ist. Ganz am Ende gabelt sich Long Island in die North Fork und die South Fork. Die nördliche Landzunge liegt nicht am offenen Meer und ist deswegen weniger attraktiv. Auch wenn hier in den letzten Jahren viele Künstler Häuser gekauft haben und die Preise dementsprechend gestiegen sind. In der Südspitze liegen die Hamptons, eine lose Ansammlung von Orten (Southampton, Bridgehampton, East Hampton, Amagansett) und der Inbegriff von Reichtum, Entspanntheit und Dekadenz. Amagansett gilt als der teuerste Postzustellungsbezirk Amerikas, und die Großverdiener der Entertainmentindustrie von Martha Stewart bis Steven Spielberg haben hier Residenzen; sowie jeder, der wenige Autostunden von New York entfernt eine traumhafte Landschaft und viele Gleichgesinnte finden will. Die Hamptons waren schon vor Jahrzehnten exklusiv. Am Pool seiner Freundin Gloria Vanderbilt träumte Truman Capote noch von neuen literarischen Höhenflügen, kurz bevor er mit dem Vorabdruck des Kapitels »La Cote Basque« aus seinem Roman »Answered Prayers« fast seinen gesamten Freundeskreis verprellte.

Wer mit dem Plan, im »Sylt von New York« einen Sommerurlaub zu verbringen, einen der Hochglanzimmobilienprospekte aufschlägt, findet etwas für jeden Geschmack: schlossartige Villen mit noch mehr Bade- als Schlafzimmern; alte, mit Holzschindeln verkleidete Häuser; relativ charmefreie Neubauten. Bei mir hat es ein bisschen gedauert, bis ich begriffen habe, dass es sich bei den genannten Summen nicht um Kaufpreise handelt. 90 000 Dollar ist die Sommermiete für ein meilenweit vom Strand entferntes Haus, die Saison dauert vom Memorial Day (der letzte Montag im Mai) bis zum Labour Day (erster Montag im September). Wer nur den Monat August will, zahlt 55 000 Dollar. Da ist Kaufen irgendwie vernünftiger. Der vorläufige Rekordpreis betrug 103 Millionen Dollar, die der Fondsmanager Ron Baron für ein Grundstück bezahlte. Zugegeben: mit Meerblick. Und zumindest spart er ja die Kosten, erst ein altes Haus abreißen lassen zu müssen.

Aber was ist das schon? Im Jahr 2008 gibt es in den USA 469 Milliardäre (dreizehn Prozent mehr als im Vorjahr), und sie leben auf sehr großem Fuß. Der Oracle-Gründer Barry Ellison kauft immer durchgedrehtere Yachten, denn ohne Basketballplatz auf dem Boot macht so eine Seefahrt schließlich keinen Spaß. Der Hedgefondsmanager Larry Feinberg verkaufte kürzlich seine Zwanzig-Millionen-Dollar-Villa in Greenwich, Connecticut, einer kleinen Gemeinde, von der aus zehn Prozent aller Hedgefondsbillionen der Welt verwaltet werden. Er plant nun einen Neubau mit 3000 Quadratmeter Wohnfläche. »Das ist fast so groß wie der Tadsch Mahal«, behauptet »Vanity Fair«. Und die Bill and Linda Gates Foundation verfügte Ende 2007 über 38,6 Milliarden Dollar; ein Großteil davon stammte aus dem Privatvermögen des Microsoftgründers und dem seines Freundes, des Börsengurus Warren Buffett. Zum Vergleich: Deutschland zahlte 2007 insgesamt 4,5 Milliarden Euro Entwicklungshilfe. Auch die etwas weniger reichen Amerikaner haben weder Hemmungen noch Probleme, ihr Geld wieder unter die Leute zu bringen. Im New Yorker Restaurant Per Se, derzeit das teuerste des Landes, kostet das *tasting menu* 600 Dollar, ein Tisch in dem angesagten Nachtclub The Box wiederum 3000 Dollar, die Starfriseurin Sally Hershberger berechnet 800 Dollar für einen Haarschnitt. So gesehen war es von dem Politiker John Edwards taktisch richtig, sich im Vorwahlkampf der Demokraten mit einer Frisur für lächerliche 400 Dollar zu begnügen. Schließlich wollte er sich als Anwalt der »kleinen Leute«

profilieren. Denn während die Bush-Regierung wie besessen die Steuern für die sehr reichen Amerikaner senkte, lebten am anderen Ende der Gesellschaft 47 Millionen Menschen ohne Krankenversicherung. Und ganze Industriezweige (Gastronomie, Landwirtschaft) kämen ins Wanken, wenn sie nicht illegale Einwanderer mit Niedrigstlöhnen abspeisen könnten.

Als Anfang 2008 die amerikanische und damit die westliche Wirtschaft ins Wanken kamen, war eine der Hauptursachen das in den Vorjahren exzessiv betriebene Geschäft mit Krediten für Schlechterverdienende, die sich Häuser kaufen wollten. Als die Immobilienpreise sanken, platzten die Kredite, Zehntausende verloren ihre Häuser. Immerhin hatten sie überhaupt welche. Überall im Land leben Menschen in runtergekommenen *trailer parks* oder in Baracken aus Hartschaum und Spanplatten. Oft trennen nur wenige Straßen obszönen Reichtum und Elend, und wenn man auf dem Weg von Manhattan in die Hamptons von der Autobahn abfährt, passiert man alle sozialen Milieus: die Sozialbauten, vor denen Kampfhunde gammeln, die abgeriegelten Einfamiliensiedlungen mit ihrer öden Friedlichkeit, die unendlichen Vororte, in denen der Basketballkorb über dem Garagentor der einzige Versuch von Lebensfreude ist. Die dazugehörigen Shoppingmalls sind riesige Parkplätze mit verlotterten Läden, nur in Ausnahmefällen ist etwa ein Buchladen dabei, der dann aber ausgesucht schlecht sortiert ist. Die lichten Höhen der Luxusapartments und Traumhäuser wirken da fast surreal. Die alte Residenz der Society-Königin Brooke Astor kam zeitgleich für 46 Millionen Dollar auf den Markt, inklusive der mit zehn Schichten roten Lacks veredelten Bücherregale. Das Penthouse im St. Regis Hotel am Central Park kostete sogar 75 Millionen Dollar. Zweimal hätte es schon verkauft werden können, aber beide Male waren den Nachbarn die Kaufinteressierten zu neureich. Die komplizierten Machtverhältnisse in den Besitzergemeinschaften der sogenannten »Coop Buildings« helfen den Vertretern des alten Geldes, dem viel reicheren neuen Geld zumindest noch ein paar Rückzugsgefechte zu liefern.

Den exzessiven Reichtum seiner Hausbesitzer sieht man den Hamptons nicht unbedingt an. Der Landstrich wurde vor ein paar Tausend Jahren von der Endmoräne eines Gletschers platt gebügelt und war früher von Shinecock-Indianern besiedelt, die heute in Southampton noch ein winziges Reservat haben und ihre Nachbarn mit dem Plan irritieren, hier ein billiges Kasino zu errichten, denn Indianerland ist in den Vereinigten Staaten nicht dem jeweiligen Landesrecht unterworfen. Das Klima ist warm genug, um ein paar hervorragende Weine gedeihen zu lassen. Mein Lieblingswinzer heißt Christopher Tracey, der bei Channing Daughters in Bridgehampton exzentrische, aber wunderschöne Cuvees ersinnt. Man kann die Weine auch in der Stadt kaufen, aber es lohnt sich, den Meister selbst erklären zu lassen, warum der »Clone« unbedingt ein Prozent Aligottrauben enthalten musste.

Der New Yorker Sommer ist gefürchtet, aber hier draußen ist es feucht genug, um die ganze Halbinsel in unzählige Facetten der Farbe Grün (Buchsbaum, Gras, Buche, Maisfelder, Zedern etc.) zu tauchen. Wer aus der Hitze Manhattans geflohen ist, den erwarten hier immer ein leichter Wind, ein majestätischer (und bis Juli eiskalter) Ozean und eine perfekte Inszenierung ländlicher Idylle: An den Straßen verkaufen Farmer ihre biodynamischen Produkte und hausgebackenen Aprikosenkuchen, die wenigen Pensionen wirken so knorrig, als stünde Grandma persönlich noch an der Rezeption, die Antiquitätengeschäfte in Sag Harbour handeln mit Walfängermemorabilia und betont rustikalen Möbeln, die man sich auch wunderbar im Haus des Malers Willem de Kooning vorstellen könnte, der wie praktisch alle Vertreter des abstrakten Expressionismus in den 50er-Jahren hier draußen lebte und arbeitete.

Es ist schwer und genau genommen auch überflüssig, sich dem Charme der Hamptons zu entziehen: dem malerischen

Teich mit angeschlossenem Dorffriedhof am Ortseingang von East Hampton oder dem lässigen Hummerimbiss auf dem Weg nach Montauk. Was die Amerikaner einfach perfekt beherrschen, ist die Kunst, anzugeben und dabei bescheiden zu tun. Bei einer Fahrradtour durch die Straßen von East Hampton sieht man riesige Anwesen mit Rasen in Golfplatzqualität, langen Kieswegen zum Haus und uralten Bäumen. Die jedoch möglicherweise gerade erst frisch eingesetzt worden sind, denn die aufwendige Umgestaltung der Gärten ist eine der Leidenschaften der Villenbesitzer. Und das beinhaltet auch das Pflanzen und Umpflanzen von ausgewachsenen Bäumen, die mit Sattelschleppern transportiert werden müssen.

Als ich auf der Party eines New Yorker Rechtsanwalts eingeladen war, verloren sich ein paar Hundert Gäste in dem auf mehreren Ebenen angelegten Garten, und wenn man auf die Dachterrasse kletterte, entdeckte man in weiter Ferne die zum Grundstück gehörenden Tennisplätze. Zuerst wunderte ich mich, dass der Catering Service unermüdlich frisches, warmes Fingerfood herumreichte, die große Küche aber unbenutzt blitzte und von Small Talk erfüllt war. Doch ein Haus von dieser Größe hat neben der Showküche noch eine zweite, weniger prominent gelegene fürs Personal. Wie immer in Amerika war es leicht, mit Unbekannten ins Gespräch zu kommen. Eine der ersten Fragen war stets, wo sich mein Haus befinde. Wenn ich mich als Besucher bei Freunden zu erkennen gab, kühlte das Interesse des Gegenübers nicht selten schlagartig ab. »Mieter« wäre allerdings vermutlich noch schlimmer gewesen. Außerdem brach ich mir auf dieser Party fast ein Bein, weil die Open-Air-Tanzfläche aus Metall durch die vom Ozean herüberziehende Feuchtigkeit spiegelglatt wurde.

Nur ein paar Minuten entfernt bringt eine Fähre Tagesausflügler in blitzneuen Geländewagen und Angler auf alten Pick-ups nach Shelter Island, einer dicht bewaldeten Insel vor Sag Harbour, jenem Dorf in den Hamptons, das sich den

Charme der Provinz halbwegs erhalten konnte. Die Zeit ist auch auf Shelter Island nicht stehen geblieben, der Modehotelier Andre Balasz betreibt hier sein Sunset Beach, aber die Ausflügler spielen nur eine Nebenrolle. Jedenfalls für den Künstler John Chamberlain. Er sitzt im langen Unterhemd auf der Terrasse, den Hut nimmt er je nach Hitze und Erregungsgrad ab. Er ist mürrisch und doch um keine Pointe verlegen, wie es für eine Legende angemessen ist: »Nach New York fahre ich nur, wenn ich unbedingt muss. Seitdem man in Amerika keinen Menschen mehr beleidigen darf, macht es keinen Spaß mehr.«

Er hat sie alle gekannt: Andy Warhol, Roy Lichtenstein, Willem de Kooning. Und er ist einer der wenigen Überlebenden der ersten Generation amerikanischer Künstler, die sich mit Recht als Weltelite fühlen durften. Seine Skulpturen aus Autoblech sind wiedererkennbar wie die Siebdrucke aus Warhols Factory oder Lichtensteins kunsthistorisch aufgeladene Comics: ein Markenzeichen. Auf die Idee kam er, als er in der Kneipe saß und eine zusammengeknüllte Zigarettenschachtel betrachtete. Das war vor fünfzig Jahren. Chamberlains Werk ist uramerikanisch: plakativ und von Massenkultur inspiriert, archaisch und romantisch.

»Meine einzige Sorge ist, dass ich keine mehr habe«, sagt er mit der leisen Koketterie eines alten Mannes. Er wird umsorgt von seiner Frau Prudence Fairweather, es ist bereits die vierte, und seinen beiden halbwüchsigen Töchtern Phoebe und Alexandra. Seine Augen blinzeln müde, seine Füße sind schwer, am Champagner nippt er nur.

»Meine Frau hat diesen Ort ausgesucht. Ihren Vorfahren wurde diese Insel von den Engländern geschenkt. Die Straßenschilder tragen ihre Namen«, erklärt er. Fairweather ist mit Chamberlain seit siebzehn Jahren liiert. Sie war es, die gegenüber dem bescheidenen Häuschen und dem riesigen, für Chamberlain neu errichteten Atelier ein Anwesen mit repräsentativem Grundstück, Anlegestelle und sehr vielen Zimmer bauen ließ. Fairweather sorgt für ihn und lässt sich gut versorgen.

Mittelgroße Arbeiten von Chamberlain werden heute für zwischen zwei und drei Millionen Dollar gehandelt. Sie gelten als sichere Geldanlage, aber interessieren in der Kunstwelt niemanden mehr. Dafür machen sie sich in besseren Einkaufszentren gut, wenn Kunst am Bau gefragt ist. Der alte Mann macht weiter. Ich habe ihn mit einem Münchner Händler besucht, der sich auf Künstler spezialisiert, deren »Rang in der Geschichte unstrittig ist«. Chamberlain möchte über seine Arbeit eigentlich gar nicht reden, aber er verdient an diesem sonnigen Nachmittag einen zweistelligen Millionenbetrag. Noch enger als sonst auf der Welt liegen in Amerika Reichtum und Ödnis beieinander.

Andererseits macht hier selbst der Reichtum der anderen Spaß. Das Leben wird hier als Wettrennen gesehen, und wer als Erster durchs Ziel kommt, wird bejubelt. Der weiß aber auch, dass er sich aufs Siegertreppchen zu stellen hat. Amerikas Reiche verdienen ihr Geld in vollen Zügen und geben es demonstrativ wieder aus. Für sich und für andere.

Der Milliardenerbe Ronald Lauder, seine Mutter Estée gründete den Kosmetikkonzern, ist ein typisches Beispiel für einen sehr reichen Amerikaner: Er ist einer der wichtigsten Sponsoren des Museum of Modern Art und hat am Central Park ein kleines Museum für österreichische Kunst vom Anfang des 20. Jahrhunderts gegründet. Aber seine Investitionen sind keine selbstlosen Geschenke. Gegen seinen Willen läuft nichts im MoMA, und er genießt den Rang, einer »der wichtigsten Kunstsammler der Welt« zu sein. Auch wenn die Konkurrenz ihm auf den Fersen ist: Der Hedgefondsmanager Steve Cohen gab in fünf Jahren 400 Millionen Dollar für moderne Klassiker wie van Gogh, Picasso, Bacon, Warhol und Hirst aus. Und der Finanzmanager Eli Broad spendete der Stadt Los Angeles gleich ein ganzes Museum, um der Welt seine Sammlung vorführen zu können.

Als ich Lauder in seinem Büro auf der 5th Avenue besuchte, führte er mir mit ungebremstem Stolz vor, welche Kostbarkeiten allein in seinem Arbeitszimmer hängen: Kokoschka, Schiele, Baselitz. Er hatte wenige Wochen vorher das Bild »Adele Bloch-Bauer II« für 135 Millionen Dollar erworben, der höchste jemals für ein Kunstwerk bezahlte Preis. Das Bild stammte aus dem Besitz einer jüdischen Familie und hing jahrzehntelang im Belvedere in Wien, bevor es der Erbin Maria Altmann zuerkannt wurde. Als er den Kaufpreis hörte, erzählte Lauder, habe er einfach gesagt: »Ja.« Außerdem solle ich doch bitte mal zum Essen vorbeikommen.

Die Mischung aus Macht und Unkompliziertheit reicher Amerikaner ist unwiderstehlich. Das in Colorado gelegene Bergdorf Aspen ist die schneebedeckte Version der Hamptons. Vielleicht ist hier auf noch kleinerem Raum noch mehr Geld versammelt, aber wie will man das genau ermessen? Auf dem Copper Bowl Run am Aspen Mountain jedenfalls warf Michael Kennedy am 1. Januar 1998 mit seinen Freunden beim Skifahren einen Football hin und her und krachte dabei in einen Baum. Was vermutlich der albernste Todesfall in der Geschichte dieses vom Unglück verfolgten Clans ist. Die Luft ist hier staubtrocken, die Berge sind bis zu 4000 Meter hoch, aber nur sanft gewellt, in den Hotels blicken Bisonköpfe von den Wänden, der Kellner im Hotel Jerome sieht aus wie ein Model aus dem neuesten Abercrombie & Fitch-Katalog: nicht zu viele Muskeln, glatt rasiert und mit einem 75 000-Dollar-Unterkiefer. Nach dem Essen bedankt er sich verwirrend devot, dass er uns bedienen durfte. Vielleicht hoffte er, dass wir eine Rolle in unserem nächsten Filmprojekt für ihn hätten.

Ich habe mir angewöhnt, die Exzesse der reichen Amerikaner wie ein Schauspiel zu betrachten. Das hysterische Wettrennen um immer exklusivere Immobilien; das Ringen um *trophy wives*, um Einfluss in den *boards* der glamourösen Kultureinrichtungen, um jede Form von weithin sichtbarem Sta-

tus; das obszöne Kräftemessen an Privatschulen, wo finanz-
kräftige Eltern die Lehrer erpressen, weil sie gelernt haben,
dass alles und jeder käuflich ist.

Reichtum ist in den USA wie überall auf der Welt entweder
Glück oder persönliches Verdienst. Vor allem aber ist er eine
Extremsportart.

★ Dieser Song stammt aus dem Soundtrack des Films »Cabaret«.

The Great Gatsby *

Wie ich lernte, meine Calvin-Klein-Unterhosen zu lieben.
Oder: Warum Amerikaner einfach immer gut gekleidet sind.

Eigentlich hat der Mann keine nennenswerten Feinde. Er hat in seiner wechselhaften Karriere viel Geld verloren und noch viel mehr Geld verdient und wird derzeit auf circa vier Milliarden Dollar geschätzt. Dafür braucht es Tatkraft und Rücksichtslosigkeit, aber Ralph Lifshitz, ein Sohn weißrussischer Juden, ist kein Provokateur, kein Exzessmensch und hatte auch nur eine einzige verbürgte außereheliche Affäre. Und er handelt auch nur mit Kleidung. Das allerdings tut Ralph Lauren, wie er sich seit den allerersten Jahren seiner Laufbahn nennt, erfolgreicher als fast jeder andere. Deswegen führt der Weg zu seinem New Yorker Privatbüro in der Madison Avenue vorbei an:
- dem Doorman im Erdgeschoss, der mich anmeldet,
- dem Doorman, der mich am Eingang eines mit dunklem Holz getäfelten Saals begrüßt und zum
- Mädchen an der Anmeldung weiterschickt,
- der Assistentin der Pressechefin, die mich durch einige weitaus weniger pompöse Flure leitet,
- der Pressechefin, die mit mir noch einmal genau bespricht, was ich mit Mr Lauren besprechen will (vorher gab es über diesen Punkt bereits ausführlichen Mailverkehr),

– der bildhübschen Vorzimmerdame, die mich alle drei Minuten entschuldigend anlächelt und ansonsten telefonische Anweisungen gibt: »Er möchte die Fotos heute noch sehen«, »Er möchte Sie morgen früh hier im Büro treffen«, »Er möchte die T-Shirts selbst aussuchen«.

Wenn »er« mir vor dem Treffen seinen Rang vorführen wollte, so hat diese Inszenierung ihren Zweck erfüllt. Ich schüttele dann endlich einem kleinen, älteren Mann die Hand, sehr braun gebrannt, das berüchtigte silberne Haar noch immer dicht. Er trägt ein enges, amerikanischen Armeeunterhemden nachempfundenes T-Shirt, eine 7/8-lange Baumwollhose und am Arm ein paar bunte Bänder. Ein Land, in dem die Milliardäre in diesem Look zur Audienz bitten, kann nicht ganz falsch sein, denke ich.

Nach dem Zweiten Weltkrieg hat die Weltmacht USA das europäische Stilempfinden zertrümmert, unser in Jahrhunderten geformtes Verständnis, was die Kategorie »gut gekleidet« bedeutet. Die Amerikaner haben mit Jeans, T-Shirt und Sportswear die Kleiderschränke der Welt erobert, und ihre Propagandaabteilung Hollywood hat dafür gesorgt, dass die sexuell begehrenswertesten Männer der Welt sich kleiden, als hätten sie ihre Klamotten im College, bei der Army oder auf der Ranch zugeteilt bekommen. Bei Frauen ist das ein bisschen komplizierter. Wenn es wirklich sexy oder schick sein soll, kommen selbst Amerikanerinnen nur schwer an den guten alten europäischen Designern vorbei. Aber für den Alltag sind sie auch gründlich durchamerikanisiert. Grob gesagt heißt das, die Trennung von Arbeitskleidung und formal korrekter Kleidung ist aufgehoben, man kann heutzutage weltweit im gleichen T-Shirt zur Arbeit, in den Club und ins Bett gehen.

»Die Welt ist viel freier geworden. Nur noch wenige Orte verlangen Krawatten. Ich kann mir meinen Look aussuchen. Wie ein Schauspieler, der verschiedene Rollen spielt«, sagt Lauren, der für seinen weißen Smoking bei öffentlichen Auftritten genauso bekannt ist wie für seinen 100 % authentischen, weil komplett ausgedachten Cowboylook. Die Rolle seines Lebens war es, den Look der WASPs, der Ostküstenelite, zu perfektionieren und dabei selbst ein ProtoWASP zu werden. Eine Reihe von Gründen für die Befreiung der Welt finden sich in den USA. Sicherlich spielt die Erfindung der Jeans, der Arbeitshose für Goldgräber aus extrem strapazierfähigem Denim, eine wichtige Rolle. Aber vor allem verehrten die Amerikaner jene, die mit derartiger Kleidung leben und arbeiten mussten. Ein echter Mann ist ein Abenteurer, Entdecker und Pionier, und in einem Anzug kann man weder nach Öl bohren noch einen Mustang zähmen.

Natürlich waren Männer wie Cary Grant, Gary Cooper, Dean Martin oder Frank Sinatra stets makellos gekleidet und wirklich elegant. Und noch heute sind die Amerikaner in Ausnahmefällen mindestens so formell wie die Europäer. Feinere Restaurants weisen vorsorglich schon bei der Reservierung auf ihren Dresscode hin, der sich wie folgt steigert: 1. keine Turnschuhe, 2. keine Jeans, 3. Jackettpflicht, 4. Krawattenpflicht. Wer mit Zivilcourage diese Anweisungen zu ignorieren versucht, wird hungrig nach Hause geschickt. Oder er sitzt in einem eleganten Laden mit einer hässlichen Krawatte und einer zwei Nummern zu großen Jacke, wie sie manche dieser Lokale leihweise für ihre Kunden bereithalten.

Auch bei sogenannten Black-Tie-Events sollte nur derjenige auf einen Smoking verzichten, der gerade eine neue Kollektion vorgestellt hat oder die Hauptrolle in einer gefeierten Fernsehserie wie »Gossip Girl« spielt. Darüber hinaus gibt es viele Anlässe, die man in Deutschland gar nicht kennt oder die hier anderen Regeln folgen: Passt ein Businesskostüm zum Babyshower, einer Geschenkparty für Neugeborene, zu der traditionell die Männer nicht eingeladen werden? Ist ein leichter Sommeranzug zum Barbecue okay? Darf ich nach dem Labor Day wirklich keine weiße Hose mehr tragen? Nein. Nein. Doch. Aber es empfiehlt sich immer, den Dresscode zu erfragen. Denn Amerikaner sind beides: in Ausnahmefällen formeller. Und im Regelfall lockerer.

Es waren die Schauspieler Marlon Brando und James Dean, die das Herrenunterhemd, das T-Shirt, die schwarze Lederjacke zur Garderobe von Sexsymbolen veredelten. Die modischen Exzesse der Hippies blieben im Großen und Ganzen folgenlos, aber die Körperbetontheit und Schnörkellosigkeit der amerikanischen Funktionskleidung setzte sich durch. Der Begriff, der die Modephilosophie Amerikas vielleicht am knappsten beschreibt, lautet »casual«. Das heißt lässig, beiläufig, ohne erkennbare Mühe, demokratisch. Das aggressive Geschäft mit Lizenzen hat der Franzose Pierre Cardin erfunden, aber während dieser sich schon früh damit verzettelte und ramschig wurde, schafften es Amerikaner wie Ralph Lauren oder Calvin Klein (und zugegebenermaßen auch Giorgio Armani), den Massenmarkt zu bedienen und trotzdem keinen Imageschaden zu erleiden. Im Gegenteil: Je berühmter das Polopony von Ralph Lauren wurde, je allgegenwärtiger der Schriftzug Calvin Klein auf den Bündchen von Unterhosen und auf Parfumflakons, desto strahlkräftiger wurden die Marken. Während das Ideal von europäischer Mode die Elitenbildung ist (sei es durch Preise oder verfeinerte Ästhetik), ist in Amerika eben genau das gut, was alle tragen. »Es gab in den 50ern und 60ern eine sehr amerikanische Auffassung von Kleidung: die Selbstverständlichkeit«, erklärte mir der Designer Thom Browne: »Die Kleidung verschwand, wenn man sie trug. Diese *easyness* möchte ich wiederfinden.« Wenn sie nicht genetisch verankert ist, ist *easyness* bekanntlich harte Arbeit. Am ehesten lernt man sie in Amerika.

Neben den frischgetrauten Paaren ist eine weitere meiner Lieblingsrubriken in der schon am Samstag gelieferten Sonntagsausgabe der »New York Times« die Bildstrecke »On the Streets«. Die Idee ist bestechend einfach: Fotos von New Yorkern mit besonderer Berücksichtigung ihrer modischen Vorlieben. Jede Woche gibt es ein anderes Thema: gestreifte

Polohemden, ausladende Hüte, Sandalen oder frische Frühlingsfarben. Und jede Woche bin ich aufs Neue begeistert von dem Ausmaß an Exzentrik, Stilwillen und Vielfalt, von dem alltäglichen Schauspiel, das die Amerikaner bieten.

Will man sich jedoch in die Mode dieses Landes hineindenken, beginnt man am besten mit dem *preppy look*, der traditionellen Garderobe der herrschenden Klasse. Der Name bezieht sich auf die privaten *preparatory schools*, auf die die WASPs ihre Kinder schicken. Der Stil ist am ehesten verwandt mit dem der sogenannten Popper in den 8oer-Jahren, allerdings ohne deren modische Auswüchse (Karottenhosen, Seitenscheitel mit »Tolle«) und ideologisch das genaue Gegenteil: Während die deutschen Kaschmirhedonisten damals eine Art Kulturkrieg anzettelten und dabei die bemühte Minderheit waren, sind die Preppys per Erbrecht auf der Gewinnerseite des Lebens. Als man George Bush, den Älteren, nach der Marke seiner Jacke befragte, öffnete er sie einfach lächelnd und zeigte das Label. Es handelte sich um ein Sakko von J. Press, einem klassischen *preppy shop*, der nur Filialen bei den großen Ostküstenuniversitäten hat, der sogenannten Ivy League. Daneben sind es Läden wie J. Crew, Ralph Lauren, Brooks Brothers, in denen man sich mühelos und für vergleichsweise wenig Geld als *preppy* einkleiden kann. Hier ist der Unterschied zwischen Frauen und Männern auch minimal. Für beide Geschlechter gilt: sauber, bunt und lieber gleich zwei Polohemden übereinanderstreifen. Ob der Kragen dabei nach oben geklappt wird, ist eine Frage der Tagesform und der modischen Entschiedenheit (nach oben ist das radikalere Statement).

Zehn Dinge, die zur Grundausstattung eines *preppy* gehören:
1. Bootsschuhe / Loafers,
2. Karierte Shorts,
3. Kaschmirpullover in bunten Farben,
4. Button-down-Hemden,

5. Flechtgürtel mit Lederspitze,
6. Chinos (helle Baumwollhosen),
7. Seersuckerjackett,
8. Strickkrawatte,
9. Schal einer Ivy-League-Universität (Princeton z. B. ist schwarz-blau gestreift),
10. Polohemden von Ralph Lauren in allen Farben und Auswaschungsstadien.

Wie für die Sprache der *valley girls* (siehe Kapitel: »Imagine Whirled Peace«) ist auch der *preppy look* dadurch im Verschwinden begriffen, dass er in die gesamte amerikanische Gesellschaft diffundiert ist. Die entscheidenden Impulse der letzten Jahrzehnte kamen daher auch aus anderen Ecken. Aus Kalifornien stammt der aufreizend gesunde, braun gebrannte Surferlook, vielleicht perfekt verkörpert von dem Schauspieler Zac Efron, der noch vor seiner Volljährigkeit ein Superstar wurde, weil er in dem Film »High School Musical« mitgespielt hatte: Seine Haare sehen aus wie von der Sonne ausgebleicht, seine Haut ist perfekt, seine Kleidung (Trovato, Quiksilver, Abercrombie & Fitch) betont lässig und wie für den Strand gemacht. Noch einflussreicher war der Dresscode der amerikanischen Hip-Hopper. Die unter dem Hintern hängenden Hosen sieht man heute auch an Grundschulen in der deutschen Provinz, und fast jeder Musiker versucht sich irgendwann an einem Modelabel; die Marke des Produzenten Pharell etwa trägt den brillanten Namen Billionaire Boys Club.

Weniger selbstironisch, dafür umso folgenreicher war die Arbeit der kalifornischen Stylistin Rachel Zoe. Zu ihren Kundinnenbestenfreundinnen zählten Nicole Ritchie, Lindsay Lohan, Britney Spears, Mischa Barton, Jessica Simpson. Mit diesen Mädchen, »sie sind wie meine jüngeren Schwestern«, schuf Zoe den wirkungsmächtigsten Frauentypus des beginnenden 21. Jahrhunderts: Riesensonnenbrille, immer das neueste Handy, expressive Handtaschen, wie vom Flohmarkt zusammengewürfelte, aber sehr teure Klamotten, die möglichst viel Haut offenbaren. Dazu kam ein Schlankheitsideal am Rande der Magersucht. Man atmete förmlich auf, als Nicole Ritchie schwanger wurde. Davor kursierten erschreckende Fotos, auf denen sich ihre Haut leicht eingeschrumpelt über den Knochen spannte. Überhaupt muss man fast glauben, das Schönheitsideal dieser Frauen sei die Kreatur Gollum aus »Der Herr der Ringe«: riesige, hungrige Augen und ein Körper, der quasi verschwindet. Allerdings würde Rachel Zoe Gollum erst mal ein bisschen Silikon unter die Lippen, ein paar Wochen auf der Sonnenbank und einen Schrank voller it-Bags verschreiben. Die mageren Silhouetten ihrer Kundschaft jedenfalls führten an einem Punkt zu dem Verdacht, sie schmuggele Diätpillen aus Mexiko ein, um sie weiterzuverteilen. »Ich habe noch nicht einmal Kokain probiert«, erklärte Zoe als Antwort auf den Verdacht, als würde das irgendetwas beweisen oder entkräften.

Die Urmutter dieses Looks ist das britische Model Kate Moss, die ihren mädchenhaften Körper gern in luxuriöse Rock-'n'-Roll-Lumpen kleidet. Die amerikanische Version davon ist ein bisschen vulgärer: Einen kleinen Busen wie Kate Moss würden die wenigsten Frauen auf sich sitzen lassen, die Kleidung ist stets ein wenig lauter und ein wenig knapper. »Amerikanische Frauen ziehen sich nicht an, um ein modisches Statement abzugeben«, sagt der New Yorker Designer Martin Cho: »Sie wollen ein Statement über ihren Körper abgeben.«

Ich kann mich an Amerikanerinnen und Amerikanern trotzdem nicht satt sehen, denn sie haben einen fast schon aggressiven Selbstdarstellungswillen. Ob es die unglaublich kompliziert dekorierten Fingernägel der Kassiererin in der Drogeriekette Duane Reade sind, die den Umgang mit Kleingeld zu einem Balanceakt machen, oder der Rentner, der eine wirklich okay sitzende Jeans und die tadellos gestaltete Baseballkappe der Oakland Athletics trägt – die Bereitschaft, eine gute Figur zu machen, ist hier weder eine Alters-

noch eine Einkommensfrage. Deswegen werden auch die Bemühungen anderer durch Fragen, Komplimente, Szenenapplaus goutiert. Mit einer traditionellen bayrischen Lederhose oder einem schottischen Kilt fühlt man sich in Amerika nicht peinlich oder deplatziert, sondern auf unkomplizierte Art im Mittelpunkt. Was in stilbewussteren Gegenden (Norditalien, Paris, Eppendorf) ein Fauxpas wäre, ist hier *fabulous* und *fun*. Schließlich schreiten die Präsidenten ja auch mit Cowboystiefeln durchs Weiße Haus.

Neben ihrer modischen Entspannungspolitik ist die andere wichtige Errungenschaft der Amerikaner, dass sie den Körper selbst zum wichtigsten Accessoire gemacht haben. Der große Rivale von Ralph Lauren war ab den späten 70ern Calvin Klein. Beide kamen aus einfachen Verhältnissen und schneiderten den amerikanischen Traum: Sie bauten Imperien, die jedem Zutritt gewähren. »Sex sells« lautet eine uramerikanische Verkaufsstrategie, aber wie man die Erotik genau dosieren muss, das lotete Calvin Klein mit Hingabe jahrzehntelang aus. In einer Kampagne erklärte Brooke Shields, unter ihren Jeans nackt zu sein, in einer anderen sah man ein Model schräg von unten fotografiert, sodass seine ausgebeulte Unterhose Bildmittelpunkt und Blickfang war, der Anfang der 90er als Marky Mark auftretende Rapper Mark Wahlberg führte seinen aufgepumpten Körper vor und fasste sich dazu dreist in den Schritt.

Calvin Kleins Ästhetik war nicht neu, sein Hausfotograf Bruce Weber bediente sich offensichtlich bei Leni Riefenstahl, Herbert List und anderen Verehrern klassischer Schönheitsideale. Aber er zementierte die Überzeugung, dass das wichtigste Kleidungsstück der Zukunft der eigene Körper ist.

---

* Der Titelheld dieses Romans von Scott F. Fitzgerald ist ein geheimnisvoller Selfmade-Millionär, der seine Jugendliebe zurückerobern will. Ralph Lauren stattete die Verfilmung mit Robert Redford aus und wird zuweilen mit Gatsby verglichen: ein Mann, der sich selbst neu erfunden hat und dessen Klasse ein Produkt seines Ehrgeizes ist.

Doctor Feelgood *

**Wie ich vier Stunden in einem New Yorker Krankenhaus überlebte.
Oder: Warum das amerikanische Gesundheitssystem besser ist als sein Ruf.**

Um drei Uhr nachmittags erreichte mich ein Anruf, wie man ihn sich nie und schon gar nicht zwei Tage vor Weihnachten wünscht. Freunde von mir waren am Hunter Mountain, zwei, drei Autostunden von Manhattan entfernt, und Henning hatte sich beim Skifahren Arm und Schulter gebrochen. Er war in einem Ambulanzschlitten von der Piste Park Avenue zur Talstation transportiert worden und hatte Schmerzmittel bekommen, aber es war klar: Er musste ins Krankenhaus, und zwar dringend. Während meine Freunde sich auf den Weg machten, versuchte ich rauszukriegen: Welches Krankenhaus wäre das beste? Welche Papiere musste er dabeihaben? Würden die Ärzte auf Barzahlung bestehen?

Es hätte noch schlimmer kommen können. Henning hätte mit einer der Bustouren, die von New York aus Eintagestrips in die nahe gelegenen Skigebiete unternehmen, oder auch ganz allein unterwegs sein können. Ich war trotzdem überrascht, dass man einen Mann mit zweifach gebrochenem Arm nach Hause schickt. Beziehungsweise auf eine dreistündige Autobahnfahrt zurück nach New York, während der jedes Schlagloch einen stechenden Schmerz verursachte.

Das amerikanische Gesundheitssystem hat einen denkbar schlechten Ruf. In keinem Land sind die Ausgaben pro Kopf so hoch, gleichzeitig sind fast fünfzig Millionen Menschen nicht krankenversichert. Und die, die es sind, zahlen trotzdem. Mein Bekannter John, ein Freiberufler, überweist pro Monat 1500 Dollar für sich, seine Frau und ihr Baby. Zähne und Augen sind damit noch nicht versichert, bei Krankenhausaufenthalten sind mehrere Tausend Dollar Eigenanteil fällig. Bei dem Vater eines anderen Bekannten wurde Krebs diagnostiziert, und zwei Wochen später starb er. Trotz solider Krankenversicherung zahlte seine Familie 30 000 Dollar für die Behandlung.

Schon in der ersten Amtszeit ihres Mannes wollte Hillary Clinton die Gesundheitsversorgung in den USA auf das Niveau anderer Länder in der Ersten Welt bringen. Sie war die erste First Lady, die so energisch mitregierte, es war das ambitionierteste Projekt der Clinton-Regierung, und sie scheiterte damit grandios. Das hielt weder sie noch alle anderen Kandidaten davon ab, sechzehn Jahre später mit dem Versprechen in den Wahlkampf zu ziehen, dass diesmal wirklich alle versorgt werden könnten.

Not macht erfinderisch und schafft Marktlücken. In den letzten Jahren entstanden sehr erfolgreiche Ketten, die in den großen Shoppingmalls kleine Praxen für die Laufkundschaft eröffnet haben. Die Idee dahinter: Ein Großteil der Beschwerden, wegen der Menschen zum Arzt gehen, können mit ein bisschen Antibiotika, Kortison oder Schmerzmitteln geregelt werden. Der Kunde spart viel Zeit und Geld, wenn er nicht extra einen Termin macht und die hohen Gebühren für eine gut ausgestattete Praxis mitbezahlt, sondern beim Gang zum Baumarkt oder Walmart noch schnell beim Instant Doctor reinhuscht. Der Standardpreis bei dem Anbieter QuickHealth etwa beträgt um die vierzig Dollar, dafür muss sich der Patient darauf verlassen, im Ernstfall zu einem richtigen Arzt geschickt zu werden.

In einem Land, wo ein versehentlich verschütteter Kaffee an der Ausgabe eines Fast-Food-Drive-In zu Millionenklagen führen kann, scheint der Arztberuf ein Hochsicherheitsrisiko darzustellen. In der Rubrik »The Ethicist« des »New York Times Magazine«, in der Moralfragen für den Alltag erörtert werden, beschwerte sich eine Leserin, dass in ihrem Stadtviertel in Washington alle Frauenärzte ihre Patientinnen quasi erpressen. Bevor diese nicht eine Erklärung unterschreiben, dass der Arzt für keinerlei Folgen haftbar ist, lässt er sie noch nicht einmal ins Sprechzimmer.

Mich hat das nicht weiter erstaunt. Ein normaler Arztbesuch folgt hier einem streng choreografierten Initiationsritus. 1. Die Nichthaftungserklärung unterzeichnen. 2. Einen ausführlichen Fragebogen zur eigenen Krankheitsgeschichte (Zigarettenkonsum, Herzkrankheiten in der Familie etc.) ausfüllen. 3. Am allerwichtigsten: das Geld. Wer in Deutschland krankenversichert ist, muss direkt bezahlen. Und selbst in einer relativ professionellen Allergiepraxis in Manhattan wurde mir gesagt, dass man nur Bargeld nehme, sodass ich durch den Schneesturm irren und einen Bankautomaten finden musste, bevor ich den Arzt sprechen durfte (man kennt diese Geldwäschemethoden in Restaurants, bei Ärzten war sie mir neu). 4. Der Mensch, der als Erstes das Behandlungszimmer betritt, ist keinesfalls der Arzt, sondern sein Helfer. Er stellt ein paar Fragen, die man lieber dem Arzt beantworten würde, steckt einem das Fieberthermometer in den Mund, macht sich Notizen. Diese Vorbereitungen tun nicht weh, wirken aber manchmal dem Anlass nicht ganz angemessen. Man fühlt sich in einer Komödie, in der ein Kopfschmerzgeplagter zur Blinddarmoperation geschoben wird.

Vielleicht hatte ich ja Glück, aber meine Erfahrungen mit dem amerikanischen Gesundheitssystem waren trotzdem erfreulich. Zur Unterbrechung eines intensiven Arbeitstages am Schreibtisch hatte ich mir einen Salat aus rohem Fenchel bereitet, der bis zu diesem Tag zu meinen Lieblingsgemüsen gezählt hatte. Danach war ich zwar nicht sehr satt, aber stolz auf meine disziplinierte Ernährungsweise. Zwei Stunden später hatte ich rote, juckende Quaddeln am ganzen Körper. Meine Lippen und mein Gesicht waren aufgedunsen. Und mit jeder Minute schien meine Luftröhre stärker zuzuschwellen, schien es schwerer, Luft zu bekommen. Ich lernte ein neues Gefühl kennen: Todesangst.

Mir war klar, dass ich Hilfe brauchte, aber ich fühlte mich zu schwach, alleine zur Notaufnahme eines Krankenhauses zu fahren. Meine Panik lähmte mich. Ich rief meinen Freund Frank an und zählte die quälend langen Minuten, die er brauchte, um von seinem Büro in der 5th Avenue ins East Village zu kommen. Zum Glück ist er der perfekte Krisenmanager und setzte sich mit mir ins Taxi zum St. Vincent Hospital. Auf dem Weg konnte er sich das Lachen nicht verkneifen. Mein Gesicht war so deformiert und meine Lippen waren so aufgebläht, dass ich aussah wie die Galeristengattin Jocelyn Wildenstein, die in den 80er-Jahren eines der spektakulärsten Opfer von viel zu viel plastischer Chirurgie geworden war. Immerhin war er so zartfühlend, kein Foto zu machen.

In der Notaufnahme saßen sicher fünfzehn weitere Patienten. Normalerweise hätte ich die anderen wie bei einem Schönheitswettbewerb gemustert, um einzuschätzen, wie schwer und akut ihre Gebrechen im Vergleich zu meinem waren und wer deswegen als Erstes dran käme. Tatsächlich aber wand ich mich auf dem Plastikschalensitz. Ich kämpfte nicht mit Atemnot, aber mit der Panik davor, und hoffte, ständige Bewegung würde mich besänftigen. Selten habe ich so intensive Dankbarkeit empfunden wie gegenüber der Krankenschwester, die mich schon nach fünf Minuten Wartezeit in ein Separee führte und auf eine Trage legte. Ich bekam sofort eine Spritze in den Arm und eine Atemmaske vors Gesicht, mir wurden Antihistamine und Steroide injiziert. Ich spürte die Medikamente wie eine Welle durch meinen Körper spülen, und innerhalb von Sekunden wusste ich, dass ich in

Sicherheit war. »Das ist die heftigste Droge, die ich je genommen habe«, sagte ich dem Arzt und versuchte ein Lächeln mit meinem abschwellenden Mund. Danach dämmerte ich vier Stunden auf der Trage, wie nach einer sehr langen, anstrengenden Reise, die einen unendlich erschöpft und doch zu aufgewühlt für echten Schlaf zurücklässt.

Auf dem Weg zum Ausgang waren wir wieder in der Wirklichkeit amerikanischer Krankenhäuser angekommen. Auf nicht einmal durch Vorhänge getrennten Betten lagen Patienten in den verschiedensten Nacktheitszuständen und mit unappetitlich entstellten Gliedmaßen, und auf einer hereinrollenden Trage schlug ein Muskelpaket so heftig um sich, dass vier Pfleger es festhalten mussten. Trotzdem wankte ich mit dem Gefühl nach Hause, dass das amerikanische Gesundheitssystem vielleicht umständlich, bürokratisch und geldgierig ist. Dass man sich aber im Notfall darauf verlassen kann.

Eigentlich ist es jedoch erstaunlich, dass Amerikaner überhaupt krank werden. Schließlich hat das Land schon vor dem Ende des kommunistischen Imperiums seinem eigentlichen Hauptgegner den Krieg erklärt: den Bakterien. Und wie Amerikaner nun einmal so sind, glauben sie fest daran, dass dieser Krieg zu gewinnen ist. Als der New Yorker Gouverneur Eliot Spitzer zurücktreten musste, weil er Stammkunde bei einem Callgirlring gewesen war, war es ein Detail, das besonderes Interesse fand: Er hatte darauf bestanden, beim Oralverkehr kein Kondom benutzen zu müssen. Bekanntlich wird AIDS nicht durch Blowjobs übertragen, aber irgendwie galten die 3000-Dollar-Besuche der Prostituierten damit als besonders schmutzig. Es geht natürlich auch alltäglicher. Zwar sind in Restaurants die Toiletten meist nicht einmal nach Geschlechtern getrennt, aber in jedem Fall hängt dort ein mahnendes Schild, dass sich die Angestellten die Hände waschen müssen. Um einen Kaffee zu bereiten oder einen Bagel zu servieren, streifen sich die Kellner Einweghandschuhe über, als wollten sie meine Leber transplantieren. Eines der größeren Müllprobleme entsteht durch die Angewohnheit, Unmengen von Wasser aus kleinformatigen Plastikflaschen zu trinken. Amerikaner wollen eben noch nicht einmal den eigenen Keimen ein zweites Mal begegnen.

Schon gar nicht denen ihrer Mitmenschen. In einer Studie der Clemson University untersuchte eine Gruppe von Studenten unter der Leitung des Nahrungsmikrobiologen Paul L. Dawson die gesundheitlichen Risiken des *double dipping*. Die Wissenschaftler wollten erkunden, was passiert, wenn man einen Tortillachip in eine Schüssel mit Guacamole taucht, abbeißt und ein zweites Mal mit dem gleichen Chip ein bisschen Dip erschaufelt. Zum Hintergrund: Chips und Dips ist einer der am weitesten verbreiteten Partysnacks in den USA. Allein während der Übertragung des Superbowls, des Endspiels der Football-Liga, werden auf diese Weise über hundert Millionen Avocados verarbeitet und konsumiert. Das Ergebnis der Testserien war, dass durchschnittlich fünfzig bis hundert Bakterien vom Mund des einen Doppeldippers zum Mund des nächsten Dippers wanderten. Zwar räumten die Bakteriologen ein, dass sie keine Gesundheitsgefährdung vermuteten, und die Studie war von einer Szene aus der Sitcom »Seinfeld« inspiriert, aber auch in ihren spielerischen Ausprägungen zeigt sich die Bakterienphobie der Amerikaner. Und ihre Lösungsorientiertheit: Die Wissenschaftler empfehlen kleinere Chips. Weil man diese schon mit dem ersten Biss verschlungen hat, ist die Gefahr des *double dipping* gebannt.

Das Röntgenbild von Hennings Arm war beeindruckend. Ein sauberer Bruch im Schultergelenk und ein Splitterbruch in der Oberarmmitte, bei dem ein Stück des Knochens förmlich im Muskelfleisch zu stecken schien. Trotzdem schickten sie ihn über Weihnachten nach Hause: der Arm müsse zunächst abschwellen.

Verschreibungspflichtige Medikamente zu kaufen ist in den USA erstaunlich mühsam. Die Apothekerin nimmt das Rezept entgegen und schickt den Kunden erst mal wieder weg: Das dauere jetzt ungefähr eine halbe Stunde. Meist erweist sich diese Zeitangabe als untertrieben, und während man vor dem fast mannshohen Tresen wartet, fragt man sich, ob die Verkäuferin vielleicht selbst auf Beruhigungsmitteln ist. Oder gerade einen Routinecheck bei der Drogenbehörde DEA angefragt hat – vielleicht ist ja der Kunde dort registriert.

Die Medikamente werden nicht in den Verpackungen der Hersteller verkauft, sondern in Standardplastikröhrchen, die Tabletten sind handverlesen. Die ganze Prozedur wirkt, als würden Medikamente in diesem Land mit besonderer Vorsicht ausgegeben. Tatsächlich ist dies eine Illusion, denn die Ärzte sind beim Verschreiben eher großzügig.

Das Schmerzmittel, das sie Henning verschrieben hatten, hieß Oxycontin. Da er in den Tagen vor der Operation meinte, die losen Knochenteile in seinem Arm knirschen zu hören, sparte er nicht gerade bei der Dosierung. Und weil uns der Unfall ziemlich mitgenommen hatte, probierten wir auch die eine oder andere Tablette. Die Dinger entspannten, machten glücklich, aber nicht schläfrig. Wir hatten sehr fröhliche Weihnachten. Lange nach der Operation googelten wir das Medikament. Oxycontin ist ein Opiat mit vergleichsweise wenigen Nebenwirkungen und war das erste Schmerzmittel seiner Art, das in den USA mit einer großen Publikumskampagne beworben wurde. Das Ergebnis davon ist zweischneidig. Das Medikament war ein großer Erfolg, aber man nennt es inzwischen auch Hillbilly Heroin, weil es gerade in den ländlichen Gegenden Amerikas massenhaft missbraucht wurde. Der ultrakonservative Radiomoderator Rush Limbaugh war dem Mittel verfallen, Schüler zerstampften die Tabletten und schnupften sie. Angeblich sind Hunderte daran gestorben.

Wie gesagt. Es hätte noch viel schlimmer kommen können.

---

* Der Arzt, nach dem Aretha Franklin verlangte, sollte nur ihr Liebessehnen kurieren. »Dr. Feelgood« war der Spitzname des Mediziners Max Jacobson, der in den 60ern John F. Kennedy, Tennessee Williams und andere Prominente behandelte. Er verlor 1975 seine Lizenz.

The Day After Tomorrow*

Warum ich hier meinen Jutebeutel zu Hause lasse. Oder: Wie Amerika grün wird. Oder auch nicht.

»Erst wenn der letzte Baum gefällt ist, erst wenn der letzte Fluss vergiftet ist, erst wenn der letzte Fisch gefangen ist, werdet ihr verstehen, dass man Geld nicht essen kann«, lautet eine Passage aus einem Märchen der Hopi-Indianer, die als Autoaufkleber einmal fast so beliebt war wie der Slogan »Ein Herz für Kinder«. In Deutschland stemmt man sich seit Jahrzehnten praktisch täglich gegen den Weltuntergang – durch den Verzicht auf Atomkraftwerke, Deospray oder Plastiktüten, durch Dosenpfand und Hetze auf kinderlose Akademikerinnen. In Amerika dagegen herrschte bis vor Kurzem das Gefühl vor, dass noch ziemlich viele Bäume, Flüsse und Fische vorhanden sind. Auch wenn sie 2007 bei der CO_2-Produktion von China überholt wurden, gelten die USA als weltweit führender Umweltsünder. Und mit seiner Weigerung, das Kyoto-Protokoll umzusetzen, hat George W. Bush klargemacht, dass niemand den Amerikanern vorschreibt, wie sie zu leben haben und was sie verfeuern dürfen. Die Idee, dass man Autos bauen könnte, die weniger Treibstoff verbrauchen, oder Häuser, die vernünftig isoliert sind, galt in den USA noch bis vor Kurzem als indiskutabel antiamerikanisch. »Man behandelt uns wie

Zwölfjährige und sagt uns, wie viel Wasser wir in unserer Toilettenschüssel haben dürfen und wie groß unser Auto sein darf«, schimpfte der Bush-Berater und Steuersenkungsideologe Grover G. Norquist im Frühjahr 2008 über die Bemühungen auch konservativer Politiker, die CO_2-Produktion zu drosseln.

Zur gleichen Zeit erschien bereits die dritte »Green Issue« von »Vanity Fair«, die jährliche Umweltausgabe mit dem garantierten Erbauungsbonus. In diesem Fall war es Madonna, die auf dem Cover ihr ökologisches Bewusstsein entdeckt hatte. Ihre direkten Vorgänger in dieser Rolle waren Leonardo DiCaprio und Knut. Den kleinen Eisbären fotografierte Annie Leibovitz im Berliner Zoo, den Schauspieler beim Jökulsarlon-Gletscher in Island. Da sie mit einem großen Team arbeitet, kann man sich vorstellen, welchen *carbon footprint* diese Titelproduktion hinterlassen hat, doch dazu später. Umweltschutz ist ein Modethema geworden, mit dem man sich selbst ins rechte Licht rücken kann. In diesem Fall ist dieses Licht grün. Madonnas Vorvorgänger waren Al Gore, Julia Roberts, George Clooney und Robert F. Kennedy jr., und sie sahen auf dem Cover so unvorteilhaft blassgrün in den Gesichtern aus, dass jeder ihrer Imageberater das Motiv normalerweise automatisch gesperrt hätte. In Deutschland ist uns das Thema Umweltschutz seit Jahren vertraut, fast scheint es zuletzt an Strahlkraft verloren zu haben. In Amerika ist dieses Anliegen frisch auf dem Markt der Meinungen und wird mit Enthusiasmus betrieben.

Als sie nach ihren Sommerplänen befragt wurde, erklärte Elettra Wiedeman, Tochter von Isabella Rosselini und ebenfalls Model, dass sie New York unbedingt verlassen würde: »Es ist zu heiß, und ich hasse es, meine Klimaanlage anzustellen, weil ich dann einen *carbon footprint*-Schuldkomplex kriege.« Der *carbon footprint* lässt sich, wie meist ziemlich uncharmant, am ehesten als »persönliche CO_2-Bilanz« übersetzen. Dieser Begriff ist deswegen so typisch für die Amerikaner, weil sie von dem Glauben beseelt sind, dass jede Person am Gelingen der Welt Anteil hat – jeder Einzelne »can make a difference«. Die bedingungslose Verehrung des Individuums, die natürlich auch der Rücksichtslosigkeit des Steuersenkers Norquist zugrunde liegt, ist einer der Grundpfeiler des amerikanischen Selbstverständnisses.

Da es bei der neu entdeckten Ökologie um nichts weniger als um die Rettung der Welt geht, fühlen sich die Amerikaner in ihrem Ehrgeiz angestachelt. Die Hollywoodprominenz ist von dem im ersten Irakkrieg populär gewordenen Hummer auf Hybridautos umgestiegen, das neue Statussymbol ist der Toyota Prius, ein unscheinbares Wägelchen mit sensationell niedrigem Verbrauch. Manche Fluglinien müssen ihre First und Business-Class ausbauen, weil für Firmenmanager wie Schauspieler die Reise im Privatflugzeug zu Imageproblemen führen kann. Und mein Freund Patrick hat nicht etwa aufgehört, mit dem Auto zur Arbeit zu fahren, weil er jeden Tag dreißig Dollar für den (firmeneigenen) Parkplatz zahlen muss. Sondern, wie er mit schüchternem Lächeln gestand, um seinen *carbon footprint* zu reduzieren.

Niemand verkörpert das neue grüne Amerika besser als Al Gore. Auch wenn viele der Meinung sind, das Präsidentenamt sei ihm durch Wahlbetrug der Republikaner entrungen worden, stand er doch als Verlierer da. Zudem als einer, dessen ungelenkes Auftreten zumindest Teilgrund für seine Niederlage war. Zuerst ließ er sich einen Bart wachsen, was irgendwie als beleidigte Geste gewertet wurde. Dann aber erfand er sich neu, als über dem Parteiengezänk agierender Umweltschützer. Er entwickelte eine apokalyptische und unterhaltsame Diashow, in der er vor der globalen Erwärmung warnt, tingelte damit um die Welt und ließ einen Film darüber drehen. In der Nacht, in der er für »An Unconvenient Truth« einen Oscar erhalten würde, trat er mit Leonardo DiCaprio vor das Publikum im Kodak Theatre und setzte zu einer Rede an, die in seiner Erklärung zu münden schien, dass er noch einmal kandidieren wolle. Der Orchestertusch, der renitente Gewinner bei allzu ausführlichen Dankesreden von der Bühne treibt, unterbrach ihn, und der Saal brach in wissendes Gelächter aus. Gore war im gleichen Jahr der Schirmherr des weltweiten Konzerts Live Earth und erhielt für sein Engagement den Friedensnobelpreis, aber noch ist mit Umweltschutz in keinem Land der Welt eine Wahl zu gewinnen. Immerhin hat ihn das Thema zum Popstar gemacht. Und das, obwohl seine Frau Tipper die weltweit profilierteste Kämpferin gegen jugendgefährdende Popsongs ist.

Auch das Fotomodell Summer Rayne Oakes hat seine Karriere mit grünem Engagement verknüpft. Wie bei einer Anfang Zwanzigjährigen üblich, hat sie einen ganzen Strauß von Anliegen, aber im Kern geht es ihr um Propaganda für ein ressourcenschonendes Leben. Sie schwärmt vom Strandreinigen in Los Angeles, von schadstoffneutralem Schmuck und von den Biomärkten in Brooklyn. Und sie tut das mit einer Begeisterung, die nicht moralisiert, sondern aufmuntert. Während unseres Gesprächs bot sie mir Lasagne vom Vorabend an (»Komischerweise bin ich keine Vegetarierin«) und gab mir zum Abschied einen Kuss auf die Wange. Vielleicht, weil ich mit dem Fahrrad angereist war. Wie jede gute Amerikanerin versteht sie es, aus ihrem Schicksal (hübsch und engagiert) einen Lebensentwurf zu machen. Und wie die wirklich guten Amerikaner behält sie dabei eine gewisse Leichtfüßigkeit und Selbstironie. Oakes ist bildschön, kommt aber nach Aussage ihres Agenten für achtzig Prozent aller Modeljobs nicht infrage, weil sie Kleidergröße 6 hat. Normal sind heute 2 oder 0. »Wenn du glaubst, dass mich das aufhalten kann, irrst du dich gewaltig«, hat sie ihm gesagt und erzählte mit hochgezogener Augenbraue, dass schon ihre Mitschüler sie als spätere Präsidentin bezeichnet hätten. Auszuschließen ist das natürlich nicht. Wenn Al Gore mit seinen Prophezeiungen recht hat, werden die Amerikaner irgendwann erkennen müssen, dass Umweltschutz kein Luxusthema ist. Als er in

Ohio Wahlkampf machte, wollte Barack Obama Verständnis für die Sorgen der einfachen Leute zeigen. Dass der Rucolasalat im Biosupermarkt Wholefoods teurer werde, sei natürlich ein Problem, sagte er. Dies galt als einer seiner ersten schweren politischen Fehler. Wenn Amerikaner Dünkelhaftigkeit wittern, werden sie ungemütlich. Und Wholefoods ist in den Augen der Mehrheit ein Treffpunkt der Besserverdienenden und Besserwisser, die sich ein sauberes Gewissen leisten können. Immerhin hat die Antialkoholikerin, Nichtraucherin und in keine öffentlichen Liebschaften verstrickte Aktivistin Oakes schon einmal einen präsidialen Lebenswandel vorzuweisen. Aber sie hat noch einen weiten Weg vor sich, denn das grüne Amerika hört schon sehr bald hinter den Stadtgrenzen von New York, Boston, San Francisco oder Boulder auf.

Und selbst innerhalb dieser Stadtgrenzen läuft nicht alles so, wie sich das Summer Rayne Oakes, Leonardo DiCaprio und Julia Roberts wünschen. Es ist zugegebenermaßen nicht ganz leicht, in diesem Land ein ökologisch korrektes Leben zu führen. Der Ideologie der ganz kleinen Schritte folgend, nehme ich gelegentlich eine Baumwolltasche mit zum Supermarkt. Meist blättere ich gedankenverloren in der neuesten Ausgabe von »InTouch« und strecke einen kleinen Moment zu spät der Kassiererin meine Tasche entgegen. Die Plastiktüte, die sie schon in der Hand hat, stopft sie seelenruhig in den Müll. Beim nächsten Mal komme ich mit leeren Händen an die Kasse und will eine der dort erhältlichen Stofftaschen kaufen. Kein Problem. Diesmal packt sie den Beutel sorgfältig in eine Plastiktüte.

Ein Mittagessen für zwei, das ich vom vegetarischen Thairestaurant um die Ecke nach Hause bestelle, besteht aus Suppe, Salat, Tofu-Gemüse-Curry und Reis. Diese zwei Lunchpakete kosten zusammen zwölf Dollar, verursachen aber so viel Plastikabfall, dass er nicht in den Müllschlucker auf unserer Etage passt. Für das Geld hätte ich zu Hause niemals ein solches Gericht hingekriegt, aber der Fußabdruck ist wieder ein bisschen größer geworden.

Dass in den USA pro Einwohner fast doppelt so viel Treibhausgase produziert werden wie in Deutschland, wundert niemanden, der sich auch nur ein bisschen mit den Gewohnheiten der Amerikaner vertraut macht. Und mit dem Zustand ihrer Häuser. Mit großer Geste wurde am New Yorker Bryant Park der Bank-of-America-Tower vorgestellt, das angeblich »grünste Hochhaus Amerikas«. Da ein großer Anteil der Energie auf dem Weg vom Kraftwerk zum Endverbraucher verloren geht, haben sich die Investoren einfach ein eigenes in den Keller gebaut. In normalen Mietshäusern aber wird die Energie förmlich aus den schlecht isolierten, einfach verglasten Fenstern geblasen. Das Haus, in dem ich lebe, ein eigentlich vorbildlich in Schuss gehaltener Backsteinbau aus den 30er-Jahren, wird im Winter so stark geheizt, dass ich selbst bei Minusgraden die Hälfte meiner Fenster permanent offen lassen muss. Das Problem ist, wie mir unser Hausmeister Ricky erklärte, dass die Heizanlage das heiße Wasser von unten nach oben pumpt, sodass es mit jedem Stockwerk ein bisschen abkühlt. Damit es ganz oben noch warm genug werde, müsse man eben Gas geben. Da unsere Wohnung allerdings bereits im fünften Stock liegt, können die Bewohner des Erdgeschosses die Wintermonate eigentlich nur in Unterwäsche überstehen. »Es sind immer nur die Deutschen, die sich darüber beschweren«, meint Ricky grinsend. Die Amerikaner sind da pragmatischer. Unser Nachbar Frank, ein magerer älterer Herr, stellt selbst im Januar die Klimaanlage an, um erträgliche Temperaturen in seiner Wohnung zu haben. Wenn im Sommer dann wirklich alle Kühlmaschinen auf Hochtouren laufen, verdoppeln sich die Stromrechnungen, und weil die Leitungen so alt sind, bricht regelmäßig die Versorgung eines ganzen Stadtteils für ein paar Tage zusammen.

Unsere erste Saison in New York begannen wir mit der festen Überzeugung, dass Klimaanlagen eine Unsitte seien und konsequent offene Fenster ausreichen würden, um die feuchte Hitze in dieser Stadt zu überstehen. Um neue Freundschaften zu vertiefen, luden wir Ende Juni zu einer Cocktailparty ein. Schnell wurde mir der Fehler bewusst: In einer echten New Yorker Sommernacht wird es abends nicht erträglicher. Im Gegenteil. Die Sonne hat sich in den Mauern gestaut, und die Kühlkisten produzieren zusätzliche Wärme, die durch die offenen Fenster in unsere Wohnung strömte. Mit jedem eintreffenden Gast stieg die Hitze in unserem Apartment, bei zufälligen Berührungen klebten die nassen Hemden aneinander. Die Party war ein voller Erfolg, denn bei dem Versuch, gegen die Dehydrierung anzutrinken, wurden die Gäste noch gesprächiger, als es in Amerika ohnehin üblich ist. Nur ein flüchtiger Bekannter, ein weitgereister und welterfahrener Kunstsammler, erschien nicht. Auf dem Weg aus der Upper East Side hatte er sich noch einmal telefonisch über den Charakter der Party informiert. Deutsche Gastgeber heißt keine Klimaanlage, wusste er und bat seinen Fahrer umzudrehen.

---

* Vielleicht ist es kein Zufall, dass ein Deutscher, der Regisseur Roland Emmerich, diesen Katastrophenfilm drehte, in dem New York von einer Flutwelle überspült und später ganz Nordamerika unter einer Eisschicht begraben wird.

Living In America*

**Warum ich nie wieder hier wegwill.
Oder: Wie die USA von der zweiten zur ersten Heimat
werden können.**

Es war im Keller des Künstlers Terence Koh, der in seinem
Stadthaus im New Yorker Chinatown seine Galerie Asian
Soup Society (ASS) betreibt. Manchmal dreht er im Keller
auch Pornos, und die Partys hier haben einen ausgesucht
schlechten Ruf. An diesem Abend aber stand meine sehr
nüchterne Freundin Haydee im Mittelpunkt, der selbst die
Kohlensäure im Mineralwasser schon zu berauschend ist. Sie
ist Stylistin, stammt aus Südafrika und hat, wie jeder in Amerika, immer eine Geschichte zu erzählen. Nur dass ihre
Geschichten immer irgendwie Alltagstragödien sind, und das
Opfer ist immer sie selbst: Sie fährt in die Karibik, und es reg-
net wochenlang, sie kommt zurück nach New York, und ihre
Wohnung ist überschwemmt, sie fährt für eine Modeproduk-
tion nach Moskau und wartet ohne Gepäck am Flughafen auf
den Fahrer, der nicht auftaucht.

Wenn man Haydee trifft, muss man sich innerlich darauf
einstellen, eine gesunde Balance aus Belustigung und Mitleid
zu zeigen. Sie hat lange genug in England gelebt, um eine
Portion Spott schätzen zu können. Und lange genug in den
USA, um zu wissen, dass auch unter Freunden der von

Medienwissenschaftlern oft beschworene *eyeball war* tobt: Wer am besten unterhält, hat gewonnen. Dabei darf man aber weder andere noch sich selbst schonen.

Auf das Schlimmste gefasst, traf ich Haydee in geradezu gelöster Stimmung. Und bevor ich dieser verdächtig guten Laune auf den Grund gehen konnte, sagte sie die Worte, die die Neue Welt bedeuten: »I got my green card today.« Eine Green Card kann man im Lotto gewinnen. Was schwieriger klingt, als es ist. Und man kann sich dafür bewerben, wenn man glaubhaft vermitteln und bescheinigen kann, dass niemand sonst, nicht einmal ein Amerikaner, den eigenen Job genauso gut erledigen könnte. Aber daran muss man in diesem Land ja ohnehin glauben. Wenn Haydee früher mit ihrem Arbeitsvisum bei der Immigration stand, wurde ihr zur Begrüßung erklärt: »Sie leben nicht hier. Sie arbeiten hier.« Eine Green Card aber macht aus dem Langzeitbesucher oder illegalen Einwanderer einen fast vollständigen Amerikaner, und sie ist der erste Schritt zur Einbürgerung. Damit steht sie für den vielleicht amerikanischsten aller amerikanischen Träume: Hier anzukommen, um hierzubleiben.

Fast jeder in den USA weiß, wo seine Wurzeln sind. Terence Koh zum Beispiel begann seine Karriere unter dem Namen Asian Punk Boy, sagt aber von sich, er sei »teils Japaner, teils Peruaner, und ich glaube, ein kleines bisschen Ire«. Es ist in der kurzen Geschichte dieses Landes begründet, dass ihr Weg hierher für die meisten seiner Bewohner noch nachvollziehbar ist. Auch weil es leicht ist, Amerikaner zu werden und seine Identität zu behalten. In fast jeder Stadt, vor allem natürlich an den Küsten, gibt es ethnisch oder religiös dominierte Viertel, in denen die Italiener, die Polen, die Hispanics, die Chinesen, die Inder, die Schwarzen, die Juden wohnen. Dass dies meistens nicht als Problem empfunden wird, dabei helfen zwei Grundeinstellungen: Die USA sind ein Einwanderungsland und wissen dies auch. Und sie haben ein gesundes Selbstbewusstsein.

Und ebendiese Überzeugung, dass es für jeden Menschen die größte Gnade sein müsse, in *god's own country* leben zu dürfen, lässt sie bei den Einbürgerungswilligen durchaus straff vorgehen. Einer Freundin aus Deutschland, die einen festen Job hier hatte und einen Amerikaner heiraten wollte, wurden von einer stark blondierten russischstämmigen Einwanderungsbeamtin drei Fragen gestellt: »Sind Sie eine Terroristin? Sind Sie eine Kommunistin? Sind Sie eine Prostituierte?« Die Beamtin sah selbst so aus, als könnte sie mindestens eins davon selbst mal gewesen sein. Aber das findet man ja immer erst dann komisch, wenn man mit den gewünschten Papieren wieder draußen ist.

Der Weg in die USA ist nicht immer leicht. Manche wurden auf Sklavenschiffe gezwungen, hinter denen sich Haifische tummelten, weil Hunderte die anstrengende Reise nicht überlebten. Heute schmuggeln Menschenhändler ihre Kunden von Mexiko rüber, jedenfalls solange der große Zaun die Erste Welt noch nicht von der Zweiten (und Dritten) trennt. Aber es ist egal, ob die Vorfahren aus religiösen und wirtschaftlichen Gründen nach Amerika übersetzten, als Sklaven hierher verschifft oder von den Nazis hierhergetrieben wurden. Oder ob sie selbst erst vor ein paar Jahren hier angekommen sind, illegal für Minimallöhne schuften und auf ein Wunder hoffen, das sie hierbleiben und ein besseres Leben führen lässt. Für fast alle galt und gilt: Es gibt keinen Weg zurück.

Ich bin hier mit einer anderen Einstellung angereist. Bei meinem ersten Besuch in New York hatte ich mich unrettbar in diese Stadt verliebt. Als ich nach meiner nächtlichen Ankunft sehr früh erwachte, blickte ich aus dem Fenster. Ich sah einen jungen Mann, der nackt in seiner Wohnung stand und sich selbst befriedigte, offensichtlich darauf aus, dass ihn andere sehen würden. Und ich sah eine Frau und einen Mann, die auf ihrem Balkon Sex hatten, offensichtlich vollkommen ungerührt von der Frage, ob irgendjemand sie sehen könnte. Komischerweise war dies der Moment, in dem ich wusste, dass ich nie wieder von New York loskommen würde. Es war Liebe auf die ersten zwei Blicke: Natürlich schläft diese Stadt manchmal, aber mindestens ein Auge hat sie dabei immer halb geöffnet. In den nächsten Tagen war ich oft sprachlos, weil ich von der brutalen Poesie der Architektur überwältigt war, von den vielfarbigen Menschen und von dem köstlichen Lärm.

Als mein Freund einige Jahre später den Job als Wirtschafts-korrespondent des »Spiegel« angeboten bekam, quälte ich mich mit dem Gedanken: Was gebe ich auf, wo gehe ich hin, wie wird es sein, wenn ich zurückkomme? Ich zog nach Amerika, aber mit einer zutiefst unamerikanischen Einstellung. Ich würde hier ein paar Jahre wohnen, zunächst in New York, dann vielleicht an der Westküste. Ich würde die Schönheiten, den Spaß, den Wahnsinn dieses Landes genießen. Aber dann würde ich zurückkehren nach Berlin, wo ich das erste Mal in meinem Leben in Deutschland das Gefühl erlebt hatte, eine Heimat zu haben. Einen Ort, den man liebt, hasst, verachtet, vergöttert und von dem man garantiert nicht loskommt.

Als Journalist ist das Leben in den USA sehr einfach. Innerhalb weniger Tage erhält man ein Visum für fünf Jahre (prinzipiell unendlich verlängerbar), und bis auf ein paar prüfende Fragen bei der Einreise hat man erst mal kein Problem. Ich besorgte mir eine Social Security Card (dafür braucht es nur eine Adresse), eröffnete ein Bankkonto (dafür braucht es nur ein Leben im Plus) und fand Freunde fürs Leben (dafür braucht es, wie überall auf der Welt, eigentlich gar nichts). Die nächsten Schritte können komplizierter sein. Auch wenn man seit Jahrzehnten in Deutschland eine Kreditkarte hat, fängt man hier mit seiner Kreditwürdigkeit (*credit history*) quasi bei null an. Und für meinen ersten Mietvertrag für ein Büro musste mein amerikanischer Mitbenutzer bürgen. Die Büro-kratie in den USA steht in krassem Gegensatz zu ihrem Image extremer Effizienz: Dies ist ein Land, in dem die Miete noch per Scheck bezahlt wird und in dem sofort ein Zuständigkeits-chaos entsteht, wenn irgendwas vom Regelfall abweicht. Da klickt man sich verzweifelt durch die Websites von AT&T und Apple, weil die Online-Anmeldung des Mobiltelefons nicht funktioniert, hängt dann in der Warteschleife einer 1800-Servicenummer, um nach zwanzig Minuten zu erfahren, dass man doch direkt in den Laden gehen muss. Wo einem wiederum gesagt wird, dass man bitte die Hotline anrufen muss. Es gibt also durchaus Situationen, die einen verzweifeln lassen. Offenbarungen alltäglichen Unsinns, die mich an die Fahrscheinautomaten der U- und S-Bahnen in Berlin erinnern, die noch nicht einmal Deutsche verstehen, geschweige denn die vielen Touristen, auf die die Stadt so stolz ist. Aber Vergleiche, wo das Jammern schöner ist, bringen ja nur kurzfristige Befriedigung. Ich habe mir vorgenommen, in den USA alles an Ärgernissen und Schönheiten zu finden, was ich fürs Leben brauchte. Es gibt Menschen, die lassen sich aus Deutschland das Schwarzbrot mitbringen. Man hat mir sogar von sorgfältig im Koffer verpackten frischen Eiern erzählt, weil die hiesigen angeblich kein Aroma haben. Das Einzige, was ich in dieser Hinsicht gelten lasse, sind Tempo-Taschentücher, weil die amerikanischen Produkte meinem Heuschnupfen weder in Größe noch in Reißfestigkeit gewachsen sind. Generell aber gilt: Was man in diesem Land kritisieren kann, perlt an mir ab, weil ich mein Leben hier als Geschenk auf Zeit betrachte.

Diese Zeit kann allerdings erstaunlich lang werden. In St. Helena / California lebt Volker Eisele mit seiner Frau und seinen mittlerweile erwachsenen Kindern in einem Tal, das, bei Sonne besehen, eine Art Paradies ist. Zwanzig Minuten davon entfernt, im eigentlichen Napa Valley, reiht sich eine Kellerei an die nächste. Manche davon sehen aus wie die Disney-Version eines toskanischen Landhauses, andere versuchen sich in moderner Architektur. Und die berühmteren (Coppola, Opus One) verlangen Eintrittsgebühr, was genau betrachtet nur konsequent ist, wenn es zuerst um eine gute Show und dann vielleicht um den Wein geht. In den mit allem Komfort ausgestatteten Hotels im Napa Valley treffen sich morgens gut

situierte und tadellos geliftete Frauen, um nach einem Sekt-
empfang in der Lobby zur Olivenölverkostung zu schreiten.
Individualtouristen mieten eine Stretchlimousine, um sich von
einem Winzer zum nächsten fahren zu lassen und dabei bedenkenlos trinken zu können. Aber wie immer in den USA muss
man die Hauptstraßen nur wenige Minuten hinter sich lassen,
und es öffnet sich ein ganz anderer Blick. Auf dem Weg zu Volker Eisele schraubt sich die Landstraße an einem Stausee vorbei. Immer wilder wird die Natur, immer spärlicher werden
die Häuser, bis man ganz sicher ist, auf dem falschen Weg zu
sein. Wenn man dann doch in das richtige Tal abbiegt, findet
man sanft sich schwingende Hügel, auf denen die Reben stehen.

Vor vierzig Jahren kam Eisele als Soziologe nach Berkeley,
befand dann aber irgendwann, dass »Soziologie keine Wissenschaft« sei. Seine Wissenschaft wurde der Weinbau. Er kann
lange und leidenschaftlich darüber sprechen, warum ein Wein
für vierzig Dollar eigentlich immer noch zu billig sei. Er kann
es mit seinem Cabernet Sauvignon auch beweisen. Aber mehr
noch als ein begnadeter Winzer ist Eisele ein Beispiel dafür,
wie der amerikanische Traum – dieses ausgelutschte, miss-
brauchte Klischee – funktioniert. Er stapft mit seinem Hund
durch die Reben, diskutiert mit seinem mexikanischen Hilfs-
arbeiter, dessen Vater und Kinder auch bei ihm arbeiten, führt
Besucher an das Wasserreservoir, das im Sommer auch als
Badeteich dient. Und trotz seiner Klagen über den schwieri-
gen Markt und die hohen Kosten und das sich verschlech-
ternde Mikroklima in Kalifornien wird man das Gefühl nicht
los, einen abgrundtief glücklichen Mann beim Gang durch
seine Welt zu begleiten. Wenn er nach Deutschland kommt
und mit seinen Winzerkollegen die Nächte durchdebattiert,
habe er nicht das Gefühl, seine Heimat sei ihm fremd geworden, sagt er. Und die »Zeit« und den »Spiegel« liest er jede
Woche mit der seiner Generation angemessenen Mischung
aus Inbrunst und Empörung. Aber genau das ist eines der

Geheimnisse von Amerika: Hier kann jeder eine Heimat finden, ohne seine alte zu verlieren.

Glücklich und nachdenklich vom Wein fuhren wir vom Napa Valley durchs Russian River Valley an den Pazifik und hörten dabei Dolly Parton.

Neun Alben für den Weg durch Amerika:

1. »Jolene« von Dolly Parton
   Ihre bescheidene Originalversion von »I will always love you« lässt Whitney Houston wie eine Angeberin klingen, und »Jolene« ist ein Meisterstück. Letzte Erkenntnis über Amerika: Hinter falschen Brüsten schlägt manchmal das größte Herz.

2. »American Recordings III: Solitary Man« von Johnny Cash
   Selbst in seiner Serie »American Recordings« ragt dieses Album heraus: Von Krankheit gezeichnet, singt Johnny Cash um Erlösung. Wenn Gott Ohren hätte, müsste er dem Sänger einen Drink kaufen.

3. »Ladies Of The Canyon« von Joni Mitchell
   Nüchtern und fokussierter als der angebliche Klassiker »Blue«. Mitchell ist für die Musik, was Diane Keaton für den Film: fast lächerlich, deshalb erhaben.

4. »The Essential Nancy Sinatra«
   Man kann weder auf »BangBang« oder »Something Stupid« verzichten noch auf die Duette mit Lee Hazlewood. Unverzeihlich allerdings, dass »Summer Wine« fehlt.

5. »Highway 61 Revisted«
   Die Bestenlisten von Musikkritikern sind stets mit Vorsicht zu lesen, aber »Like A Rolling Stone« ist vermutlich wirklich ein gutes Lied. Nervige Stimme, makelloses Album.

6. »I Tunes Liste« von den Beach Boys
   Dogmatiker würden wohl »Pet Sounds« empfehlen, aber dann fehlen »California Girls« und »Surfin' USA«. Chorknabenhafte, sonnige Laune, in der die Psychose von Brian Wilson mitschwingt.

7. »The Graduate Soundtrack« von Simon & Garfunkel
   Die Paranoia des Erwachsenwerdens, die Rebellion der
   Kleingewachsenen, die Verzagtheit der Zartbesaiteten: vermutlich eine der gelungensten Filmmusiken überhaupt.
8. »Porgy and Bess« von Ella Fitzgerald und Louis Armstrong
   Erstaunlich, dass irgendeine andere Sängerin nach Ella Fitzgerald noch einmal »Summertime« aufnehmen wollte.
   Armstrong nervt nur ein bisschen.
9. »Grievous Angel« von Gram Parsons
   Minimalistischer Countryrock. Ein weiteres, vorzeitig ver-
   storbenes Genie, das die Rolling Stones auf dem Gewissen
   haben.

Was fehlt? Eine All-American-Playlist mit Muddy Waters
(»Mannish Boy«), Elvis Presley (»Viva Las Vegas«), Neil
Young (»Hurricane«), Aime Mann (»Wise Up«), Cat Power
(»Maybe Not«), Frank Sinatra (»Young at Heart«), Ry Coo-
der (»Paris Texas«), Emmylou Harris (»Wayfaring Stranger«),
Joan Baez (»Here's To You«) und ungefähr 187 weiteren
Songs. Eingeständnis an Plattensammler: Dies ist nur ein win-
ziger Ausschnitt, bei dem ganze Genres und die letzten dreißig Jahre fast komplett ignoriert wurden. Aber ein bisschen
Arbeit kann man sich ja auch selbst machen.
   Wenn ich zum Flughafen Newark fahre, um mal wieder in
ein paar viel zu kurzen Tagen irgendetwas in Deutschland zu
erledigen, und ich mich telefonisch von den Freunden verab-
schiedet habe, die ich in den letzten Tagen wieder mal nicht
zu treffen geschafft habe, stelle ich mir vor, wie es wohl sein
würde, wenn ich in einem dieser Wagen vom Lower East Side
Car Service säße, den Kofferraum voll mit Gepäck, weil ich
endgültig zurück nach Deutschland zöge (auf den Konjunktiv
lege ich in diesem Fall besonderen Wert). Der Gedanke hat
für mich einen ähnlich morbiden Reiz wie die Überlegung,
welche Lieder auf meiner Beerdigung gespielt werden sollen.
Wenn ich mal beiseitelasse, dass diese vorauseilende Melan-

cholie eine völlig unamerikanische Anwandlung ist: Was wäre daran eigentlich so schlimm? Was würde ich so schrecklich vermissen?

Den Geruch von Desinfektionsmitteln in den Bars der Lower East Side; die Robben an der Mündung des Russian River; die Austern bei B&G Oysters in Boston; den Calvary-Friedhof auf dem Weg vom Flughafen JFK nach Manhattan, hinter dem zum ersten Mal der Blick auf die Skyline frei wird; die spanisch-englischen Telefonate mit meiner Putzfrau Alta Gracia (und ihren glamourösen Namen); die ausrasierten Nacken amerikanischer Soldaten; das Mineralwasser Poland Spring; die kehligen Gebete der Taxifahrer; die ungenierte Fragerei nach meinem Beruf, die leichte Ungeduld, wenn ich zu weit aushole; die Whale-Watching-Boote auf Cape Cod; die Terrasse des Raleigh Hotel in Miami während der Kunstmesse; den brasilianischen Akzent meines Freundes Marcelo; die joggenden Karrierefrauen am frühen Morgen; den Sonnenuntergang in Malibu und den Sonnenuntergang auf der Houston Street; den Schnee in Salt Lake City; das Pfeffermühlenritual in den Restaurants; die Neugier, vermutlich sogar die Lautstärke der Menschen; das Gesicht von Paul Newman auf den Pasta-Saucen und Salatdressings; die Frage »How are you?«; das Metropolitan Museum; den Blick auf die Feuertreppe meiner Nachbarn; das goldene und rote Laub im Indian Summer sowie die täglichen Erörterungen in der »New York Times«, ob die Färbung noch »curry« oder bereits »cranberry« sei; und wo ich schon mal beim neuenglischen Herbst bin: das Gefühl, wenn das angefrorene Laub morgens unter mir knackt und über mir eine Schar Graugänse nach Süden zieht; den Pillboxhut von Jackie in der John F. Kennedy Library; meinen Friseur Socrates in der Clinton Street; Las Vegas bei Dämmerung aus der Luft gesehen; meine Nachbarin, die kaum noch ohne Stütze gehen kann, aber am ersten richtigen Frühlingstag ihre kurze, rote Lederjacke trägt; die zwölfspurige Autobahn von Los Angeles nach San Diego bei

Nacht; und natürlich das Gefühl, mein Gepäck in einem riesigen Kofferraum verstaut zu haben und die Worte sagen zu dürfen, die für mich die Welt bedeuten: »To Manhattan. Please.«

Ich würde ein Land vermissen, das mich täglich wieder überrascht und berauscht, verärgert und zum Lachen bringt. Und ich würde die wunderbare Illusion vermissen, noch ganz am Anfang meines Lebens zu stehen.

* Dieser Song wurde gespielt, bevor Apollo Reed, der Gegner des Titelhelden von »Rocky IV«, in den Ring steigt. In seinem Altershit japste James Brown: »You might not look for the promised land / but you might find it anyway«.

Bereits erschienen:
Gebrauchsanweisung für...

Amerika
von Paul Watzlawick

Amsterdam
von Siggi Weidemann

Barcelona
von Merten Worthmann

Bayern
von Bruno Jonas

Berlin
von Jakob Hein

die Bretagne
von Jochen Schmidt

Brüssel und Flandern
von Siggi Weidemann

China
von Kai Strittmatter

Deutschland
von Maxim Gorski

Dresden
von Christine von Brühl

die Eifel
von Jacques Berndorf

das Elsaß
von Rainer Stephan

England
von Heinz Ohff

Frankreich
von Johannes Willms

den Gardasee
von Rainer Stephan

Genua und die
Italienische Riviera
von Dorette Deutsch

Griechenland
von Martin Pristl

Hamburg
von Stefan Beuse

Indien
von Ilija Trojanow

Irland
von Ralf Sotscheck

Italien
von Henning Klüver

Japan
von Gerhard Dambmann

Kalifornien
von Heinrich Wefing

Katalonien
von Michael Ebmeyer

Köln
von Reinhold Neven Du Mont

Leipzig
von Bernd-Lutz Lange

London
von Ronald Reng

München
von Thomas Grasberger

Moskau
von Matthias Schepp

01/0002/12/L

Neapel und die
Amalfi-Küste
von Maria Carmen Morese

New York
von Verena Lueken

Niederbayern
von Teja Fiedler

Nizza und
die Côte d'Azur
von Jens Rosteck

Norwegen
von Ebba D. Drolshagen

Österreich
von Heinrich Steinfest

Paris
von Edmund White

Polen
von Radek Knapp

Portugal
von Eckhart Nickel

Rom
von Birgit Schönau

das Ruhrgebiet
von Peter Erik Hillenbach

Salzburg und
das Salzburger Land
von Adrian Seidelbast

Schottland
von Heinz Ohff

Schwaben
von Anton Hunger

Schweden
von Antje Rávic Strubel

die Schweiz
von Thomas Küng

Sizilien
von Constanze Neumann

Spanien
von Paul Ingendaay

Südfrankreich
von Birgit Vanderbeke

Südtirol
von Reinhold Messner

Tibet
von Uli Franz

die Toskana
von Barbara Bronnen

Tschechien und Prag
von Jiří Gruša

die Türkei
von Iris Alanyali

Umbrien
von Patricia Clough

die USA
von Adriano Sack

Venedig
von Dorette Deutsch

Wien
von Monika Czernin

PIPER

Heinrich Wefing
Gebrauchsanweisung für Kalifornien

192 Seiten. Gebunden

Selbst wer zum erstenmal in Kalifornien landet, kommt in ein Land, dessen Bilder ihm längst vertraut sind. Er erkennt die Golden Gate Bridge und den Hollywood-Schriftzug über L. A. wieder, die Palmen und die Sonnenuntergänge. Doch hinter der rosaschillernden Fassade gibt es viel mehr zu entdecken: Heinrich Wefing verrät, warum man sich San Francisco vom Wasser her nähern muß, er lüftet das Geheimnis des Nebels und erklärt, wie ampelfreie Kreuzungen funktionieren. Er nimmt uns zu einer Parade am Unabhängigkeitstag in Sausalito und zur Fahrt durch das Central Valley mit, weiht uns in die besten Small-Plates-Lokale ein, zeigt uns die hitzeflimmernden Highways und die kühle Eleganz der Bauten O. Gehrys. Er gibt preis, warum der Orangensaftvorrat jedes durchschnittlichen Supermarkts ausreicht, um das Death Valley zu fluten – und weshalb in Kalifornien drei Sünden eine zuviel sind.

01/1498/01/L